성공하는 조직의 특징은
성공을 가져온 요인을 과감히 버리고
항상 새롭게 출발하는 것입니다.

정몽규

결정의 순간들

결정의 순간들

정몽규 지음

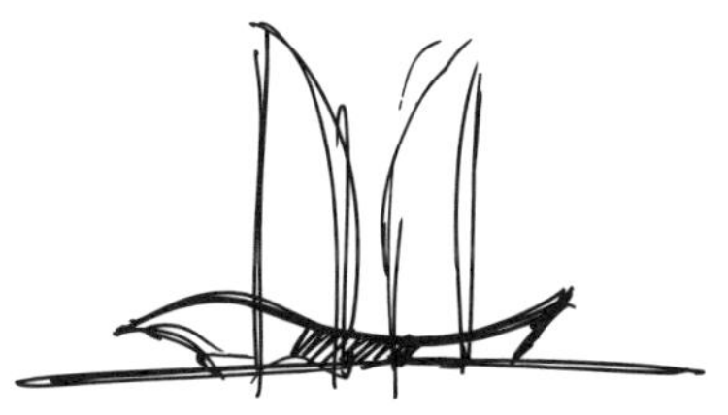

쌤앤파커스

결정의 순간이 있기까지

생각해보면 참으로 운 좋은 인생이었습니다. 성장하는 나라 한국에서 태어나 자동차와 아파트를 공급하는 기업인으로 역동적인 세월을 살았습니다. 조립 라인에서 잔심부름하던 청년이 30대에 회장이 되어 기아자동차 인수 합병을 주도하고 서슬 퍼런 IMF 한파도 넘겼습니다. 임기 말미엔 국제축구연맹FIFA 스폰서십을 따내 현대자동차가 글로벌 브랜드로 올라서는 감격도 누렸지요. 자동차는 달리는 길마다 새로운 풍경과 인연을 선물처럼 안겼습니다.

서른일곱 살에 현대산업개발로 옮긴 후에도 분에 넘치는 기회를 누렸습니다. 전업해보니 집을 짓고 사회 인프라를 만드는 일은 차를 파는 일보다 더 많은 인내와 책임, 시간과 상상력을 필요로 했습니다. 먼저 그 길을 그려본 세계적인 건축가 다니엘 리베스킨트, UN스튜디오의 벤 판베르컬 등과 손을 잡고 50년 뒤, 100년 뒤의 세상을 상상하며 도시를 설계했습니다. 무엇보다 아파트를 짓고 도로를 내고 호텔과 몰을 오픈할 때마다, 이곳을 찾아 둥지를 트는 사람들의 표정을 살피는 일이 제게는 최고의 기쁨이었습니다. 내가 살고 싶고, 쉬고 싶은 곳에서 소비자들도 행복과 만족을 느낀다는 사실에 크게 안도하면서요.

경영자로 몇 번의 위기와 변곡점, 턴어라운드를 거치다 보니 눈 깜짝할 사이에 한세월입니다. 인생 선배들이 하던 이야기처럼, 환갑이 생각보다 너무 빨리 찾아와 깜짝 놀랐습니다. 해가 바뀔수록 흰머리는 늘어가고 돋보기를 걸치지 않고는 좋아하는 벽돌책을 읽을 수 없다는 사실에 낮은 한숨도 새어나오더군요. 더 늦기 전에 HDC그룹 50년 생일을 맞아 기업인으로 제가 몸담아온 자동차와 아파트의 산업사를 큰 눈으로 돌아보자는 생각을 품었습니다.

그렇게 시작된 《결정의 순간들》은 대략 다음과 같은 꿈을 꾸며 집필했습니다. 무엇보다 해방 이후 1세대 기업이 어떻게 이 땅에 뿌리 내리고 번성해갔는가를 보여주는 산업사의 기록이고자 했습니다. 동시에 전후 잿더미 속에서 우리가 어떻게 고도의 인프라를 가진 도시 국가를 갖게 되었나를 추적해가는 공간의 변천사이기도 합니다. 한편으로는 자동차와 아파트, 두 개의 바퀴로 굴러가는 한국인 특유의 욕망의 저력과 그것을 지렛대 삼아 점점 세련되어진 도시의 풍속사이기도 합니다. 기업의 관점에서 보자면 글로벌 경기 사이클에 따라 가쁜 숨을 고르며 도시 개발의 게임 체인저 역할을 했던 HDC그룹의 사사이고, 리더십 측면에서는 인프라 시공에 운영을 더해 더 넓은 포트폴리오를 그린 '보수적인 혁신가', 저 정몽규의 위기 관리 매뉴얼이고자 했습니다.

세계는 점점 더 가상화되고 알고리즘에 종속되고 있지만, 일평생 자동차와 아파트라는 보상재를 위해 분투해온 한국인의 집단 기억은 놀랍도록 구체적이고 파란만장합니다. 아직도 저의 신체 감각은 생생하게 기억합니다. 포니와 엑셀과 그랜저의 액셀러레이터를 밟으며 속도의 한계를 시험하던 그 시절 모빌리티의 떨림과 스릴을. 외풍이 심해 겨울에 벌벌 떨었던 성북동 주택과 당시 아파트에서 온수가 나온다고 어머니 친구들도 목욕하러 왔던 세운상가, 삼성동 아이파크에서 아이들을 키우며 울고 웃던 다이내믹한 동선을. 그 모든 경험이 더 나은 관계로 서로를 맺어주는 도시 설계의 재료가 되었습니다.

때로는 좌절하고 때로는 안도하며 우리는 자동차와 아파트를 소유와 비교의 좌표로 삼아, 모듬살이의 표준과 기준을 만들어왔습니다. 그렇게 한국인의 기억을 헤집으며 기업사와 산업사와 풍속사를 가로지르고자 했던 야심에 저의 능력이 충분히 이르지 못해, 지금 같은 책의 모습이 나왔습니다.

이 책《결정의 순간들》은 결이 다른 3장 구조로 여러분을 찾아뵙게 되었습니다. 1장에서는 큰아버지 정주영과 아버지 정세영, 누구보다 손발이 잘 맞았던 두 레전드 형제 기업인의 결정의 순간들을 담았습니다. 큰아버지 정주영 회장이 종로에 '현대공업사'라는 간판을 달고 수리 공장을 열었던 때부터, 부친인 정세영 회장이 현대자동차의 리더가 되어 최초의 고유 모델 자동차 포니를 생산할 때까지의 시간은 30년이 채 되지 않습니다. 초대 창업가들이 결정의 순간마다 뿜어냈던 용기와 추진력, 책임 경영의 씨앗을 발굴할 때마다 저는 혼자서 허벅지를 찌르곤 했습니다. 이 경영 서사를 이끌어가는 서술자로 먼저 감격하는 주책을 범하지 않기 위해서.

2장에서는 지금의 '아파트 유토피아' 문화에 이르기까지, 도시 개발의 역사와 현대산업개발의 기업사를 크로스오버로 담아내려고 했습니다. 압구정 현대아파트, 대치동 은마아파트, 송파의 올림픽선수촌아파트 등 강남 개발 비화를 큰 축으로 최고급 커뮤니티로 K건축의 새 모델을 제시한 '아이파크' 프로젝트의 성공 사례와 함께 사고와 과오도 가감 없이 다뤘습니다. 고백컨대 책임을 지고 정면 돌파할 때마다 도시는 저희에게 늘 다음 챕터를 열어주곤 했습니다. 경기 침체의 순간을 함께 손잡고 이겨냈던 용산 아이파크몰의 상인들, 붕괴 사고 이후 한 사람의 이탈도 없이 광주 센테니얼 아이파크로 옮겨온 지역민들의 신뢰가 저에겐 더 없이 소중한 자산입니다.

3장에서는 이 모든 과정에서 얻은 저의 경영적 통찰을 나누고자 했습니다. 1장과 2장을 쓸 때는 전지적 관찰자 시점의 드라이한 스토리텔러가 되려고 애썼지만, 3장을 쓸 때는 좀 더 힘을 빼고 저의 삶과 생각을 풀어놓을 만큼 여유와 배짱이 생겼습니다. 그리하여 책임을 지면 왜 더 선해지고 강해지는지, 위기의 순간에 신념은 어떻게 본색을 드러내는지, 네이밍이 어떻게 기업의 잠재적 밑그림이 되는지, 멀리 보는 것이 왜 중요한지 등등 HDC의 리더로 제가 통과한 결정의 순간들을 허심탄회하게 기술했습니다. 이 땅의 젊은 사업가들이 미래를 시뮬레이션하는 데 제 경험이 조금이나마 도움이 되길 바라면서요.

글을 쓰면서 도시 발전에 관한 다양한 자료를 읽고 훌륭한 기업인들의 인터뷰도 참조했습니다. 현대 패밀리의 공적인 히스토리, 선친의 책과 구술, HDC가 있기까지 소명을 다했던 역대 임원들의 소중한 이야기도 큰 도움이 됐습니다.

이것은 저의 개인적인 경영 자서전이 아니라 K자동차, K이피트를 아우르는 신엽사와 HDC의 50년의 역사가 어우러진 코러스 내러티브라고 할 수 있습니다. 공장과 아파트와 쇼핑몰이 한 공간에 지어진 것 같은 세 개의 독립적인 서사 구조에 당황하실 수도 있으나, 다양한 건축가가 협연한 설치 미술을 구경하듯 관대한 눈으로 봐주시면 바랄 것이 없겠습니다. 권하건대 1장 〈포니 전성시대〉, 2장의 〈도시의 탄생〉, 3장 〈결정의 순간들〉 중 시간 순서에 상관없이 끌리는 대로 아무 장이나 먼저 읽으셔도 좋습니다.

나이가 들수록 세상의 트렌드 가까이에서 영감을 얻으려 합니다. 최근에 〈흑백요리사〉를 흥미롭게 보았습니다. 한 접시의 음식이 만들어지기까지 셰프들의 집요함과 결단력, 그럼에도 한 끝 차이로 생존과 탈락이 갈리는 서바이벌의 냉정함에 혀를 내두르게 되더군요. 신기하게도 라운드가 진행될수록 백수저, 흑수저라는 색깔 구분은 희미해지고, 음식과 재료를 대하는 그 사람의 진정성만 선명하게 보였습니다. 무엇보다 산전수전 다 겪은 현업의 장인들이 더 깊어진 겸손과 열정으로 음식에 인생을 담는 모습이 감동이었습니다. 오랜 시간 일에 몰두하다 자기도 모르게 업의 본질을 담는 그릇이 되어버린 직업인의 얼굴은 숭고해 보이기까지 합니다.

문득 이제는 자주 쓰지 않는 단어 '금수저', '흙수저'라는 단어를 떠올려봅니다. 저는 속칭 금수저를 물고 태어난 사람입니다. 자수성가한 사람들, 스타트업 창업자들과 달리 한국의 1세대 기업인 현대 가문의 일원으로 태어나 결핍 없이 좋은 교육을 받았습니다. 젊은 나이에 최고 경영자가 되어 국가 경제에 영향을 미치는 굵직굵직한 결정을 내리며 반평생을 살았습니다. 너무 늦지 않기를 바라며 그렇게 '떠먹은' 경험의 수혜를 나눕니다. 경험은 버릴 것이 없기에, 가슴 벅찬 성취든 가슴 치는 후회든 수많은 외부 사이클에 대처해온 저의 결정의 순간들이 독자들에게 유의미한 데이터로 쓰이면 좋겠습니다.

마지막으로 기억하기 괴롭지만 기록해야 마땅한 사실이 있습니다. 제가 환갑을 사흘 앞두었던 2022년 1월, 우리 회사가 시공하던 광주의 건설 현장에서 연쇄 붕괴 사고가 일어났습니다. 제 40년 경력에서 가장 고통스러운 시간이었습니다.

이 사고는 사망자 유가족은 물론 광주 지역 사회 전체에 마음 아픈 상처를 남겼습니다. 저는 이 일을 계기로 기업의 사회적 책임을 다시금 무겁게 인식하게 되었고, 은퇴하기 전까지 우리 사회에 더 큰 책임과 보답으로 경영에 임할 것을 스스로에게 약속했습니다.

아울러 이 글에 담긴 내용은 제가 직접 겪고 느낀 것들이고, 그 과정에서 제 인식의 한계나 오해가 포함되었을 수도 있습니다. 이런 점에 대해 독자 여러분의 너그러운 이해를 부탁드립니다. 감사합니다.

정몽규

차례

2장 • 도시의 탄생

한국 주택 산업의 뿌리와 계보

도시, 자본, 욕망의 구조

강남 개발 30년: 제3한강교에서 올림픽까지

현대를 떠나 아이파크로: 프리미엄 브랜드의 시작

도시를 만드는 사람들: 시티 이노베이션

붕괴와 재건: 신뢰를 되찾기 위한 싸움

미래를 짓다: AI와 에너지, 새로운 도전

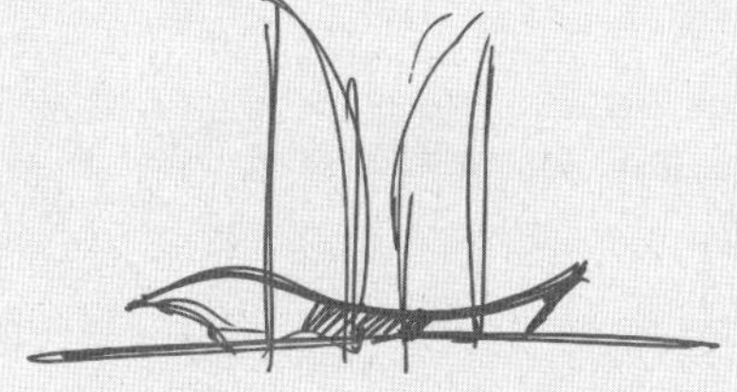

1장

포니 전성시대

이름 석 자에 큰아버지에 아버지까지 결속되어 있다는 건 때로는 든든한 배경이었다가 때로는 무거운 책임으로 돌아왔습니다. 분명한 것은, 가난과 전쟁을 겪고 마침내 맨손으로 거대한 한국 산업사를 창조한 영웅들의 서사는 내 자부심의 원천이었습니다.

곳간에 사는 쥐는 쌀을 먹고 산다

어린 사업가

현대가家 뿌리가 가난한 피난민이라는 것은 알려진 사실입니다. 강원도 북부 해변 마을에서 조금 떨어진 통천군 송전면 아산리가 조부모님의 고향이었지요. 동해안에 인접한 송전 바닷가에서 한참 더 들어가야 하는 아산리 시골 마을. 그곳에서 제 아버지 정세영은 6남 2녀 중 4남으로 태어났습니다. 고故 정주영 회장이 나의 큰아버지로, 아버지는 넷째 동생이었습니다. 일제강점기였던 당시 대부분의 사람들이 그랬듯 하루 생계가 막연한 빈농이었습니다.

열여섯 살 새색시를 당나귀에 태우고 피난을 내려오다 아산리에 정착한 증조할아버지는 동네 서당의 훈장이셨습니다. 생계가 막막한 빈촌에서 열 명 남짓한 아이들에게 받는 수업료라야 추수 끝에 받는 쌀이나 밀 서너 말이 고작이었으니 가난은 지독한 현실일 수밖에요.

봄이면 애 어른 할 것 없이 제대로 먹지 못해 얼굴마다 부황이 들었다고 합니다. 고랭지 기후 탓에 주로 밀 농사를 지었던 터라, 아버지와 형제들은 쌀밥 대신 감자와 밀, 약간의 쌀을 섞은 밀밥을 먹었다더군요. 까끌까끌한 밀밥 대신 입에서 살살 녹는 쌀밥을 먹을 수 있는 기회는 가을 추수 때 아니면 집안 식구들의 생일뿐이었습니다. 그마저도 먹을거리가 죄다 바닥나서 강냉이로 끼니를 때워야 하는 8월에 태어난 아버지는, 쌀밥은커녕 생일 아침에 굶지 않는 것을 다행으로 생각했습니다.

당시 거의 모든 가정이 그랬듯이 조부모님의 장남 사랑은 특별했습니다. 조부모님은 큰아버지에게 틈날 때마다 '집안의 기둥인 장손이 잘돼야 만사가 형통하느니라' 하는 말씀을 강조하셨습니다. 형제들 사이에서도 은연중에 큰형님이 잘돼야 우리 집안이 잘된다는 의식이 깊숙하게 자리 잡았다고 합니다.

어린 시절부터 큰아버지 정주영은 정씨 집안의 대들보이자 기둥으로서 남다른 행보를 보였습니다. 큰아버지는 1931년 열일곱 살의 나이에 처음 가출한 이후 1933년까지 모두 네 번 집을 나갔습니다. 가출에 직접적인 동기를 제공한 것은 당시 동네에서 과수원을 하는 부잣집에 배달되던 신문《동아일보》였습니다. 당시 신문에 연재되던 이광수의 소설《흙》에 이런 구절이 있었다고 합니다.

뒷간에 사는 쥐는 변을 먹고 살고

곳간에 사는 쥐는 쌀을 먹고 산다.

사는 곳의 환경에 따라 인생이 좌우된다는 뜻을 담은 이 말이 청년의 마음을 자극했던 모양입니다. 할아버지는 경성과 평양의 공사판과 부두 등지를 떠돌며 막노동으로 선전하던 큰아버지를 찾아다녔는데, 신기하게도 야간 학교 몇 군데만 뒤지면 어김없이 큰아버지가 있었다고 했습니다.

의지가 굳었던 큰아버지는 결국 1934년 경성의 쌀가게에 취직해서 기반을 잡았고 명절이면 일제 메이지 캐러멜을 몇 상자씩 사가지고 금의환향했습니다. 생일에 쌀밥을 먹는 것이 소원이었던 아버지에게 큰형님이 사온 캐러멜이 얼마나 황홀했을지는 짐작이 가고도 남습니다.

이후 일제의 쌀 배급제 때문에 쌀가게를 그만두게 된 큰아버지는 그동안 모아둔 밑천으로 1940년 초, 자동차 수리 공장 '아도서비스'를 차렸고, 모든 가족을 경성으로 불러들였습니다. 당시 아버지는 소학교 졸업을 1년 앞두고 있어서 졸업할 때까지 고향에 더 머물러야 했는데, 모든 식구들이 고향을 떠나던 날 역까지 따라가서 '나도 데려가 달라'고

울면서 짐 보따리에 매달려 발버둥을 쳤다고 합니다. 늘 거인처럼 보였던 아버지의 어린 시절을 상상하면, 특히나 울면서 매달리던 소년 정세영을 생각하면 가슴이 아립니다.

경성시대

1942년, 마침내 아버지는 경성으로 올라와 가족들 품에 안겼습니다. 집은 동대문구 신설동 탑골승방 앞에 있는 스무 평 남짓한 한옥이었습니다. 큰아버지가 차린 자동차 수리 공장 아도서비스는 규모는 작아도 손님이 끊이지 않았다고 합니다. 차가 귀한 시절이다 보니 고장이 났다 하면 모두들 어쩔 줄 몰라 당황하기 일쑤였기에 빨리 제대로 고쳐주는 것이 최고의 서비스였습니다. 아도서비스는 다른 데서 열흘 걸리는 자동차 수리를 단 사흘 만에 해주며 차근차근 고객의 신용을 쌓았습니다.

광복을 맞으면서 큰아버지는 식구들이 모여 살던 신설동 집을 팔아 초동, 지금 DB손해보험빌딩이 서 있는 자리에 다시 자동차 수리 공장을 차렸습니다. 1946년 4월, '현대자동차공업사'라는 간판이 '현대'의 시작을 알렸습니다. 중구 초동 500여 평 대지의 공장 규모 자체가 과거 아도서비스 시절과는 비교할 수 없을 정도로 방대해졌습니다.

당시 현대자동차공업사는 미군 병기창의 자동차를 청부 수리하거나 낡은 일본 트럭을 용도에 따라 변경하는 일을 했습니다. 그런데 이따금 관청으로 자동차 수리 대금을 받으러 갈 때마다 토건업자들을 눈여겨보던 큰아버지가 또 다른 기회를 발견합니다. 힘들여 일하기는 마찬가지인데 토건업을 하는 이들이 받는 돈은 자동차를 힘들게 수리해서 받는 돈의 수십 배나 되는 것을 보고 크게 일을 벌이기로 작정한 것이지요. 현대자동차공업사 설립 1년 만인 1947년 5월, 회사 안에 '현대토건사'라는 또 다른 간판이 걸리게 됩니다.

후일 현대건설의 모체가 된 이 회사는 처음에는 현대자동차공업사 한 귀퉁이를 빌려 쓰는 더부살이로 시작했지만, 시간이 지날수록 수입이 월등히 나은 효자 노릇을 톡톡히 했습니다.

확실히 큰아버지 정주영의 실행력과 비즈니스 감각은 남달랐습니다. 25세 나이에 아도서비스를 차려서 특유의 사업 수완을 발휘한 것만 봐도 분명 남다른 사업가 기질이 있었습니다. 위험이나 손해가 따르는 일이라 할지라도 자신이 옳다고 여기면 미련 없이 실행에 옮기는 결단력, 더 큰 이익이 보장되는 사업을 선택하는 선견지명까지 갖추었던 것입니다.

현대가 첫 대학생

한편 고향에 홀로 남겨졌다가 뒤늦게 경성으로 올라온 아버지는 형님의 든든한 그늘 아래서 학업에 열을 올렸고 마침내 바라던 대학에 입학했습니다. 정씨 집안에서 나온 첫 대학생이었지요. 자동차 수리 공장에서 일을 하다 소식을 들은 큰아버지는 흥분해서 달려온 동생을 향해 침착하게 말씀하셨다더군요.

"오대양 육대주에 이름을 떨칠 놈이 뭐 그만한 일로 감격하고 그래?" 그러면서도 이어 "반드시 합격할 줄 알았다!"며 기쁨을 감추지 못하셨다고, 아버지는 그날을 자랑스럽게 회고하셨습니다.

아버지는 고려대학교에서 정치학을 전공하고 미국으로 떠나 마이애미대학교에서 정치외교학 석사 학위를 받았습니다. 아버지의 유학 중에도 큰아버지는 크고 작은 고비를 넘기며 사업을 계속해서 확장했습니다. 6·25 휴전 협정이 조인된 1953년 4월에 현대건설은 대구와 거창을 잇는 고령교 공사를 맡았는데, 공사 도중 인플레이션이 극심해졌습니다. 공사를 시작할 때 40환이던 쌀 한 가마 값이 공사가 끝날 무렵에는 4천 환까지 올랐고, 자재 값 또한 천정부지로 치솟았습니다. 당시에 빚쟁이들이 집으로 찾아와 도끼로 협박하기까지 했다니, 그 심각성이 어느 정도인지를 짐작할 수 있겠지요. 그때 큰아버지는 손실금을 충당하기 위해 가족들이 살던 집을 팔아야 했습니다. 뼈를 깎는 노력으로 현대건설의 신용은 지켜냈습니다만, 그러는 통에 미국에서 유학 중인 동생에게 학비 100달러를 송금하지 못해 가슴 아파했다고 합니다.

큰아버지가 아버지를 미국으로 보낸 건 더 큰 그림을 위한 밑작업이었습니다. 아버지는 미국에서 돌아온 후 교수 채용 제안을 받아 학자의 길을 가고 싶어 했습니다. 그러나 큰아버지의 의지는 확고했지요.

"교수 하면 배고파! 나랑 같이 일이나 해!"

그걸로 끝이었습니다. 그때도 그리고 그 후에 일생을 바친 현대자동차에서 손을 떼고 현대산업개발로 옮겨올 때도 형님의 말에 토를 다는 것은 상상도 하지 못했던 아버지는 교수의 꿈을 접고 1957년 현대건설에 입사했습니다. 자동차와 건설의 심장부로 들어간 '기업인 정세영'의 시작이었습니다. 그때 아버지가 다른 결정을 했다면, 제 인생도 다르게 흘러갔을지 모를 일입니다.

첫 공채 시험

1953년에서 1955년 사이, 고령교 공사로 막대한 부채를 지게 된 현대건설은 한동안 복구하기 힘들 정도로 어려움을 겪었습니다. 그러나 끝내 공사를 책임지고 마무리한 점을 인정받아 이후 정부에서 발주한 여러 관급 공사를 맡을 수 있었지요. 이것이 현대 DNA에 새겨진 '책임 경영'의 시작이었습니다.

　큰아버지의 명령으로 1957년 현대건설에 부장으로 입사한 아버지는 시작부터 눈코 뜰 새 없이 바빴습니다. 현대건설은 하루가 다르게 사세를 확장하고 있었기에 아버지가 맡은 첫 임무는 현대 역사상 첫 공개 채용 시험이었습니다. 당시에도 일을 구하기가 어려워서 대학 졸업자나 졸업 예정자가 취직을 하면 집안에서 경사가 났다고 잔치를 벌일 정도였다고 합니다.

　그래서인지 현대건설 채용에는 열 배가 넘는 응시자가 몰렸고, 장안에 내로라하는 사람들이 자식들의 인사를 청탁하기 위해 수시로 전화를 걸어왔다고 합니다. 아버지는 몰려드는 청탁 문제를 해결하기 위해 골머리를 앓다가 방법을 찾아냈습니다. 필기시험 문제를 상상 이상으로 어렵게 내기로 한 것이지요. 사전을 찾지 않고는 풀 수 없을 정도로 어려운 영어 문제를 출제하는 등 시험 수준을 크게 높이자, 청탁 대상자들은 거의 0점 살해야 10~15점 수준으로 낭패를 봤습니다. 80점에서 합격자가 결정되었으니 이른바 '백'을 동원한 청탁자들이 낙방한 것은 당연했습니다. 현대그룹이 성장하는 데 밑거름이 됐던 훌륭한 인재들은 그렇게 투명하고 공정하게 회사 울타리로 들어왔습니다.

여명의 자동차

밑 빠진 독에 물 붓기

현대건설은 고속성장하며 해외로도 발을 넓혔습니다. 1965년 11월에 실시된 국제 입찰에서 태국의 파타니-나라티왓 고속도로 공사의 수주를 따냈습니다. 태국 현지 회사를 비롯해 서독, 일본, 프랑스, 이탈리아, 네덜란드 등 16개국 29개 업체가 참여하여 치열한 경쟁을 벌인 끝에 최저 입찰자로 선정되었습니다.

온 나라에서 주목한 터라 1965년 말, 태국에 파견되는 기술진과 노무자들이 대한항공 더글러스 DC-3 쌍발 프로펠러 여객기를 전세 내어 김포공항을 출발할 때 KBS에서 실황을 중계했을 정도였으니까요. 함께 탑승한 승무원들도 이런 일은 처음이라며 하나같이 흥분했다고 합니다.

아버지가 먼저 태국으로 떠나 고속도로 공사 현장을 지휘했습니다. 1966년 1월에 어머니와 누님, 저까지 네 식구도 낯선 태국 땅으로 이사했습니다. 어머니는 방콕에 오자마자 나란히 지어진 집 두 채를 빌린 숙소에서, 현장 직원들의 밥을 해주기 시작했습니다. 현대가의 어머니들은 언제나 큰손으로 직원들의 식사를 챙기곤 했는데, 먹을 식食에 입 구口, 즉 함께 밥을 먹으면 식구였습니다.

1968년 5월까지 계속된 파타니-나라티왓 공사는 522만 달러에 낙찰을 받은 대형 공사였지만, 경험 미숙으로 많은 시행착오를 겪느라 약 300만 달러의 어마어마한 적자가 났습니다. 결국 현대건설은 전쟁이 한창이던 베트남에서 메콩강 준설 공사 등으로 벌어들인 돈을 밑 빠진 독에 물 붓듯 태국 공사에 퍼부어야 했습니다. 첫 해외 수주인 만큼 손해를 보더라도 무사히 완공하는 것이 목표였습니다.

마침내 도로는 성공적으로 마무리되었고, 태국은 현대건설에 여섯 개의 도로 공사를 더 내주었습니다. 첫 공사에서 본 손실을 모두 보충하고도 남을 물량이었습니다. 모든 공사를 마치고 든든한 신뢰를 구축한 후에 아버지와 현대건설은 당당하게 철수할 수 있었습니다.

'실패하고는 결코 물러서지 않는다'는 현대 특유의 신념을 국제 무대에서도 인정받는 계기였습니다. 1953년 국내 고령교 공사 때도 끝까지 책임지느라 부도 직전까지 이르렀지만, 실패를 신뢰로 다지는 특유의 맷집은 이후 현대산업개발의 정신력으로 이어졌습니다.

재벌집 사모님은

방콕에서 공사 현장까지는 꽤 먼 거리로, 24시간 동안 기차를 타고 가야 했습니다. 많은 공사 관계자들이 방콕에 도착하면 일단 숙소에서 하룻밤을 묵은 후 어머니의 밥을 먹고 공사 현장으로 출발하곤 했지요. 아버지가 태국 공사 현장을 누빌 때 누님과 저는 방콕에 있는 외국인학교에 다녔습니다. 스쿨버스만 보면 타지 않으려고 떼쓰는 우리를 태워 보낸 뒤 어머님은 곧장 시장으로 향했습니다. 아침저녁으로 시장에 가서 찬거리를 잔뜩 사가지고 돌아오는 것이 일과였습니다. 어머니는 태국말도 모르면서 상인들과 채소 값, 쌀값을 흥정하곤 했다지요. 오죽하면 어머니가 태국에서 가장 처음 배운 말이 '팽팽'과 '툭툭'이었을까요. '팽팽'은 비싸다는 뜻이고 '툭툭'은 깎아달라는 뜻으로, 흥정을 할 때면 어머니는 '팽팽, 툭툭'을 되풀이하며 실랑이를 벌였다고 아버지는 회상하곤 했습니다.

고된 타향살이 때문인지 한국에 돌아와서도 어머니는 언제나 검소하고 알뜰했습니다. 어머니의 유일한 취미는 정원 가꾸기였습니다. 정원의 나무들을 일일이 손질하고 잔디 사이의 잡초를 뽑는 것이 큰 즐거움 중 하나였습니다. 집 안의 정원은 어느 한구석 어머니의 손길이 닿지 않은 곳이 없었습니다.

흔히들 재벌집 사모님은 하고 싶은 것 다 하고 해외 나들이도 실컷 하며 화려하게 살았을 것이라고 생각하지만, 세간의 짐작과는 좀 다릅니다. 아버지는 어머니와 결혼하고 10년 내에 미국 구경을 시켜주겠다고 약속했지만 그조차 절반만 지켜졌습니다. 결혼 10주년이 되던 해에 시멘트 공장 확장 관계로 미국에 갔다가 뒤늦게 어머니를 불렀던 것이지요. 그렇게 간 미국인데도 브로드웨이 빈민가의 15달러짜리 허름한 호텔에서 보낸 일, 쇼핑 한 번 제대로 시켜주지도 못한 일을 아버지는 두고두고 어머니에게 미안해했습니다.

그러고 보니 진주 목걸이를 사주겠다던 약속도 못 지키셨네요. 자동차에 매달려 사신 아버지를 대신해 어머니는 우리 삼 남매 입학식과 졸업식에 늘 홀로 자리를 지키셨습니다.

여명의 자동차

1967년 4월, 현대건설 상무였던 아버지는 미국 국제개발처Agency for International Development, AID로부터 승인받은 차관 자금으로 시멘트 공장 확장용 기계를 계약하기 위해 워싱턴 D.C.에 머물고 있었습니다. 그때 큰아버지로부터 급한 소식이 당도했습니다.

"한국에 진출할 목적으로 포드Ford 조사단이 왔었는데 접촉을 못했다. 포드 측을 만나서 우리가 관심 있다는 뜻을 전해!"

아버지는 즉각 디트로이트 디어본에 있는 포드자동차 본사를 방문했고, 다행히 긍정적인 답변을 얻어냈습니다. 사실 자동차 산업은 어떤 제조업보다도 생산 기술이 복잡한 데다 대규모 생산 설비까지 필요한 일관조립형* 산업입니다. 일반적으로 SKD(Semi Knocked Down, 주요 부품별로 몇 토막씩 나누어 분해해 수출하는 방식) 단계와 CKD(Complete Knocked Down, 제품을 완전 분해 상태로 수출해 수입국에서 조립

---

* 원재료에서 완제품까지 전 공정을 한 회사(또는 산업 내부)에서 일괄 처리하는 구조

하는 방식) 단계를 거쳐 비로소 국산화와 양산 단계에 이르
게 됩니다. 1960년대 중반 우리나라의 자동차 산업은 SKD
단계를 막 벗어나는 수준이어서 조립 부품은 물론 이를 조
립할 기술까지 외국에서 배워와야 하는 형편이었습니다.
물론 이것도 첫 시작에 비교하면 괄목할 성장이었지요.

대중교통의 혁명을 예고하는 자동차가 이 땅에 처음 상
륙한 때는 1903년, 고종 즉위 40주년을 기념하는 칭경식稱慶
式 때였습니다. 고종이 40년 동안 옥좌를 지킨 것을 축하하
기 위해 궁 내외 대신들이 큰 잔치를 열었는데, 이때 미국
공사에게 부탁해 미국으로부터 승용차 한 대를 들여왔다고
합니다. 그 후로 자동차가 한두 대씩 수입되어 경성을 중심
으로 대도시 거리에 등장하기 시작했습니다.
그러나 1945년 광복 전까지 우리나라는 자동차를 만들겠
다는 꿈은커녕 구조나 원리를 이해할 수준에도 이르지 못
했습니다. 일제 치하에서 일본인이 몇몇 자동차 공업소를
설립했고 자동차 수리에 필요한 부품을 만드는 소규모 공
장도 등장했으나, 한국전쟁이 터지면서 공업 시설은 전부
파괴되고 말았습니다.
하지만 역설적으로 전쟁은 우리 자동차 산업에 새로운

전기轉機를 마련하는 계기가 되었습니다. 미군들이 버린 군용 폐차를 불하拂下받아 재생한 자동차들이 마구 쏟아져 나오기 시작한 것이지요. 유엔UN군이 갖고 들어온 엄청난 군수 물자와 각종 자동차 부품, 토막 난 미군용 폐차와 드럼통이 천막 공장으로 들어가면 그럴듯한 자동차로 재탄생되어 나왔습니다.

1955년은 우리나라 자동차 산업 역사에 새로운 장이 열린 해였습니다. 당시 시발자동차㈜라는 소규모 공업사가 2년여에 걸친 노고 끝에 시발始發 자동차를 만든 것이지요. 이는 드럼통을 두들겨서 만든 몸체에 미군 지프 엔진을 얹어 만든 4기통의 지프형 승용차였습니다. 전형적인 수공업 형태이기는 하되 국내 기술 인력에 의해 조립된 최초의 자동차인 것만은 분명합니다.

그리고 1960년대에 들어서면서 재일교포 박노정 씨가 생산 능력 연간 6천 대의 비교적 대규모 자동차 조립 공장인 새나라자동차㈜를 설립했습니다. 1962년 8월부터 생산된 새나라 승용차는 일본 닛산NISSAN의 블루버드 승용차의 전 부품을 SKD 방식으로 수입하여 조립·생산한 것으로, 근대적 생산 라인에서 만든 최초의 국산차였습니다.

그 뒤 1965년 11월, 새나라자동차㈜를 인수한 신진공업사가 신진자동차로 상호를 변경하고 일본 도요타TOYOTA와 기술 및 부품 도입 계약을 체결하여 1966년 5월부터 새로운 모델 코로나를 생산하기 시작했습니다. 국산화율 20퍼센트 수준으로 만들어진 코로나는 무섭게 팔려 나갔습니다.

포드와의 랑데부

포드와 자주 접촉하면서 아버지는 처음으로 자동차가 무엇인지를 배워갔습니다. '원하는 장소에, 원하는 시간에 편안히 데려다주는 도구.' 자동차는 세계 어디를 가든 화제의 중심이었습니다. 어떤 나라든 자국의 기술력으로 자동차를 만들고 싶어 했고, 동시에 누구든 다 자동차를 갖고 싶어 했습니다.

1903년, 헨리 포드Henry Ford가 세운 포드자동차는 'T형 포드'라는 단일 제품의 대량 생산만 고집하다가 후발 업체인 제너럴모터스General Motors, GM에 선두 자리를 내준 뼈아픈 경험을 가진 회사였습니다. 그래서 포드는 전략을 변경하여 세계 각지로 광범위하게 진출해 해외 시장 개척을 적극 추진하는 상황이었습니다.

현대자동차 설립을 구상했을 당시부터 큰아버지는 아버

지에게 자동차 회사를 맡길 요량이셨던 것 같습니다. 자동차 공장을 운영하면 수출을 염두에 두지 않을 수 없고, 세계 시장으로 진출하기 위해서는 영어는 물론 국제적 감각이 필수 요건이었을 테니까요. 미국 유학을 다녀왔던 아버지는 누가 봐도 적임자였습니다.

아버지 정세영은 1967년 12월, 현대자동차 첫 대표이사로 공식 선임되었습니다. 30여 년간 이어진 아버지와 현대자동차와의 인연, 아울러 자동차 산업과의 인연은 그렇게 첫발을 내디뎠습니다.

자동차 제조업 신청서를 접수한 지 일주일 만인 1967년 12월 27일, 정부는 마침내 현대의 자동차 제조를 허가했습니다. 단, 1968년 5월까지 포드와의 제휴하에 자동차 제조 공장 시설 기준을 갖출 것을 조건으로 내걸었습니다. 국내 자동차 시장을 선점하고 있던 신진자동차와 아세아자동차는 경쟁이 치열해질 것을 우려해 반발했지만, 거스를 수 없는 흐름이었지요.

현대의 첫 조립차, 코티나

그러나 시작부터 난항이었습니다. 최고의 차종을 보유하고 있고 GM과 함께 세계 자동차 시장을 석권하다시피 한 포드의 협상 태도가 매우 거만하고 고압적이었습니다. 현대자동차의 입장에서는 마치 다윗과 싸움을 벌이는 거인 골리앗 같았지요. 겉으로는 신사적이었지만 포드에서 내놓은 조건은 한마디로 유아독존, '싫으면 그만두라'는 식의 태도로 현대 측을 불쾌하게 했습니다. 협상은 자칫 결렬될 분위기였지요.

그러다 협상 두 달 만인 1968년 2월 초, 마침내 합의에 도달했습니다. 공식적으로 '해외조립자 계약Overseas Assemblers Agreement'이라 불린 이 계약서는 현대자동차가 미국의 포드 본사와 해외 자회사인 영국 포드, 그리고 독일 포드까지, 세 회사와 각각 체결하는 형식을 취하고 있었습니다.

계약이 진행되는 동안 아버지는 자동차 공장 부지를 마련하기 위해 당시 울산시 양정동 700번지 일대 7만여 평의 토지 매입에 들어갔습니다. 지역 주민을 설득해 시가의 세 배 이상을 보상했습니다. 또한 민심을 달래기 위해 미루나무는 무당을 불러 굿을 한 후 베어냈으며, 공동 우물은 이른바 '숨통'을 낸 후에 매립하는 정성을 들였습니다. 우여곡절 끝에 부지 매입이 마무리되자 자동차 공장을 건설하기 위한 노력에도 비로소 숨통이 트였습니다.

울산에는 1960년대 초반부터 공업 단지가 조성되면서 기반 시설이 갖춰졌고, 무엇보다 바다를 통해 세계와 연결되는 이점이 있었습니다. 당장은 바다를 통해 부품을 들여오지만 언젠가는 완성품을 수출하겠다는 꿈을 품었던 거지요.

드디어 1968년 11월, 포드 기술자의 자문에 따라 수차례 실습을 하고 최종 점검까지 마친 뒤 현대자동차의 첫 조립차 코티나가 세상에 모습을 드러냈습니다. 다섯 개 라인에, 라인당 80여 분의 시간이 소요된 끝에 시작차試作車가 생산되어 나오던 순간, 아버지를 비롯한 현장의 임직원들은 과연 저 차가 제대로 작동할지 초조해서 숨을 죽였습니다. 시운전자가 운전석에 앉아 조심스럽게 시동을 걸자 기운찬 엔진 소리가 울려 퍼졌습니다. 그리고 서서히 움직이기 시작했습니다. 그때 느꼈을 현장의 희열감을 어떻게 말로 표현할 수 있을까요.

실제로 코티나가 생산되자 포드 관계자들은 놀라움을 감추지 못했다고 합니다. 당초 포드 측은 한국의 열악한 환경과 조건을 감안할 때 6개월 내에 공장을 건설한다는 것 자체가 불가능하다고 주장했습니다. 특히 자동차 공업 수준이 낮아 오랜 시간 기능공을 훈련할 필요가 있었기 때문에

11월 중에 생산에 돌입한다는 것은 절대 불가능하다는 견해를 피력하기도 했지요.

그런데 일정이 계획대로 진행되자 그동안 반신반의하던 그들의 태도가 180도 바뀌었습니다. 한국 국민을 다시 보기 시작한 것이지요. 1969년 1월 포드의 해외 담당 수석 부사장 밥 스티븐슨Bob Stevenson이 부인과 함께 한국에 와서 놀라움을 감추지 못했다고 합니다. 공장을 쭉 둘러보다 기계를 두드려보고 차도 만져보면서 연신 'This is good!'을 연발했지요.

"우리 포드 역사가 65년에 이르고, 전 세계에 기술 제휴한 조립 공장이 118개에 달하지만 이제까지 계약 후 3년 이내에 차가 나온 적이 없었습니다. 그런데 계약 6개월 만에 공장을 짓고 이처럼 짧은 기간에 차가 나오다니……. 정말 놀랍습니다."

포드의 평가가 아니더라도 실제로 현대자동차 임직원들의 도전 정신과 열정은 대단했습니다. 당시 서울 본사가 세운상가 4층에 있었고 우리 가족은 10층에 살고 있었는데, 회사 직원들이 얼마나 열심히 일을 하는지 밤 12시가 넘어도 늘 회사에 불이 환히 켜져 있었다고 합니다. '직원들은 잠을 잊고 밤낮없이 작업에 몰두하는데 나만 불 *끄고* 자리에 눕기가 미안하다'며 아버지 역시 선뜻 불을 *끄지* 못하던 나날이 연속되었지요.

외상값 회수 작전

코티나는 출고를 시작한 지 1개월 만에 527대가 판매된 것을 시작으로 판매고가 급상승해서, 출고 1년째인 1969년 말까지 총 6,300대가 팔려나갔습니다. 코티나가 생산되자 코로나를 조립·생산해 판매하고 있던 신진자동차는 현대를 눈엣가시처럼 여겼습니다. 언론 매체와 정보부까지 끌어들여 견제했지만, 그럼에도 현대자동차의 쾌속 질주는 계속됐습니다.

1970년 상반기, 국내 자동차업계는 신진과 현대 그리고 아세아의 3사가 각축전을 벌이고 있었습니다. 아세아자동차도 이탈리아 피아트FIAT와 기술 도입 계약을 맺고 1970년 4월부터 피아트124를 생산하기 시작했습니다.

다른 업체와의 판매 경쟁이 치열해지다 보니 영업사원들에게 불똥이 튀었습니다. 영업사원들은 외상으로든 현금으로든 우선 계약부터 성사시키고 차를 출고시켰습니다. 고객 중에는 무려 50대, 100대씩 외상으로 차를 사서 택시 회사를 차린 경우까지 있었는데, 경제 불황이 닥치자 하나같이 배짱을 부렸습니다. 직원이 돈을 받으러 가면 '돈 좋아하네, 차나 도로 가져가라!' 하는 식이었습니다.

차를 조립해서 시장에 내보냈다는 기쁨도 잠시, 차는 출고가 되었는데 수금이 안 되니 악순환이 시작되었지요. 그동안 할부로 판매했던 자동차 대금이 회수되지 않자 여기저기서 자금난의 비명이 들려오기 시작했습니다. 그러면서 1970년 초 16억 원이던 연체액이 같은 해 9월에는 무려 24억 원으로 눈덩이처럼 불어났습니다. 현대자동차는 점차 파산 직전으로 몰리고 있었습니다.

"아저씨가 돈 안 주면 회사 부도나고, 우리도 직장 잃어요!"

그때 이대로 있을 수는 없다고 생각한 직원들이 직접 밖으로 나가 택시를 가로막고 발을 동동 구르며 통사정을 했다고 합니다. 어떤 여배우 한 명은 직원들이 모포를 들고 가시 '돈 줄 때까지 곁에서 자겠다'고 했더니 그제야 약혼자를 시켜 연체금을 내놓는 일까지 있었다고 하네요.

We will go it alone!

마지막까지 피를 말리던 돈 문제가 해결되자 이번엔 포드가 만 2년 동안 끌어왔던 합작 회사 계약에 트집을 잡았습니다. 계약서에는 부품 완전 생산에 자동차 제작까지 명시되어 있었지만 포드는 엔진만 현대가 만들고 다른 부품은 아시아 각국 포드 자회사에서 수입해서 쓰라고 억지를 부린 것입니다. 심지어 은행에서 써준 현대 보증서도 못 믿겠다며 50퍼센트 지분의 투자금을 주지 않고 버티는 일까지 있었습니다. 지금이라면 정말 상상도 못할 상황이지요.

"포드 측에 당장 현대 본사로 들어오라고 전해!"

갈등과 병목이 생길 때마다 큰아버지는 해결사로 나섰습니다. 큰아버지는 화가 나서 포드 측 사람들에게 소리를 질렀습니다. 사장실이 울릴 정도로 쩌렁쩌렁한 목소리였다고 합니다.

"당신들은 좀팽이야. 당신들하고는 일 안 해! 우린 우리 방식대로 하겠어."

큰아버지의 말을 통역하던 아버지는 "We will go it alone!"이라는 말로 끝을 맺었다고 합니다. 가슴이 뻥 뚫리는 그 말 'We will go it alone.' 그것으로 포드와의 협상은 종결되었습니다. 1971년 가을이었습니다. 만일 그때 포드와의 합작이 계속되었더라면 우리나라 자동차 산업은 지금처럼 기술이 발달하는 데 더 오랜 시간이 걸렸을 것이고, 현대자동차 또한 오늘날과 같이 세계적인 기업이 되기 어려웠을 것입니다. 그때의 협상 결렬은 오히려 전화위복이 된 셈입니다.

죽든 살든 고유 모델

회사 들어먹으려고 그러십니까?

'죽든 살든 고유 모델을 만들어야 한다. 그래야만 수출이 가능해. 반드시 만들고 말겠어.'

그것은 마치 아버지가 스스로에게 거는 주문과도 같았습니다. 신진자동차도 해외 자동차 업체인 GM과 협상을 추진하고 있었는데, 포드와 달리 GM은 신진자동차의 자산을 후하게 평가하는 등 긍정적인 자세였기 때문에 두 회사 간의 협상은 그만큼 빠르게 진행됐습니다. GM의 한국 상륙이 기정사실화되자 고유 모델에 대한 아버지의 그림은 더욱 명확해졌습니다. 좁은 한국 시장만 보고 자동차를 생산해봐야 승산이 없다, 외국에 수출도 할 수 있는 고유 모델을 만들어야 한다는 것이 아버지의 생각이었습니다.

물론 단기적으로 보면 제휴 업체의 부품을 가져다 조립해서 팔면 큰 투자 부담 없이 훨씬 수월하고 수입도 좋을 것입니다. 그러나 외국 선진 자동차 회사의 기술에 편승해 당장의 수입을 올리는 데 만족하면, 기업 정신은 고사하고 결국에는 수입 판매 대리점이나 다를 바 없는 셈입니다. 고유 모델은 꿈도 꾸지 못한 채 주요 부품은 물론, 차체까지 외국에서 수입해오는 회사라면 그건 간판만 자동차 회사지 진정한 자동차 제조업체라고 할 수 없습니다. 독립된 자동차 제조업체의 기준은 바로 독자적인 고유 모델이 있느냐 없느냐의 여부였습니다. 해외 시장에 수출하기 위해서라도 고유한 독자 모델을 만들어야 했습니다.

"고유 모델은 불가능합니다. 현재 코티나 조립 도면도 제대로 카피하기가 어려운데 어떻게 고유 모델을 설계해서 만들겠다고 그러십니까?"

당시 기술 책임자는 아버지에게 솔직한 심정을 이렇게 토로했다고 합니다. 고유 모델 개발에는 엄청난 시간과 자금이 투입되어야 하기에 그간 고락을 함께한 임원들조차 "회사 들어먹으려고 그러십니까?" 하며 반대 의견을 피력했습니다. 그러나 새로운 일이 시작될 때 그 사회에서 차오르는 기대와 기운은 막을 수 없는 법입니다. 대세는 이미 기울어졌다고 할까요.

아버지가 고유 모델을 개발하겠다고 덤벼든다는 소문이

퍼지자 청와대 상공부*의 고위 관료까지 나섰습니다. 아버지를 광화문에 있는 호텔에 불러서는 도로를 가리키며 다짐을 받아냈다고 합니다.

"정 사장, 저기 저 대로를 내려다봐요. 몽땅 일본 차들 아니오? 저 차들을 죄다 걷어내고 우리 차들이 달리게 해야겠는데, 그 일을 정 사장이 맡아줘야겠어요!"

큰아버지의 결심도 만만치 않았습니다. "네가 사장이니까 이제 죽고 사는 건 너한테 달렸어!" 비 온 뒤에 땅이 더 굳어지듯 포드와의 합작 결렬 건으로 고유 모델을 향한 열망은 더욱 구체화되었고, 이윽고 실행에 옮겨졌습니다.

그대 이름은 포니!

출발은 디자인이었습니다. 자동차의 경우 통상 신차가 출시되기 4년 전에 디자인을 하는 것이 일반적입니다. 그래서 앞으로 4년 후에 소비자의 취향이 어떨지, 소비자의 성향 변화 추세를 예측하고 디자인해야 했기 때문에 10년 앞까

지 내다보고 제품 계획을 세워야 합니다. 디자인을 위해 아버지는 이탈리아로 날아가 여러 명의 디자이너를 만났습니다. 그리고 그중에서 36세 젊은 디자이너 조르제토 주지아로Giorgetto Giugiaro를 운명의 파트너로 낙점했습니다. 주지아로는 폭스바겐Volkswagen이 '비틀'의 생산을 중단한 후 사운을 걸고 새 모델 '골프'를 의뢰했을 때 디자인을 맡아 국민차로 히트시킨 실력자입니다.

주지아로는 이번 디자인에 무려 120만 달러를 불렀습니다. 그 가격은 이전에 만났던 또 한 명의 실력자 조반니 미켈로티Giovanni Michelotti**가 제시한 가격보다 50만 달러나 높았습니다. 입이 떡 벌어질 만한 액수였습니다. 그러나 회사의 장래를 길게 내다보는 안목과 결단으로, 아버지는 상승세를 타고 있는 젊은 감각의 주지아로와 함께하기로 결정했습니다.

포드 앞에서 'We will go it alone!'이라고 외쳤던 때가 1971년 가을이었는데, 3년도 채 지나지 않은 1974년 6월에 주지아로가 미쓰비시Mitsubishi의 엔진과 변속기를 기본으

** 1950~70년대까지 페라리와 마세라티, BMW, 트라이엄프 등 다양한 브랜드에서 활약한 이탈리아의 자동차 디자이너

로 한 시제차* 1호를 보내왔습니다.

물 흐르듯 다음 수순, 즉 전 국민을 대상으로 고유 모델 1호차를 부상으로 걸고 이름 공모가 시작됐습니다. 39일간 6만 장에 가까운 엽서가 도착했다니까 그 열기를 짐작할 수 있습니다. 국내 최초의 고유 모델이자 아시아권에서는 일본에 이어 두 번째 고유 모델이었기에 국민의 관심과 기대도 그만큼 컸겠지요. 응모된 이름 중에 가장 많은 것은 아리랑과 도라지, 무궁화였습니다. 그중에는 저희 집안 성씨인 '당나귀 정鄭'에서 따온 '포니pony'라는 이름도 100여 편 포함되어 있었고요.

아리랑은 빼!

민요 〈아리랑〉에 '십 리도 못 가서 발병 난다'는 가사가 있다고 누군가 붉은 펜으로 죽 그어놓았더랍니다. 십 리도 못 가서 차바퀴가 고장 난다면 누가 그 차를 타겠느냐고 아버지도 한마디하셨지요.

네이밍은 브랜드의 운명이자 곧 회사의 방향입니다. 아버지도 포니라는 고유 모델을 만들었기에 당대에도 후세에

---

* 본격적인 상품화에 앞서 성능을 검증 및 개선하기 위해 핵심 기능을 넣어 제작한 모델. 최대한 똑같이 만들어서 테스트하는 것이 목적이다.

도 '포니 정'이라는 이름으로 불리게 되었습니다. 아들인 저도 '포니정재단'을 만들어 시대의 혁신을 이끈 아이코닉한 인물에게 '포니정 혁신상'을 수여하고 있기도 하고요.

36세 주지아로에게 고유 모델 디자인의 승부를 걸었던 아버지는 젊은 감각이 중요하다는 동일한 신념으로 당시 회사에서 아르바이트를 하던 대학생들에게 투표를 하게 했습니다. 그 결과가 조랑말을 뜻하는 포니Pony였습니다. 현장에서 선언하듯 아버지가 고유 모델의 첫 이름을 명명했습니다.

"그대 이름은 '포니'다!"

당첨자는 충주에서 양복점을 하는 분이었는데, 엽서에 적힌 그 양복점의 이름은 '현대양복점'이었습니다. 정鄭씨 일가가 만든 첫 차, 차 이름은 조랑말, 당첨자 주소는 현대양복점. 운명의 삼박자가 꼭 들어맞았습니다.

토리노 모터쇼를 사로잡다

대한민국 역사상 최초로 탄생한 고유 모델 포니는 1974년 가을, 한국에서 최초로 이탈리아 토리노 모터쇼로 향했습니다. 제55회 토리노국제자동차박람회는 비단 자동차업계뿐 아니라 세계 각국 언론의 관심과 이목이 집중되는 자리였지요.

토리노에서의 성과는 실로 기대 이상이었습니다. 현대의 포니와 스포츠형 세단 포니 쿠페는 세계 유수의 신차들을 제치고 단연 스포트라이트의 중심에 섰습니다. 유럽의 모든 언론이 취재에 가장 많은 시간을 할애한 곳이 바로 현대자동차 전시관이었습니다. 쉴 새 없이 터지는 카메라 플래시와 기자들의 질문 공세로 포니와 포니 쿠페 주변은 잠시도 한가할 틈이 없었다고 합니다.

당시는 한 나라가 자동차 고유 모델 생산국에 새로 진입했다는 것 자체가 뉴스거리인 세상이었지요. 유럽의 3대 일간지 중 하나이자 이탈리아에서 가장 많은 발행 부수를 자랑하는 《라 스탐파》는 컬러 사진과 함께 1면 전체를 포니 관련 기사로 대서특필하면서 한국이 자동차 공업국의 대열에 진입했다는 데 큰 의미를 부여했습니다. 또 다른 유력지 중 하나인 《버밍엄 포스트》는 현대의 고유 모델 개발은 "극동으로부터의 공격"이라고 보도했습니다.

폭스바겐 그리고 몇몇 세계적 기업의 만찬 회견 날짜와 겹쳤는데도 포니의 만찬장에 세계적으로 이름난 자동차 전문 기자들이 일시에 몰려들었습니다. 아버지와 일행이 만찬장에 들어서자 일제히 카메라 플래시가 터지고 모든 기자들의 시선이 집중되었습니다. 전쟁이 지나간 폐허 위에서 무슨 재주로 한국 차가 여기까지 올 수 있었는지, 그리고 그 일을 해낸 당사자는 누구인지 등 영국의《더 타임스》를 포함한 유명 언론사 기자들의 흥분된 눈빛이 쏠렸습니다. 그리고 첫 질문이 터졌습니다.

"포니가 이변을 일으키고 있는 게 사실입니다. 그런데 주최 측에서 '승용차가 아니라 조랑말(포니)이 사람을 태우고 다니는 시대로 회귀하게 되는 것 아니냐'고 농담을 하는데, 어떻게 생각하십니까?"

아버지는 아주 심각한 척 마이크를 가까이 당기면서 응수했습니다.

"조랑말이 사람을 태우고 다니는 건 이상할 게 없는데요? 사람이 조랑말을 등에 태우고 간다면 뉴스가 되겠지만……."

한바탕 폭소가 터졌고 분위기가 완전히 우리 쪽으로 넘어왔습니다. 1974년 10월, 이탈리아 토리노는 포니에게 잊지 못할 데뷔 무대였으며, 동시에 무한한 자신감을 심어준 희망의 발원지였습니다.

롤스로이스 회장의 극찬

모터쇼에서 대성공을 거둔 후 1975년 1월, 아버지는 이탈리아에서 가져온 시제차 외에도 현대자동차 기술진이 다섯 대를 직접 만들어서 적어도 1년간은 주행과 내구성 테스트를 하라고 지시했습니다. 사계절 변화에 대한 적응력을 파악하려 한 것입니다.

즉각 기술진이 달라붙어 시제차를 제작했고 시험용으로 만든 다섯 대를 전부 남산 밑으로 끌고 가서 시운전에 들어갔습니다. 우리 기술로 만든 포니가 남산을 오르지 못하면 모든 게 헛수고였기 때문에 다들 숨죽이며 차체를 뚫어져라 쳐다보고 있었습니다. 드디어 시운전자가 액셀러레이터를 밟자 놀랍게도 차가 거침없이 남산을 올라갔습니다.

"옳지, 옳지, 잘 간다!"

불안한 마음으로 초조해하던 사람들이 만세를 불렀습니다. 그 후 미쓰비시 기술자들이 와서 원래 본인들의 설계대로 완성됐는지 엔진 시험을 했습니다. 그들은 현대 기술자들이 엔진 만드는 과정을 처음부터 끝까지 점검하고 마력테스트를 하더니 고개를 갸웃하더랍니다. '기존 엔진보다출력이 2마력 더 나온다'는 것입니다. 설계대로 만들었는데어떻게 2마력이 더 나왔을까요? 그들이 설명한 이유는 다음과 같았습니다.

"원칙이 무서운 겁니다. 우리는 자동차를 잘 알기 때문에 오히려 적당히 깎아서 마력이 기준치만 나오면 된다고생각하는데, 현대자동차는 잘 모르니까 원칙 그대로 100퍼센트 다 맞춰서 깎았고, 그러다 보니 2마력이 더 나온 겁니다."

요령을 피우지 않아서 얻은 결과였습니다. 1975년 3월에는 영국 자동차 회사 롤스로이스Rolls-Royce의 당시 이언 프레이저Sir Ian Fraser 회장이 한국에 와서 울산 공장을 방문했습니다. 그는 좁은 미당에 세워둔 포니를 살펴보더니 직접 운전석에 앉아 핸들을 최대한 꺾으며 전속력으로 페달을 밟았습니다. 그렇게 몇 바퀴를 돌고 차에서 내려 문짝을 여러 차례 열었다 닫았다 해보더니 말했습니다.

"차가 꽤 좋네요!"

'차가 좋은지 어떻게 아느냐'고 묻는 아버지의 질문에 그는 이렇게 답했습니다.

"핸들을 최대한 꺾으면서 전속력으로 돌아보면 코너링이 얼마나 좋은지 알 수 있습니다. 또 차의 문짝은 여러 가지 장치가 연결되어 있는, 가장 복잡하고 정교한 부분이기 때문에 문짝 닫히는 소리가 좋아야 진짜 종합 예술품이지요. 이 두 가지가 좋으면 그 차는 좋은 차라고 할 수 있습니다."

세계적인 롤스로이스의 회장이 인정한 차, 포니는 1976년 2월 29일에 출고가 시작되었습니다. 국내 시장에 첫 선을 보이자마자 포니는 단연 장안의 화제였습니다. 가는 곳마다 포니, 포니, 또 포니 이야기였습니다. 포니의 성공은 우리나라뿐 아니라 세계를 놀라게 했습니다. 그 덕에 '현대'라는 이름이 알려졌고, 디자인을 한 주지아로와 영국에서 온

조지 턴불George Turnbull 부사장, 금형을 제작한 일본의 오기하라Ogihara가 모두 유명세를 탔습니다.

같은 해, 첫 해외 수출의 감격을 맛보기도 했습니다. 중남미 에콰도르에 포니 다섯 대를 처음 선적해 보낸 것입니다. 포니의 질주는 놀라웠습니다. 생산 2년 만에 50개국에 수출되는 성과를 올렸고, 1978년 11월엔 생산량 10만 대를 돌파했습니다. 에콰도르에 처음 포니를 수출한 이후 아버지는 그 외에도 멀고도 고된 수출 여정을 직접 함께했습니다. 거의 하루걸러 한 나라꼴로 국경을 넘나들 정도였지만, 해외에 우리 차를 선보인다는 기쁨에 피곤한 줄도 몰랐다고 합니다.

現代자동차「포니」契約接受

한臺 228萬원⋯2月末 出荷

現代自動車(대표 鄭世永)는 오는 26일부터 5人乘소형 승용차「포니」의 판매계약을 접수한다.

포니의 泰當가격은 2백28만9천2백원이며 契約金은 50만원으로 오는 2월말부터 월평균 1천5백대가 出庫된다.

재작년 11월 이탈리아의 토리노모터쇼에 출품되어 성능과 디자인의 우수성을 인정받은 포니는 현재까지 62개국의 2백28개 상사로부터 輸入신청을 받고있는데 排氣量 1천2백38cc, 4기통, 80馬力이다.

▲ 1976년 1월 25일자《조선일보》기사
▼ 포니 10만 대 생산 돌파 기념 장식물

포니에서 엑셀까지, 그리고 그 너머

엑셀이 온다

1981년 11월에 미쓰비시로부터 전륜구동 기술을 도입하면서 현대자동차는 본격적으로 새로운 모델, X카 개발 작업에 착수했습니다. X카 프로젝트는 국내에서 처음 시도되는 전륜구동형 모델이었지요. 캐나다에서 혹한 테스트를, 미국에서 종합 성능 테스트를 거친 것이 1984년 12월이었고, 이어 이듬해인 1985년 2월에 미국 규제에 맞추기 위한 배기가스 테스트를 거쳤습니다.

차명은 '엑셀Excel'. 성능과 품질이 뛰어나다는 의미의 '엑셀런트excellent'에서 따온 이름으로, 수출 전략 차종으로서의 자신감과 의지를 담았습니다. 때를 같이하여 30만 대 생산 규모 공장도 마침내 그 웅대한 모습을 드러냈습니다.

전 세계 자동차업계가 한국을 주목했고, 아버지는 1985년 8월 미국 디트로이트에 있는 자동차 기술자들의 모임인 국제자동차기술자협회Society of Automotive Engineers, SAE에 연사로 초빙되었습니다. 한국 자동차 산업의 성공 사례를 발표했고, 현대자동차가 자동차의 본고장 미국에 진출한다는 것을 알리는 강연과 기자 회견을 가지기도 했습니다.

기자들의 첫 질문은 재밌게도 'Hyundai를 어떻게 발음하는 것이 옳은가?'였다고 합니다. '현대'를 영문으로 'Hyundai'라고 표기했는데, 외국인들이 발음하는 건 현다이, 하이운다이, 훈다이 등 가지각색이었습니다. 그때 아버지는 정확한 발음은 '현대'지만, 어떻게 부르든 차만 많이 사준다면 개의치 않겠다고 대답해서 또 한 번 박수갈채를 받았습니다.

1984년과 1985년은 '현대의 해'라고 해도 과언이 아닐 정도였습니다. 캐나다에서도 현대차 돌풍이 일어나 캐나다 진출 2년 만에 7만 9천 대에 이르는 판매 실적을 기록했습니다. 아버지는 북미 시장 조사가 끝나자 1985년 4월, 서부 로스앤젤레스에 현지 법인 HMA_{Hyundai Motor America}를 설립했습니다.

미국의 유명한 자동차 전문 잡지 《오토모티브 뉴스》에서 자동차뿐 아니라 현대그룹에 대해서 자세히 소개하자 '차가 언제 들어오느냐'는 딜러들의 문의가 빗발치기 시작했습니다. 미국 현지 사무실과 국내 수출 관련 팀의 전화통에 불이 나던 시절이었습니다.

자동차 본고장에서 메가 히트를 치다

엑셀의 현지 광고도 강한 인상을 남겼습니다. 태양이 떠오르는 한강대교를 따라 거대한 빌딩숲이 화면을 가득 채우고, 곧이어 광활한 울산 현대중공업의 위용이 펼쳐지면서 엑셀이 주행시험장을 날렵하게 회전하는 장면이 이어집니다. 광고 모델이 '엑셀이 여러분의 행복과 주머니를 지켜줄 것입니다'라고 말하면서 환하게 웃는 것으로 영상은 마무리됩니다.

이 광고가 연일 방송을 타자, 보는 사람들마다 "현대차 광고는 한 장면 한 장면이 다 신선하다"라는 반응이 나왔습니다. 덕분인지 엑셀이 처음 선을 보였던 1986년 한 해 동안 18만 6천 대를 팔았고, 이듬해인 1987년에는 무려 26만 대를 판매하기에 이르렀지요.

언론에서도 호평을 받았습니다.《포춘》은 1986년 12월 8일자 기사에서 "엑셀이 1986년 미국 10대 상품으로 선정됐다"고 밝히고, "역사상 가장 빠른 매출 신장률을 보인 수입품"이라고 격찬했습니다.《뉴욕 타임스》에서는 1986년 한 해 동안 미국에서 선풍을 일으킨 히트 상품을 개발한 산업계의 숨은 영웅 여섯 사람 중 한 사람으로 아버지 정세영을 선정했습니다. 이 신문은 "엑셀은 미국 시장에 첫 진출한 자동차 중 가장 성공을 거둔 차종 중 하나"라고 보도했습니다.

미국 시장 성공의 결정적인 비결은 타이밍이었습니다. 당시 소형차 가격대에서는 엑셀과 경쟁할 만한 차종이 없었습니다. 1999년 2월 《워싱턴 포스트》가 EF 쏘나타의 우수성을 보도하면서 "1986년 미국에 시판한 엑셀은 저소득층이 타던 차"라는 기사를 쓴 적이 있는데, 그만큼 엑셀은 보통 사람들의 가성비 차종이라 할 수 있었습니다.

엑셀은 미국 사회에서 갖은 고생을 하며 정착한 교포들에게도 큰 자부심으로 다가왔습니다. 오래전 미국으로 이민 온 할머니 한 분이 모터쇼를 찾아와 엑셀을 쓰다듬으며 감격의 눈물을 흘렸다는 이야기가 잘 알려져 있습니다.

"전쟁으로 폐허가 된 조국에서 어떻게 이런 좋은 차를 만들어 미국까지 수출하게 되었느냐……."

손주를 어루만지듯 엑셀을 쓰다듬었다지요. 울산의 진흙 갯벌에 자동차 조립 공장의 기둥을 박았을 무렵, 고유 모델로 자동차의 본고장 미국에 진출하리라는 걸 그 누가 상상할 수 있었겠습니까.

달리고 또 달리다

1975년에 첫 고유 모델 포니가 출시되고 1986년에 엑셀이 미국 대륙을 질주한 이래, 자동차 기술 경쟁은 계속됐습니다. 무엇보다 미래를 위해 공해 없는 자동차 개발에 지속적인 투자를 시작했습니다. 1993년 3월에는 쏘나타 차체에 첨단 배터리 등을 내장해서 시속 130킬로미터에 1회 충전 거리 120킬로미터를 달성한 전기자동차 3호를 개발했습니다. 스쿠프에 중량을 획기적으로 감소시킨 전기자동차 4호도 동시에 개발했습니다. 첨단 기술, 알파 엔진을 장착한 스포츠카 스쿠프와 고급 중형 세단 EF 쏘나타, 대형 승용차의 바이블 그랜저, 최고급 승용차로 자리 잡은 에쿠스까지 현대자동차의 상승세는 아무도 막을 수 없었습니다.

아버지는 그렇게 달리고 또 달렸습니다. 그중에서도 가장 지대한 관심을 가진 부문은 디자인이었습니다. 본래 디자인은 판매와 직결되기 때문에 세계 어느 제조업체를 막론하고 회사 최고 책임자가 결정하는 것이 관례였습니다. 그러나 아버지는 포니를 생산하던 시절부터 자동차 디자인이 얼마나 중요한지 깨달은 덕에, 디자인 분야에 필요한 인재는 파격적으로 채용하라는 지시를 내렸습니다.

'스타렉스Starex'를 개발할 때의 에피소드가 생각나는군요. 연구소에서 보여준 디자인 시제품이 아버지는 마음에 들지 않았나 봅니다. 하지만 과거에 마르샤Marcia 시제품이 나왔을 때 "다시 해!"라고 한마디했다가 당신 때문에 '좋은 차, 날 샜다'는 소리를 들었던 전과가 있어 선뜻 나서지는 않으셨습니다. 결정을 못 내리고 머뭇거리니 디자인 팀장이 옆에서 장황하게 설명을 했습니다. 하지만 '내가 보기에는 별로야……'라는 표정이 역력했습니다. 나중에 들으니 옆에서 흐뭇한 미소를 짓고 있는 제 모습을 보고 '젊은 사람들의 시각은 뭔가 다른가?' 하는 생각에 끝내 "다시 해!" 소리를 못했다고 합니다.

결국 고치지 않고 디자인 팀의 의견대로 출고한 스타렉스는 대히트를 쳤습니다. 디자인이라는 것이 아무리 피가 마르도록 고민하고 연구해도 빗나갈 때가 있는가 하면, 영 아니다 싶었던 것이 큰 인기를 누리는 경우도 있습니다. 아버지가 그랬듯 저도 자동차와 아파트 디자인 평가회에는 꼭 참여하는데, 젊은 감각을 좋아하셨던 아버지처럼 저 또한 대체로 젊고 유능한 사람들의 의견을 따르는 편이지요.

기둥을 붙들고 버티다

엄혹한 시절

1987년 2월 9일에 아버지는 현대그룹 회장과 현대자동차 회장에 동시 취임했습니다. 큰아버지는 회장 자리에서 물러나 명예회장 자리로 옮기셨고요. 창업자도 아닌 자신이 그룹 회장으로 임명받자 아버지는 창업자와 당신의 차이는 무엇일까, 곰곰이 생각했다고 했습니다. 빈한한 농촌에서 맏아들로 태어난 큰아버지는 번뜩이는 아이디어, 적극적인 추진력으로 당대에 세계적으로 손꼽히는 대기업을 세웠습니다. 자수성가한 창업자의 대부분이 그렇듯 독선적이고 부지런하기도 했고요.

반면 스스로 평범한 머리를 가졌다고 생각한 아버지는 그룹 회장으로 취임하면서 회사 구성원들의 뛰어난 머리를 빌리겠다고 결심했습니다. 회장 중심의 기존 경영 방식보다는 각 계열사 경영진에게 책임과 권한을 최대한 부여할 것을 분명히 하셨지요. '그룹의 제2도약기'를 열겠다는 당신의 포부를 민주적 경영에 심었습니다.

그룹 회장이자 자동차 회장으로 아버지는 1987년부터

'오너 드라이버' 시대를 선포했습니다. 영업사원들에게 자동차가 아니라 '손수 운전'을 팔러 다니라고 강조했습니다. 모든 국민이 직접 핸들을 잡도록 환경과 의식을 바꾼 것입니다. 전 국민이 운전을 할 줄 안다면 그 나라의 문화 수준을 한 단계 높이는 일이라는 자부심으로 말이지요.

한편 그즈음부터 국내 정세와 기업의 분위기가 급변하면서 격렬하게 요동쳤습니다. 1987년 이후부터 전국적으로 노동 운동이 들불처럼 일어났습니다. 분규가 거듭된 1987년 한 해 동안 현대자동차는 총 9만여 대의 생산 차질을 빚으며 4천억 원에 가까운 매출 손실을 입었습니다. 뿐만 아니라 큰아버지가 정계 진출을 선언하면서 정부는 현대그룹을 향해 가혹할 정도로 '목 비틀기'식 압력을 가했습니다. 노태우 정권은 무지막지한 세무 사찰을 벌여 1300억 원을 추징했습니다. 법정 투쟁 끝에 승소 판결로 거의 대부분을 돌려받았지만 당시 아버지가 겪었던 심적 고통은 극심했습니다.

청와대 신축 공사를 할 때도 무리한 요구를 받았습니다. 청와대 측은 공사 도중에 수시로 설계 변경을 요구했고, 그로 인해 추가 공사비가 당초 예산의 두 배인 450여억 원이 들었습니다. 그런데 청와대 측은 국회에 추가로 예산 신청을 할 수 없는 입장이 되자 현대에 무언의 압력을 넣어 추가 공사비를 포기하도록 종용했습니다. 결국 청와대 신축 공사 금액은 절반밖에 받지 못했습니다. 지금까지도 농담 반 진담 반 '청와대의 반은 현대의 것'이라는 소리가 나오는 이유입니다.

신규 대출 중단, 증자 불가, 공사 입찰 제외 등을 겪으며 신규 사업은 엄두도 못내는 암흑의 시간이 이어졌습니다. '정치권력이라는 것이 국민을 행복하게 해주기는 힘들어도, 기업을 망하게 하는 데는 자신 있다'는 정권의 엄포에 기업인들의 피가 바짝 말랐다고 합니다. 큰아버지의 대선 출마 이후 아버지는 현대그룹을 '이끌었다'기보다 그 기둥을 붙들고 '버텨냈다'고 표현했습니다.

스피드광

제 첫 직장은 알려져 있다시피 현대자동차였습니다. 한 치의 의심도 없었던 것이 저는 초등학교에 들어가기 전부터 아버지에게 항상 자동차에 관한 이야기를 들으며 자랐습니다. 그래서 자동차는 저에게 학교, 친구만큼이나 자연스럽고 일상적이었습니다. 딕분에 운진도 일찍 배웠습니다. 운전면허를 따고 나니 하루빨리 차를 몰고 싶었습니다. 대학생도 되었겠다, 몰래 어머니 차를 타고 나가곤 했는데 제가 차를 갖고 나가는 바람에 어머니가 곤란을 겪는 일이 잦아지자 그제야 아버지께서 포니2를 사주셨습니다. 생애 첫 '마이카'였습니다.

얼마나 빨빨거리고 돌아다녔던지, 제 첫 차는 서울 택시보다 운행 거리가 길었고 고속도로에서 저보다 빨리 달리는 차가 없었습니다. 내비게이션이 없던 시절, 전국의 고속도로와 국도를 훤히 꿰는 수준이 되었습니다. '내가 한국에서 가장 운전을 잘하는 사람이 아닐까?' 하는 당돌한 생각도 했습니다.

영국 옥스퍼드대학교 유학 시절에는 엑셀을 탔습니다. 옥스퍼드대와 런던은 100킬로미터 정도 떨어져 있어 자동차로는 한 시간 반이 걸렸습니다. 엑셀을 타고 M40 고속도로를 신나게 달리다 보면 가끔 60대의 중년 부부가 제 차를 가소롭다는 듯이 쳐다보며 추월할 때도 있었습니다. 표정으로 보아 '싸구려 차로 뭘 그렇게 빨리 달리나' 하는 듯했습니다.

아버지처럼 현대자동차에서 일할 것이라는 막연한 상상은 곧 현실이 되었습니다. 대학교 3학년 여름 방학, 현대자동차 울산 공장에서 아르바이트할 기회가 생겼습니다. 제가 맡은 업무는 조립 라인에 부품을 보급하는 일이었습니다. 몸이 고되긴 했어도 어렵고 복잡한 일은 아니었습니다. 지금도 생생하게 떠오르는 일은 점심 식사를 빨리 마친 다음 빈 부품 상자 위에 누워 가수 이용의 〈잊혀진 계절〉을 들으며 낮잠을 자는 일이었습니다. 잠깐의 오수가 그렇게 꿀맛일 수 없었습니다.

옥스퍼드대학교에서 철학·정치학·경제학PPE 석사를 마치고 1988년 9월에 현대자동차 회계부 대리로 첫 출근을 했습니다. 본격적인 직장 생활의 시작이었지요. '재벌 2세', '회장님 아들', '유학파' 같은 평판이 존재했고 호기심 어린 시선들도 있었습니다. 내 딴에는 겸손하고 예의 바르게 행동하려고 노력했지만 남들에게 어떻게 보였는지는 잘 모르겠습니다.

이렇게 회계부에서 1년 정도 일하다 1989년에 울산 제2공장 생산관리 부장으로 발령을 받았습니다. 이때부터 3년간의 울산 생활이 시작되었습니다. 1987년 노태우 대통령 후보(민정당 대표)의 6·29 선언* 이후 자동차 회사와 조선소의 파업이 잦았던 시기였습니다. 지인들은 "이쯤 되면 신

---

* 당시 국민들의 민주화와 직선제 개헌 요구를 받아들여 발표한, 신군부 시국 수습을 위한 특별 선언. 핵심 내용으로 노동권 보장, 언론 자유 등이 있다.

병이 최전방 부대에 배치된 것 아니냐?"고 걱정했지요. 하지만 명색이 회장 아들인 나도 자동차 회사의 모든 업무를 조금씩이라도 경험해보아야 한다고 생각했습니다. 울산 공장에서 아르바이트를 한 것도, 생산 관리 부장으로 일하는 것도 당연한 수순이었습니다.

그즈음에는 회사 생활로 분주했고 결혼에 이어서 아들이 태어나는 등 개인적인 변화도 많았습니다. 다행히 회사에는 큰아버지와 아버지가 계셨고 많은 사촌 형님들도 있었기에 저에게 기대하는 역할이 부담스럽게 다가오지는 않았습니다. 아버지가 같은 회사에서 근무하는 아들을 후배로 여겼듯, 그분들은 모두 나의 선배들이었습니다.

그러다 1996년, 커다란 변화가 찾아왔습니다. 아버지가 현대그룹 회장직에서 물러나며 현대자동차 명예회장이 되셨고 제가 현대자동차의 회장이 되었습니다. 34세의 젊은 나이에 회장이 된 것은 한국뿐 아니라 세계적으로 화젯거리였습니다. 아버지는 큰아버지에게 "몽규가 회장이 되기엔 너무 젊고 경험이 없다"며 반대했지만, 큰아버지는 충분히 할 만하다며 당신의 뜻을 밀어붙였습니다. 친구들은 "몽규 네가 현대그룹에서 '이명박 신화'를 깼구나!" 하며 놀리곤 했습니다. 하지만 나는 정씨 일가로서 낙하산을 탄 것이고, 이명박 전 대통령은 실력과 노력으로 사장 자리에 오른 것이니 엄연히 달랐지요.

젊은 나이에 회장에 오르자 조금이라도 나이 들어 보이도록, 근엄해 보이도록 안경을 쓰고 양복만 입고 다녔습니다. 어디를 가든 무슨 말을 하나 어떻게 행동하나 관찰의 대상이 되었기에 언제나 말과 행동을 조심했습니다. 회장이 되고 나서 제가 맡은 일은 대체로 '결정'이었습니다. 현대자동차가 세계적인 기업이 되기 위한 목표 설정과 사업 과제들에 제 선택과 결정들이 필요했습니다. 지금 돌이켜 보면 제 생각과 의견을 더 적극적으로 개진했으면 어땠을까 하는 후회가 남기도 합니다.

기아 주식을 매수하라

1990년대 국내 자동차 시장은 과도한 경쟁으로 한껏 달아오른 상태였습니다. 여전히 현대자동차가 선두를 차지하고 있었지만 기아자동차의 상승세는 놀라웠고 대우자동차가 그 뒤를 쫓았습니다. 쌍용자동차가 후발 주자로 나서자 삼성그룹에서도 자동차 산업에 진입하기 위해 직접 회사를 세울지 다른 회사를 인수할지 저울질을 하고 있었습니다.

　그러던 중 IMF 사태가 벌어지기 직전인 1990년대 중반 이후, 그간 확장에만 주력해온 기아자동차가 경영 위기에 봉착했습니다. 특별한 지배주주가 없었던 기아자동차는 전문 경영인인 김선홍 회장이 이끌고 있었는데, 삼성그룹에서 자동차 회사를 인수한다면 그 대상은 기아자동차가 될 것이 뻔했습니다. 누군가 내게 가장 기억에 남는 '결정의 순간'이 언제냐고 묻는다면, 그중 하나는 바로 이때입니다.

　30년 동안 자동차 회사를 경영해온 아버지는 기아 문제의 해결 방향을 고심했습니다. 기아는 현대와 함께 우리나라 자동차 산업을 이끌어온 주요 경쟁자이자 동반자였기 때문입니다.

　기아가 어려워진 데에는 여러 원인이 있었습니다. 손실이 뻔한 대대적 할부 판매를 실시하는 등 출혈 경쟁을 하는 바람에 내수 시장의 질서가 붕괴되었고, 대외적으로도 한국 자동차의 이미지 손상이 컸습니다. 아버지의 생각은 분명했습니다.

　"현대를 따라잡으려고 과잉 투자한 것이 결국 기아를 망쳤구나."

그동안 현대, 기아, 대우의 3사 체제에 쌍용자동차까지 포함해 자동차 회사의 난립으로 우리나라 자동차 회사들은 피차 제 살 깎아먹는 고통을 감수하고 있었습니다. 예컨대 삼성이 상용차 시장에 진입하던 1992년에 국내 생산 능력은 이미 280만 대 수준에 달했는데, 실제 수요는 170만 대 정도라 110만 대에 이르는 공급 능력이 과잉 상태에 있었습니다. 그런 판에 삼성까지 내수 판매용 승용차 공장을 건설하겠다고 하니 심히 우려스러웠습니다.

이때 저는 아버지께 기아자동차 주식을 사서 삼성이 기아자동차 인수를 못하게 하거나 후일 현대자동차가 기아를 인수할 발판을 만들어야 한다고 말씀드렸는데, 단박에 반대하셨습니다. 아버지는 '현대를 잘 경영해 경쟁력 있는 회사를 만들면 되지, 기아를 사는 건 무용지물'이라고 판단하셨습니다. 당시 현대자동차는 몽구 형님이 운영하는 현대자동차서비스와 분할되어 있는 상태였는데, 여기에 기아자동차까지 합세하면 고려해야 할 부분이 많아진다고 우려하신 거지요.

그러나 저는 우리가 기아를 인수하거나 적어도 삼성이 기아를 인수하지 못하도록 막아야 현대자동차가 계속 경쟁력 있는 회사로 존속할 수 있다고 보았습니다. 이미 수요에 비해 공급량이 넘치는 국내 자동차 시장에서 생산 라인이 늘어나면 결국 과잉 공급으로 출혈 경쟁이 심화될 뿐이었습니다.

"우선 큰아버지께 보고드리자."

겨우겨우 아버지를 설득해 정주영 회장님께 제 생각을 말씀드릴 수 있었습니다. 진취적인 사업가로, 공격적인 경영을 선호한다는 업계의 평판대로 큰아버지의 결정은 신속했습니다.

"뭐해? 당장 주식 매입하지 않고."

얼마 지나지 않아 정재계에서는 기아자동차를 회생시킬 수 있는 것은 현대나 삼성이라는 논의가 시작되었습니다. 현대자동차는 기아자동차의 지분을 보유하고 있는 데다 전문성 역시 의심할 여지가 없었습니다. 국내 자동차 산업의 과열 경쟁을 막아야 한다는 명분도 있었기에 입찰을 통해 현대자동차의 인수가 결정되었습니다. 공정거래위원회에서도 몇몇 조건을 내세우며 현대의 기아자동차 인수를 승인했습니다.

기아자동차 인수는 현대자동차에게 많은 의미를 가져다주었습니다. 우선 두 회사가 플랫폼과 부품을 통합해 생산 비용을 절감함으로써 '규모의 경제'를 실현하게 되었습니다. 또한 각 회사가 라인업을 정비해 불필요한 경쟁을 피하고 더 많은 소비자에게 어필함으로써 시장 점유율을 확대할 수 있었지요.

글로벌 경쟁력도 높아졌습니다. 기아자동차 인수로 현대자동차는 연간 250만 대 생산 체제를 갖추어 세계 10대 자동차 회사로 도약하는 발판을 마련하게 되었지요. 공동 연구 개발로 기술 혁신을 가속화해 자율주행차, 전기차 등 미래 기술에 한층 더 가까워지게 된 것도 커다란 의미였습니다. 무엇보다 결과적으로 현대자동차의 브랜드 가치가 상승했고 글로벌 시장에서의 입지를 더욱 탄탄히 할 수 있었습니다.

파업의 파도를 넘어

제가 현대자동차 회장에 취임한 이듬해 외환 위기, 이른바 IMF 사태가 찾아왔습니다. 그 여파로 현대자동차도 극심한 판매 부진을 겪었습니다. 하루아침에 다니던 회사가 부도날 판인데 누가 새 차를 사겠다는 엄두를 낼까요. 어쩔 수 없이 구조 조정과 정리 해고로 탈출구를 모색해야 했습니다. 하지만 노동조합은 파업으로 극렬한 반대에 나섰고 저는 회사를 대표해 현장에서 노조와 대치하며 협상에 나섰습니다. 공장 벽에는 빨간 페인트로 제 이름이 쓰여 있고 파업 현장에 들어설 때면 욕설 섞인 구호가 들려왔습니다. 피켓이나 몽둥이를 휘두르는 사람들도 있었습니다. 전쟁터와 같은 험악하고 살벌한 분위기 속에서 저는 노조 대표와 담판을 짓기 위해 나섰습니다.

"회장님, 아무래도 협상 테이블에 직접 나서기엔 상황이 좋지 않습니다."

사색이 된 중역들의 만류를 뿌리치고 노조 본부가 설치된 캠프로 향했습니다. 모든 상황에서 애써 감정을 드러내지 않고 침착하게 처신하려고 노력했습니다. 사태가 심각한 국면에 접어들자 국회의원들과 노동부장관이 공장에 내려와 중재에 나섰습니다. 현대자동차 울산 지역의 자동차 노조, 조선소 노조는 조직화가 잘 되어 있어 노사 분규도 잦았고, 그럴 때마다 정치인들이 울산에 모이는 일도 많았

◇굳은 勞使… 웃는 黨政 현대자동차 사태가 완전·타결된 24일 오전 정몽규회장(왼쪽에서 두번째)과 김광식 노조위원장(왼쪽에서 세번째)이 협상결과 발표 후 굳은 표정으로 악수를 나누자 협상을 중재했던 노무현의원(왼쪽)과 이기호노동장관(오른쪽)이 환한 표정으로 박수를 치고 있다. <李德黨기자·leedh@chosun.com>

노사 합의 후 기념사진

습니다. 그중에는 최근까지도 왕성하게 활동한 김문수 전 고용노동부 장관이 있었고, 국회의원이었던 고 노무현 전 대통령도 있었습니다.

민간 기업의 경영상 정리 해고 문제에 정부가 개입한 것에 아버지는 다소 난처해 하셨습니다. 그렇다면 애초에 심각한 상황으로 번지기 시작했을 때부터 법을 집행하고 질서를 바로잡는 것이 맞지 않나 여겼던 것 같습니다. 어쨌든 폭력 사태로 이어질 만큼 일촉즉발의 순간에 정부가 나서서 사측의 양보를 얻어내며 현대자동차의 노조 파업은 일단락되었습니다. 재정이 어려운 회사보다 현대자동차처럼 재정이 건실한 회사의 양보를 얻어내야 전국 노동조합이 회사를 살리는 상징적인 장면이 나올 것이라 판단했던 것 같습니다. IMF에서 한국 노동 시장의 유연성을 유도했음에도 기아자동차나 대우조선이 아닌 현대자동차를 구조조정의 리트머스 시험지로 삼은 것은 우리나라 노동 시장의 경직성을 보여주는 사례이기도 했습니다.

결과적으로 협상 전 6,700명이었던 정리 해고 예정자는 1,580명으로 줄었고, 실제로 해고가 적용된 대상은 270여 명이었습니다. 32일간의 조업 중단으로 인해 차량 10만 4천 대, 비용으로는 9400억 원에 달하는 손실을 남겼습니다. 공정이 마무리된 생산 차량 수백 대와 회사의 각종 시설물들도 파손되었습니다. 정리 해고를 통해 경영 정상화를 이루고자 했던 초기의 목표는 사실상 실패로 끝난 셈이었지요.

당시 대기업의 젊은 회장이라는 사회적 관심 때문인지 전국 뉴스에 대규모 노사 분규 뉴스가 나올 때면 제 모습이 전파를 타기도 했습니다. 유례없는 노조 파업과 협상 과정은 저에게 많은 깨달음과 한 장의 인상적인 기념사진을 남겼습니다. 노사 합의 후 김광식 노조위원장과 저, 노무현 전 대통령이 함께 사진을 찍었는데, 지금도 가끔 미디어에 소개되곤 합니다. 얼마 후 현대자동차는 극적으로나마 협상이 타결된 것에 대해 작은 위안을 삼아야 했습니다. 국내 자동차 시장에서 선의의 경쟁자였던 기아자동차는 외환 위기를 버티지 못하고 부도의 위기를 맞았으니까요.

자동차와의 이별

노조 파업을 비롯하여 하루하루가 결정의 연속이었다 해도 과언이 아닙니다. 이전까지 아버지가 하셨던 일들, 다시 말해 1970년대 우리나라 최초로 고유 모델을 출시하는 것이나 엔진을 포함한 모든 부품을 국산화하는 것, 해외 수출로 글로벌 경쟁력을 갖추는 것 등 모든 것들이 결정의 결과물이었습니다. 어떤 결정은 원대한 목표와 계획에 따라 내려지기도 했고, 또 어떤 결정은 의도치 않았으나 순리대로 이루어지기도 했습니다. 이 무수한 결정들이 조합되어 지금의 현대자동차가 되었다고 생각하니, 제가 회장으로서 내리게 될 수많은 결정들의 무게가 현실로 다가왔습니다.

기아자동차 인수 후 가장 커다란 변화는 경영진 교체였습니다. 우선 사촌 형님인 정몽구 회장이 현대자동차와 기아자동차의 대표이사 회장이 되면서 저는 두 회사의 대표이사 부회장으로 발령을 받았습니다. 얼마 뒤 1998년 12월에 현대기아자도 회사명을 공식 변경히면서 몽구 형님과 회장, 부회장으로 같은 회사에서 일하게 됩니다. 3개월쯤

지났을 때, 정주영 회장님이 아버지에게 현대자동차의 경영권을 조카인 몽구에게 넘겨주라 이야기하셨습니다.

"몽구가 장자인데, 몽구에게 자동차 회사를 맡기는 게 좋겠어."
"알겠습니다."

큰아버지 말씀에 아버지는 담담하게 답했습니다. 이제까지 집안의 가장 노릇을 하며 동생들 뒷바라지에 조카들까지 하나하나 챙겨온 형님이었기에 그 결정에 순순히 따랐습니다. 다만 '몽규는 자동차 부회장으로 몽구 밑에 두도록 하겠다'는 뜻에는 반대 의사를 밝히셨습니다.

"나중에 몽규 때문에 오늘 같은 곤혹스러운 일이 또 생길지 모릅니다. 이번 참에 몽규도 그만두도록 하는 게 좋겠습니다. 함께 자동차를 떠나겠습니다."

그간 큰아버지는 '자동차는 넷째 동생 몫'이라는 말씀을 여러 차례 하셨다 합니다. 넷째 동생은 바로 아버지였습니다. 32년간 피와 땀과 청춘을 다 바쳐 이룩했던 자동차 회사를 떠나는 과정은 "그렇게 해!"라는 큰아버지의 말 한마디와 "예"라는 아버지의 대답으로 마무리되었습니다. 모든 이견과 조정이 생략된, 지극히 짧은 순간이었습니다.

큰아버지로부터 '떠나라'는 말을 처음 들은 후, 아버지와 제가 32년간 몸담았던 현대자동차 계동 사옥을 떠나기까지는 불과 사흘밖에 걸리지 않았습니다. 32년 동안 오너의 마음으로 걸어온 길을 되돌아 나가는 데 딱 3일이 걸린 셈입니다. 훗날 아버지는 당신의 회고록《포니 정, 나의 삶 나의 꿈》에서 "떠나라는 말 한마디에 두말없이 떠나야 하는 형편인 걸 보니 어쩌면 오너의 허울을 쓴 전문 경영인이었던 모양"이라고 토로하시기도 했습니다.

요즘도 누가 그때의 일을 내게 물어오면 "(아버지께) 왜 섭섭한 마음이 없었겠는가" 반문하듯 한 문장으로 표현합니다. 하지만 32년 자동차 인생을 살아온 아버지의 깊은 마음은 감히 제가 헤아릴 수 없습니다. 저 역시 평생직장이라는 생각으로, 아버지에게 부끄럽지 않은 아들이 되겠다는 마음으로 현대자동차에서 최선을 다해 일했었기에 아쉬움은 있었지만, 지금은 조카 정의선 회장이 세계 5대 자동차 회사로 키워 사랑스럽고 '나도 조그만 역할을 했구나'라고 생각합니다.

세운상가, 최초의 주상복합 아파트

지금도 기억하는 첫 우리 집은 초등학교에 입학하기 전 삼선교에 있었던 30평 규모의 한옥입니다. 미음ㅁ 자 모양의, 연탄으로 난방을 하던 집이었습니다. 정몽구 형님 댁과 앞집, 뒷집으로 붙어 있었고 인근에 삼표연탄 공장이 있었던 것 같습니다. 초등학교에 입학을 앞둔 1968년, 우리 가족은 종로4가에 있는 세운상가 아파트로 이사를 했습니다. 바로 우리나라 최초의 주상복합 아파트입니다.

1960년대, 전쟁이 끝나고 먹고살기 위해 서울로 올라온 사람들은 종로, 을지로, 퇴계로 등의 무허가 건물에 터를 잡았습니다. 서울시에서는 이 지역을 네 지구로 나눠 주상복합 단지를 만들기 시작했습니다. 건축가는 우리에게 익히 알려진 고故 김수근 선생님이었고, 당시로서는 최첨단 장비와 기술이 도입되었습니다. 1967년 현대상가 건립을 시작으로 세운상가, 청계상가, 대림상가, 삼풍상가, 신성상가, 진양상가 등이 잇따라 들어섰습니다.

기공식에서 당시 김현옥 서울시장은 '세계의 기운이 이곳으로 모이라'는 의미로 '세운상가'라는 이름을 붙였노라 밝혔습니다. 시공사들의 사정 때문에 원래 설계대로 완공되지는 않았지만 대한민국 건축사에 최초의 주상복합 아파트라는 타이틀을 누리게 되었습니다.

그 무렵 아버지가 일하시던 현대자동차 사무실이 세운상가에 있었습니다. 총 13층 건물인 세운상가는 4층까지 상업 공간, 5층부터 주거 공간으로 나뉘어 있었습니다.

1, 2층에는 용산전자상가가 생기기 이전 최초의 전자상가가 있었고, 4층에는 아버지가 일하시는 현대자동차가 있었습니다. 우리 집은 10층이었습니다. 아버지가 거의 최초로 직주근접職住近接해 집을 얻으셨는데 우리 가족은 이곳에서 2년여를 살았습니다.

세운상가 아파트는 당시로서는 초超현대식 고급 아파트였습니다. 중앙 집중 난방에 온수까지 나왔으니까요. 2000년대 초반으로 따지면 '타워팰리스' 저리 가라 할 정도로 부러움의 대상이었다지요. 어머니는 온수 때문에 당신 친구들이 가끔 목욕하러 집에 왔었다는 말씀을 종종 하셨습니다. 어린 저는 그저 어머니의 노란색 코티나나 빨간색 승용차를 타고 효자동의 학교를 오가는 일이 신났던 기억이 납니다.

1960~70년대 국가 주도 산업화와 근대 도시 비전이 응축된 세운상가

자동차를 떠나 건설로: 또 한 번의 시작

새로운 일터

이제 막 저의 새로운 일터가 된 현대산업개발은 주택 부문이 전체 매출의 70퍼센트 가량을 차지하는 주택 건설 회사였습니다. 아버지로서는 1957년 현대건설에 입사한 이후 건설 회사와는 40여 년 만에 다시 인연을 맺은 것이고, 저로서는 완전히 새로운 출발이었습니다. 예정되어 있지 않았던, 37세에 경험하는 생애 첫 이직이었습니다. 자동차에서 아파트로, 하루아침에 사업 전환이 이루어진 셈이지요.

현대자동차에서 일하는 동안 저의 일상 관심사와 머릿속 안테나는 온통 자동차로 향해 있었습니다. 어려서부터 자동차에 관심이 많았고 밥상머리에서도 아버지께 자동차에 대한 이런저런 이야기를 들어왔기 때문에 자동차에 관한 것이라면 매우 익숙했습니다. 운전면허도 일찍 땄고 자동차 여행도 자주 즐겼으며, 심지어 유학 시절 논문도 한국 자동차 역사에 관한 것이었습니다.

회사 생활도 즐기었습니다. 특히 자동차 디자인, 상품기획, 마케팅 분야는 더욱 재미있었습니다. 이른 나이에 회장이 된 것이 때론 강점이 되었습니다. 젊은 감각이 필요하다고 판단해 디자인 품평회는 아랫사람부터 의견을 내는 것이 좋겠다고 지시하기도 했습니다. 그때까지만 해도 조직 내 위계질서가 엄격했기 때문에 직급이 높은 사람이 의견을 내면 아랫사람은 순순히 따르거나 의견을 내지 않는 일이 많았거든요. 하급자부터 상급자까지 의견을 모두 들은 다음에 디자인 실무자가 총평에 따라 '무엇을 어떻게 하겠다'고 시안을 제시하면 전부는 아니더라도, 90퍼센트 이상은 의견을 존중해주었습니다.

하지만 건설과 건축이 주력인 현대산업개발에서는 모든 것이 생소했습니다. 하루빨리 회사 업무를 파악해야 했습니다. 명색이 회장인데 건설, 건축에 대해 아는 것이 없다는 소리를 들을까 싶어 현장 업무를 파악하고 소통에 익숙해지기 위해 무작정 시간과 공을 들였습니다.

건폐율, 용적률, 토지가 몇 종인지 등과 같은 건축 용어를 익히고 공사 현장에서 사용하는 일본식 용어들도 귀담아 들었습니다. '공구리콘크리트 친다'는 말도 처음에는 무슨 말인지 몰랐습니다. 안 좋은 의미의 은어로도 쓰였지만 다행히 얼마 전부터는 현장에서 '콘크리트 타설 작업을 한다'로

순화되었더군요.

자동차 vs. 아파트

그전까지 건물, 건축에 대해 아는 것이라고는 제가 머물렀던 공간, 경험했던 공간이 어떻게 보기 좋았고, 얼마나 쾌적했으며, 얼마나 저의 편의에 잘 맞았는지 정도였습니다. 그러나 자동차 디자인이나 램프, 배기통 등을 바라보던 시선도 이제는 자연스럽게 거리로 향했습니다. 도시의 마천루가 그리는 스카이라인, 목이 좋은 땅, 상업 공간의 편의 시설, 아파트 단지 조성, 심지어 제가 살고 있는 집의 층고나 구조는 물론 냉난방 시스템까지 조목조목 눈에 들어오기 시작했습니다.

현장에서 맞닥뜨리다 보니 우리 생활과 가장 밀접한 상품이라고 여겼던 자동차와 아파트에도 많은 차이가 있었습니다. 둘 다 뚝딱 만들어내는 것은 똑같은데 자동차는 제조업, 건설업은 수주, 서비스 사업입니다. 호흡도 다릅니다. 자동차는 출시하고 나면 고객의 반응이 상당히 빨랐습니다. 5년, 10년만 지나도 인기를 끌었던 많은 모델들이 사라지곤 했으니까요. 반면 아파드는 30년, 50년을 가는 상품입니다. 재산 목록 1호이기 때문에 긴 호흡과 안목으로 완성하는 상품이기도 하고요.

이제까지 알고 지내던 사람들과는 완전히 다른 유형의 사람들도 많이 만나게 되었습니다. 한 가지 업종에서 오래 일하다 보면 사람의 특성도 그 일에 맞춰 규격화되는 것 같습니다. 자동차 회사 사람들이 구체적이고 정확하고 논리적이라면, 건설 회사 사람들은 진취적이면서도 신중한 면이 있었습니다. 무에서 유를 새롭게 창조하는 것은 같다고 느꼈습니다.

사업 면에서도 차이가 있었습니다. 자동차는 제조업이라 국내 시장뿐 아니라 미국, 유럽, 제3세계 어디에나 수출할 수 있습니다. 국제화된 규범에 따라 전 세계 자동차 회사와 경쟁하면 되었습니다. 아파트도 잘 만들어서 소비자에게 판매한다는 점에서는 제조업일 수 있지만 엄연한 건설업입니다. 건설업은 국내 관련 법규나 규제를 엄격하게 지켜야 하기 때문에 언제나 정부 정책과 시장 변화에 민감하게 대처해야 합니다. 까다로운 정부 규제 덕분에 외국 건설 회사들이 한국에 발붙이기 힘들다는 장점이 있지만, 이런 규제가 과도한 간섭으로 이어져 국내 건설 회사들의 경쟁력을 약화시킨다는 생각도 들었습니다. 이런 산업 환경 속에서 어떻게 현대산업개발의 경쟁력을 키우고 발전시킬 수 있을

지, 저의 고민도 시작되었습니다.

고향집 같은 성북동 집

제 어린 시절 기억의 지분 대다수를 차지하고 있는 곳은 성북동 집입니다. 세운상가 아파트에서 2년 정도 살다가 1969년 12월에 성북동으로 이사를 했지요. 성북동 집은 동네에서 알아주는 장난꾸러기 시절부터 아버지와의 많은 추억들이 켜켜이 쌓여 있는 저의 본가本家입니다.

성북동으로 처음 이사 갔을 때는 주위에 다른 집이 없었습니다. 언덕 7부 능선쯤에 집 한 채가 있고 그 외에 주위가 다 숲으로 둘러싸여 있어 밤에는 집 밖을 나서기 힘들었습니다. 군것질거리라도 하나 사려면 15분은 족히 걸어 내려가야 했습니다. 우리 집은 바위가 많은 경사지에 지어졌는데 현대건설에서 3개월 만에 완공했다고 합니다.

그때 아버지는 영국 포드의 부품을 수입해 조립하는 형태로 자동차를 생산하고 있어서 미국과 영국에서 많은 손님들이 한국을 찾았습니다. 그 당시 서울에는 외국인을 접대할 호텔이 많지 않아서, 외국 손님들을 집으로 초대해 만찬을 열려면 집도 넓고 식당도 커야 했지요.

최신식 공조 시스템을 도입해 천장에서 온풍과 냉풍이

모두 나오는 집이었는데 그 시절에는 에너지 효율이 좋지 않았습니다. 1974년인가, 석유 파동으로 에너지 값이 치솟았을 때는 난방을 최소로 가동했더랬습니다. 집 안에서도 숨을 내쉬면 허연 입김이 보일 만큼 춥게 살았지요. 밤에는 모자와 두꺼운 양말을 신고 잘 정도였습니다. 괜히 큰 집에서 난방도 제대로 못하고 고생만 한 것 같기도 합니다. 1978년 무렵에서야 온돌 시스템으로 바꾸어 겨울을 춥지 않게 날 수 있었습니다.

옥스퍼드대학교 유학 시절 머물렀던 좁고 오래된 아파트의 겨울도 많이 추웠습니다. 난방 시설이라곤 작은 라디에이터 하나뿐이라 실내에서도 두툼한 스웨터를 입고 겨울을 버텨야 했지요. 자고 일어나면 창가 앞에 두었던 잉크가 얼어붙어 있을 정도였습니다. 영국의 겨울이 유독 추운 건 습한 날씨 때문이겠지만, 낯설고 물설은 타국의 낡은 아파트에서 절간마냥 외롭게 공부만 해야 하는 처지여서 더욱 그랬을지 모릅니다.

유학을 다녀와서 결혼을 하고 울산에서 3년을 살았습니다. 그리고 성북동에 새로 지은 빌라에서 7년을 살다가 아버지가 계신 성북동 본가 옆에 있는 주택으로 이사를 왔습니다. 1971년에 지어진, 지금도 살고 있는 집입니다. 크기만 했지, 좋은 집이라고는 할 수 없어 이사할 당시 간단한 인테리어 공사를 했습니다. 원래는 지하층이 있는 이층집이었는데, 이전 집주인이 지하층을 1층처럼 사용해 지하가 없는 삼층집 같은 구조입니다. 아들만 셋이라 3층에는 아이들 방을 두고, 2층은 안방과 주방, 1층은 패밀리룸으로 쓰고 있습니다. 이곳에서 큰아들이 초등학교 5학년이 될 때까지 살다 삼성동 아이파크로 이사했었습니다. 아이들이 아이파크에서 자라는 동안 어느새 이 집도 쉰네 살이나 먹었네요.

암흑의 터널을 통과하는 법

한파

1997년 11월 말, 초겨울에 불어 닥친 IMF 사태는 몇 년이 지나도록 끝날 기미가 보이지 않았습니다. 제가 현대산업개발 회장으로 취임한 1999년 3월 역시 IMF 사태 수습의 여파로 온 나라가 총체적 위기에 빠져 있었습니다. 정부, 기업, 직장인, 자영업자, 주부, 수험생, 대학생, 취업 준비생 등 고달프지 않은 인생이 없었습니다. 저도 마찬가지였습니다. 든든한 후원자이자 지지자였던 아버지가 명예회장으로 일선에서 물러나셨고 경영에 대한 모든 책임은 제가 감당해야 할 몫이 되었습니다. 모든 결정이 무거웠고 하나하나가 제 어깨를 짓눌렀습니다.

외환 위기로 모든 기업들이 자금 유동성 문제를 겪었으며 경기 침체와 실업률 증가로 내수는 꽁꽁 얼어붙어 있었습니다. 현대산업개발도 그 한파 한가운데 놓여 있었습니다. 같은 해 8월에 현대그룹 계열사에서 완전히 분리, 독립했기 때문에 마땅히 도움 청할 곳도, 손 벌릴 데도 없었습니다. 커다란 울타리 혹은 그늘 밑에서 벗어난 직후라 경기 침체는 더 냉랭한 현실로 다가왔습니다.

그동안 현대산업개발은 인구 10만 명 규모의 지방 도시에 토지를 직접 매입해 시행, 시공, 분양까지 책임지는 자체 사업이 많았습니다. 1997년 IMF 사태가 터지기 직전까지 2만 세대가 넘는 신규 아파트를 공급했고, 1998년에는 1만여 세대, 1999년 1만 8천여 세대, 2000년 1만여 세대 등 총 6만 세대가 넘는 아파트를 공급했습니다. IMF 사태 초반만 해도 분양 시장이 곧바로 침체로 이어지진 않은 모양이었습니다.

일반적으로 아파트는 분양 계약 시 준공과 입주 기한을 정해두기 때문에 건설 비용이 부족하면 일단 회사 신용으로 빚을 내 메웁니다. 아파트 단지에 미분양 세대가 있어도 공사는 전체 단지를 같이 마무리 지어야 하니까요. 문제는 그 다음부터였지요. 시간이 흐를수록 국내 기업들이 구조 조정을 하고 대규모 실직과 경기 침체, 살인적인 고금리가 현실화되면서 신규 분양 시장이 얼어붙기 시작했습니다.

이미 분양이 완료되었던 곳에서도 잇따라 해약을 요구하는 등 사업지 곳곳에서 미분양 사태가 일어났습니다. 지난 4년간 착공한 선 세내 중 20퍼센트 가량은 분양 대금—계약금, 중도금, 잔금—을 받지 못했으나 어떻게든 자금을 마련해 아파트를 완공하고 분양받은 세대의 입주를 마무리 지어야만 했습니다. 금융 기관을 통해 차입금을 마련한다 해도 한도는 정해져 있습니다. 결국 수익보다 지출이 많으니 회사의 자금 유동성이 악화되고 현금 흐름이 말라가는 위기로 이어지는 것이지요.

저는 이런 상황에서 현대산업개발의 신임 회장으로 취임했습니다. 임직원들은 저의 판단과 결정을 기대 어린 시선으로 바라보았습니다. '어떻게든 해결해줄 거야' 하는 막연한 기대감을 갖고 있었습니다. 저는 어땠을까요? 현대그룹으로부터 완전히 계열을 분리하며 가치기업, 혁신기업으로 재도약하겠다고 포부를 밝힐 때는 새로운 희망과 의욕에 휩싸여 있었습니다. 하지만 혼자 있을 때면 자금을 어디에서 어떻게 끌어올까, 어떻게 해야 차입금을 갚을 수 있을까 고민하느라 뜬눈으로 밤을 지새우곤 했습니다.

택시 운전이라도 하자

엎친 데 덮친 격으로 1999년 말에는 아버지께서 폐암 판정을 받고 수술을 받으셨습니다. 아버지께서 편찮으시니 회사 일로 걱정을 끼쳐드리고 싶지 않았습니다. 공식적, 형식적, 대외적으로서만이 아니라 심리적으로도 독자 경영을 해야 했습니다. 제 인생에서 가장 길고 어두운 터널을 꼽으라면 40대, 바로 이 무렵이 아니었나 싶습니다.

IMF 사태가 터졌던 1997년에 쌍용자동차를 인수하고 1998년에 현대그룹에 이어 재계 2위까지 올랐던 대우그룹조차 외환 위기 동안 구조 조정과 계열사 정리에 실패해 회생 절차에 들어섰습니다. 1999년 10월에 대우그룹이 해체되기까지는 불과 1년밖에 걸리지 않았지요. 저도 매일 등골이 서늘했습니다. 규모가 크고 저력 있는 기업도 하루아침에 어떻게 될지 모를 때였습니다.

잠이 오지 않으면 회사가 부도 처리되어 빚과 함께 파산하는 상상을 해보기도 했습니다. 만약 그렇게 될 경우 몇천 억, 몇 조 원의 빚이 생길 텐데 아무리 일가가 재벌이라도 외환 위기 속에서 이 빚을 갚아줄 친척은 없습니다. 아니, 그럴 수도 없습니다.

생각이 여기까지 미치자 저는 빚이라도 없이 파산하기를 기도했고 이후에는 무슨 일을 할까 고민도 했습니다. 젊은 나이에 회장직을 해봐서 고위직 사람들이 무엇을 원하는지 잘 알고 있으니 비서를 하면 되겠다 싶다가도, 그런 일을 하면 아는 사람들을 자주 만날 테니 힘들 수도 있겠다 싶어 도리질했습니다. 그러다 어릴 적부터 운전을 잘했고 대형버스 면허도 있겠다, 서울 지리도 잘 아니까 택시 운전을 하면 되겠다고 진지하게 생각하곤 했습니다.

이렇게 마지막 경우의 수까지 도달하면 오히려 무슨 일이든 못할 것도 없겠다는 각오가 섰고 불안한 마음이 다소 누그러졌습니다. 타인 앞에서의 담대한 비전과 위풍당당한 포부는 불면의 밤을 담보로 겨우겨우 체면을 세울 수 있었습니다.

제일 아끼는 좋은 것을 내놓다

밀레니엄 시대를 맞이했지만 유동성 자금 문제는 여전히 난제로 남아 있었습니다. 저에게는 현대가의 일원으로 가업을 이끌고 선대의 유지를 잇겠다는 각오에 맞먹을 만큼, 사업을 하는 경영인으로서 내 힘으로 기업을 성장시키고 성공시키고 싶다는 마음이 강렬했습니다. 현대산업개발의 먹거리인 '건물'과 '도시'로 나만의 성취를 이뤄내고 싶다, 잘해내고 싶다는 마음이 들끓었습니다. 그러기 위해서는 외환 위기, 암흑의 터널을 잘 빠져나가야 했고 유동성 자금부터 확보해야 했습니다.

사활을 걸고 미분양 아파트 판매를 독려하기도 했습니

다. 하지만 아파트는 거래 비용이 큰 만큼 시장이 다시 활기를 찾으려면 경기가 회복되어 가구 소득이 증가하고 융자나 대출을 위한 금리 인하가 뒷받침되어야 합니다. 시간이 얼마나 더 필요할지 모를 일이었지요. 최대 액수로 투자를 받는 것이 가장 빠르고 확실했지만 국가가 외환 위기를 겪고 있는 상황에서 천문학적인 금액을 내어줄 투자자는 쉽게 나타나지 않았습니다. 그렇게 이리저리 골몰한 끝에 마음이 쓰린 결정을 내렸습니다. 현대산업개발의 보유 자산 중 완공을 앞둔 인텔리전트 빌딩, 아이타워I-Tower, 현 강남파이낸스센터 빌딩를 매각하기로 한 것입니다.

규모나 구조, 디자인, 용도, 입지 등 모든 면에서 봤을 때 아이타워는 남한테 내어주기 아까운 보물이었습니다. 금융, IT 산업을 비롯해 대기업의 오피스 빌딩이 밀집한 강남 테헤란로에, 대지면적 3,980평에 지하 8층, 지상 45층(높이 206미터)의 초고층 빌딩이자 국내 최대의 업무용 빌딩으로 기획된 것이 바로 아이타워였습니다. 설계도 미국의 3세대 건축가로 알려진 세계적인 건축가 케빈 로치Kevin Roche가 맡았습니다. 그는 미국의 IBM 본사, 오클랜드 전쟁 기념박물관, 뉴욕 포드 재난 사회 징의 센터, 아일랜드 더블린 컨벤션센터, 싱가포르 더 리츠칼튼 밀레니아 등을 설계한 거장으로, 1982년에 건축계의 노벨상이라고 불리는 프리츠커 건축상Pritzker Architecture Prize을 수상하기도 했습니다.

건물은 거의 완공 단계였고 상층부에 파크하얏트 호텔 입주를 유치한 상태라 이 빌딩에 대한 애착은 더욱 컸습니다. 사무 공간과 공용 공간의 디자인, 호텔의 레이아웃과 인테리어까지 확정한 상태였습니다. 2026년 현재에도 강남의 랜드마크로 유명한데, 2001년 당시에는 그 위용이 어땠을지 상상이 되실 겁니다.

저는 마치 가장 소중한 손가락을 자르는 것 같은 심정이었습니다. 그래도 그만큼 남들이 탐낼 만한, 나한테도 아깝고 좋은 것이어야 거래가 성사될 테니 아이타워를 내놓기로 결정했습니다. 그러고는 '그래, 건물은 또 지으면 되지' 하며 애써 위안을 삼았습니다. 건설업이라는 건 유목민처럼 텐트를 치고 옮겨 다니면서 '영원히 새로 시작하는 것'이니까요.

텍사스 카우보이, 현금을 쏘다

아픈 손가락인 만큼 아이타워를 가장 좋은 조건으로 매각하기 위해 해외 투자자를 대상으로 입찰을 실시했습니다. 외환 위기를 겪고 난 후라 우리나라에서는 아이타워의 매입 비용을 감당할 만한 투자처가 마땅치 않았기 때문이지요. 익히 알려진 미국 투자 은행 모건 스탠리Morgan Stanley, 사모 투자 펀드 론스타Lone Star 등을 포함해 총 10여 개 기관이 입찰에 참여했습니다. 입찰과 협상 과정은 철저히 대외비로 하고, 현금 지급과 지불 시기를 단축하면서도 제값을 받을 수 있는 협상처를 최우선으로 하라고 지시했습니다.

당연한 말이지만, 매각하는 쪽은 최대한 높은 가격에 팔려 하고 인수하는 쪽은 최대한 비용을 낮춰 사려고 들지요. 이번 건도 마찬가지였습니다. 인수 가격을 책정할 때 모건 스탠리를 비롯해서 대부분의 투자 회사들은 가치 평가를 진행하는 한편, 자금 유동성 위기를 겪는 현대산업개발이 더 어려워질 때를 기다렸다가 가격을 인하해 협상하려는 전략을 구사했습니다. 가치 평가 과정에서도 계속 이것저것 옵션을 붙여서 가격을 조율하려 들었지요. 심지어 모건 스탠리에서는 우리에게 이 건물을 책임지고 임차하겠다는 약속을 요구하기도 했습니다.

한때 우리나라에서 '외환은행 먹튀 논란'으로 유명세를 치른 론스타도 협상 대상자 중 하나였습니다. 론스타는 미국의 벌처 펀드vulture fund 중 하나입니다. 텍사스주에 본사를 둔 투자 기관인데, 당시 아시아 시장에서는 한국이나 일본 등의 기업 부실 채권을 저렴한 가격에 사서 되파는 방식의 사업을 해오고 있었습니다. 해외 부동산 자산에 대규모로 투자한 사례가 없어 처음에는 다소 주저하는 태도를 보였지요.

우리는 "한국 경기가 침체되어 그렇지, 바로 지금이 서울 어느 곳에서나 보이는 신축 랜드마크 빌딩을 매입할 절호의 기회"라며 집요하게 설득했습니다. 세계적인 설계와 우리 회사의 시공 기술력은 당연히 프레젠테이션의 주요 포인트였습니다. 마지막까지 망설이던 론스타는 투자 위원 다섯 명 중 세 명의 찬성으로 매수를 결정했습니다. 당장 건물을 사용할 사람이 없고 일정 부분 리스크가 있다 해도 일단 인수한 후에 상품 가치를 올려 다시 비싸게 팔겠다는 기회추구형 투자 전략에 맞아떨어진 셈입니다. 마치 텍사스의 카우보이 정신을 보는 듯했습니다.

2001년 6월, 드디어 현대산업개발과 론스타는 최종 6632억 원에 매각과 인수를 결정했습니다. 론스타는 우리가 가장 원했던, 인수 비용을 전액 현금으로 지급할 것을 약속했습니다. 빌딩의 소유권을 넘겨받은 론스타는 아이타위의 이름을 스타타워로 변경했습니다.

여담이지만 아이타워 인수에 실패한 모건 스탠리는 2007년 서울역 앞의 대우빌딩을 당시로서는 국내 최고가인 9600억 원에 매입하는 투자를 단행했습니다. 시중에서는 제값보다 비싸게 사들였다는 평가를 받았지요.

매각은 타이밍

아이타워 매각으로 자금을 확보하자 그간 금융 기관에서 차입한 비용부터 갚아나갔습니다. 차입금 상환은 곧바로 회사 재무 구조 개선과 턴어라운드turn around 달성으로 이어졌습니다. '턴어라운드'라는 말은 동작이 바뀔 때, 상황이 전환, 반전되거나 작업이 신속 처리될 때 등 여러 의미로 쓰이지만 경제에서는 기업 회생이나 주가 상승 등의 현상을 나타낼 때 사용됩니다.

당시 회사의 차입금을 갚기 위해서는 2조 원에 가까운 천문학적인 금액이 필요했습니다. 론스타가 아이타워의 제값을 늦지 않게 현금으로 지급해주어 2001년에 1조 2500억 원의 차입금을 갚았고, 2001년 12월에는 차입금이 7500억 원으로 낮아졌습니다. 차입금 의존도는 단박에 26.5퍼센트로 낮아졌고 부채 비율도 안정화되었습니다.

2001년 6월 BBB 등급을 받아 투기 등급까지 하락했던 현대산업개발의 신용 등급은 2001년 말 BBB+로, 2002년 6월에는 다시 A-로 상향 조정되었습니다. 단기간에 재무 구조를 획기적으로 개선하자 현대산업개발에 대한 투자 기관과 신용 평가사들의 호평이 이어졌습니다.

현대산업개발 회장으로 취임할 당시 전 임직원들과 공유했던 경영 플랜이 있습니다. '외형적 성장에 주력하기보다 탄탄한 재무 구조를 바탕으로 가치 지향적 사업들을 잘 해나가자'라며 '빅 컴퍼니Big Company'에서 시장과 투자자들에게 인정받는 '굿 컴퍼니Good Company'로, 나아가 '베스트 컴퍼니Best Company'가 되자는 메시지였습니다. 아이타워 매각 이후 비로소 경영 플랜의 실마리가 풀리는 것 같았습니다.

부지 매입부터 설계, 디자인, 시공까지 공들여 완성한 건물을 매각하는 것은 매우 아까운 일입니다. 하지만 막대한 자금이 필요했던 시기에 매각 타이밍을 놓쳤다면 우리 회사는 돌이킬 수 없는 위기에 처했을지도 모릅니다. 재무제표상으로는 매출도 잘 나오고 숫자상으로는 이익이 나는 것처럼 보여도, 실제로 현금이 돌지 않으면 '흑자 도산'이 날 수 있습니다. 이론과 실전으로 경영을 배울 때부터 이런 상황을 경계했고, 현대산업개발로 옮긴 후에도 그간 건설업계에서는 중요하게 여기지 않았던 '캐시 플로cash flow, 현금 흐름 경영'을 강조해왔습니다. 아이타워 매각 이후 턴어라운드를 이루고 신용 등급도 상향 조정되면서 캐시 플로는 모든 임직원에게 회사의 안정성을 가늠하는 지표가 되었습니다.

해체주의 건축가가 지은 사옥

자금 문제가 해결되니 한 고비 넘겼다 싶었습니다. 회사의 미래를 위한 발판을 마련했다는 점에서 가치 있는 일을 해낸 것 같아 마음이 놓이기도 했고요. 무엇보다 앞으로 제가 지향하는 방향대로 기업을 이끌어갈 수 있겠다는 자신감이 생겼습니다.

회사를 경영하는 입장에서는 대개 높은 수익을 낸 프로젝트들이 기억에 남겠지만, 저는 남들이 건설업에서 하지 않은 시도들을 도입하고 도시의 다양성을 넓힐 수 있는 디자인을 선보일 때 많은 보람을 느낍니다. 그중 하나가 강남구 삼성동에 있는 HDC그룹 본사, 아이파크타워입니다.

삼성동에서 전면에 원형의 구조물이 달려 있는 건물을 본 적이 있으신가요? 저는 우리나라에서, 그것도 서울에서 가장 번화한 거리 삼성동에 성냥갑 같은 비슷비슷한 건물을 짓고 싶지 않았습니다. 그래서 처음 설계 단계에서 다니엘 리베스킨트Daniel Libeskind와 접촉을 시도했습니다. 그는 독일의 베를린 유대인 박물관, 9·11 테러로 무너진 미국의 세계 무역 센터 설계를 총괄한 세계적인 건축가입니다. 해체주의 건축가 중 한 명으로 유명세를 떨치고 있는 그에게 코엑스와 무역 센터가 있는, 그리고 엇비슷한 건물들이 즐비한 삼성동에서 우리 회사 사옥이 돋보이게 해달라고 주문했지요.

결과물은 기대 이상이었습니다. 다니엘 리베스킨트는 자신의 트레이드마크인 거대한 원형을 전면에 달고 건물을 관통하는 기둥을 설치했습니다. 건물 정문은 빨간색으로 칠해졌습니다. 이 빨간 문 때문에 아버지께서는 소방서 같다고 놀리곤 하셨지만, 누군가에게 설명할 때 '코엑스 앞 커다란 링이 달린 건물'이라고 하면 단박에 알아듣습니다.

같은 비용을 들여 건물을 짓더라도 도시의 다른 얼굴을 만들어내는 것, 제가 일할 때 중요하게 여기는 가치 중 하나입니다. 예산 때문에 저의 바람과 기대가 항상 성공하는 것은 아니더라도 말이지요. 막 어두운 터널을 빠져 나온 회사가 안정적인 궤도에서 우리가 추구하는 가치를 향해 순항하기를 바랄 뿐이었습니다.

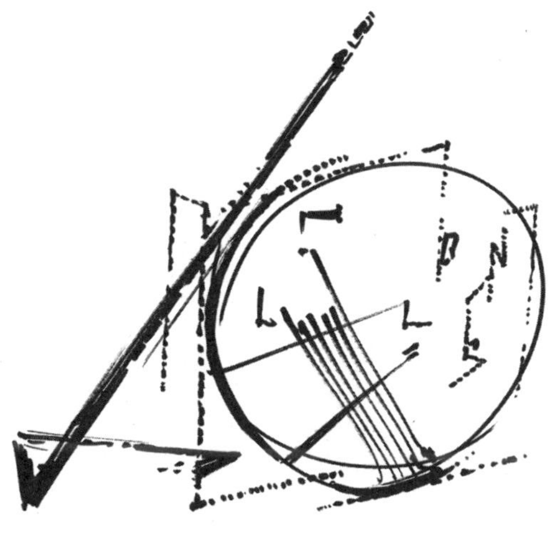

다니엘 리베스킨트의 아이파크타워 콘셉트 스케치

2장

도시의 탄생

1982년 윤수일의 〈아파트〉가 울려 퍼졌을 때 도시에는 아파트 건설이 한창이었습니다. 수직으로 쌓아올린 아파트는 도시의 삭막함을 대변했습니다. 40여 년이 흐른 뒤, 전 세계는 로제와 브루노 마스의 〈APT.〉에 열광했습니다. 그 사이 아파트는 우리 모두에게 자산이자, 신분이자, 욕망이 되어버렸습니다. 아파트는 어떻게 도시를 바꾸었고, 우리의 삶에 어떤 변화를 가져왔을까요?

한국 주택 산업의 뿌리와 계보

아파트 시대의 서막

1999년에 아버지와 함께 현대산업개발로 옮겼을 때 일각에서는 의아해하기도 했습니다. 현대자동차나 현대중공업에 비해 규모가 작을 뿐더러, 현대건설보다 인지도도 낮은데 왜 현대산업개발이었냐고요. 하지만 그 시기의 현대산업개발은 해외 건설 비중이 상당한 현대건설과 함께 국내 아파트 신설 사업에 주력하면서 막대한 매출을 올리던 국내 최대 건설사였습니다.

큰아버지 정주영 회장은 일제강점기와 6·25 전쟁 무렵 '맨땅에 헤딩하듯' 사업을 일궜습니다. 시대적으로도 새로운 문물이 유입되며 근대화가 빠르게 진행되고 있었고, 이후에는 전쟁으로 무너진 건물과 다리, 도로 등을 재건하는 일이 급선무였던 때였지요. 6·25 전쟁 이후 전 국토가 폐허가 되면서 현대건설은 전후 복구 작업과 국토 재건 사업에 적극 투입되었습니다.

큰아버지는 정부와 미군이 주도하는 도로, 교량, 항만, 발전소, 군사 시설 등의 공사를 수주하며 사세를 확장시켜 나갔습니다. 그리고 1960년대 후반부터는 태국이나 베트남, 중동 등 해외 건설 수주에도 나서 빛나는 성취를 올리기도 했습니다. 현대건설은 해외 진출의 선봉에 서서 뜨거운 사막과 열대 우림 속에서도 건물을 올리고 도로를 닦고 다리를 놓는, K건설의 개척자였습니다. 현대건설의 역사는 곧 범汎현대그룹의 역사였고, 대한민국의 토목·건설 산업의 역사이기도 했지요.

그뿐 아닙니다. 현대건설은 우리나라 주택 문화사의 첫 장을 열기도 했습니다. 국가기록포털에 따르면 우리나라의 첫 단지형 아파트는 마포구 도화동의 마포아파트입니다. 하늘에서 내려다보면 단지를 구성한 각 동들이 마치 불시착한 미확인 비행물체 편대처럼 생겼다고 알려져 있습니다. 1962년에 지상 6층의 아파트 6개 동450세대이 1차 완공되어 첫 선을 보였을 때 현대식 주거 생활이라며 한껏 유명세를 치렀다지요. 엘리베이터는 없었지만, 연탄보일러를 활용한 중앙난방식에 공용 수세식 화장실 등은 당시로선 획기적인 주거 형태였습니다.

현대건설은 마포아파트 공사를 비롯해 한남동 외국인아파트, 여의도 시범아파트를 지으며 아파트 시대의 초석을

닦아나갔습니다. 1970년대 초에는 서빙고아파트를 건설하며 본격적인 아파트 시대를 대비했지요.

박정희 정부의 '경제 개발 5개년 계획'으로 온 국민이 '산업화'라는 배를 타고 일거리를 찾아 너도나도 도시로 올라오던 이촌향도離村向都의 시절이었습니다. 하지만 서울 사대문 안은 좁았고 살 집은 턱없이 부족했습니다. 전쟁 후 폐허가 된 땅 위에 마구잡이로 지은 판잣집에 몇 가구가 모여 사는 일도 허다했습니다. 주거 환경 안정은 매우 시급한 사회 문제였습니다.

이러한 사회적 수요에 따라 1976년, 마침내 현대건설은 주택사업부를 따로 독립시키기로 결정했지요. 그리고 주택사업에 특화된 건설 회사 '한국도시개발'을 탄생시켰습니다. 현대건설과 한국도시개발은 지체 없이 한강변 압구정동 일대에 약 6천여 세대의 대규모 아파트 단지 조성에 돌입했습니다. 대한민국 주택 문화사에 길이 남을, 강남 중산층 아파트라는 새로운 주거 형태의 포문을 연 것입니다.

정인영 회장과 한라건설

고故 정인영 회장은 나의 둘째 큰아버지입니다. 큰아버지 정주영 회장과는 다섯 살 터울로, 일본으로 유학을 갔다가 중퇴하고 돌아와 《동아일보》에서 기자 생활을 하셨지요. 영어를 전공했기 때문에 6·25 전쟁 중에는 미군사령부에서 통역 일을 하기도 했습니다. 이것이 인연이 되어 미군 발주 공사의 상당 부분을 큰형님에게 연결해주기도 했고요.

전쟁이 끝나자 둘째 큰아버지는 현대건설에 합류, 부사장으로 일하며 큰아버지를 도왔습니다. 1969년에는 현대건설 사장을 맡기도 했을 만큼 현대건설의 성장과 발전에 커다란 족적을 남겼습니다. 그러다 1977년 현대건설을 떠나 경기도 군포에 현대양행을 설립했습니다. "부존자원 없는 나라에서 중공업 개발 없이는 경제 발전을 이룩할 수 없다"는 당신 생각대로, 현대양행은 우리나라 중공업 발전에 기여하며 훗날 한라그룹지금의 HL그룹의 모태가 되었습니다.

둘째 큰아버지께서 현대건설에서 독립해 현대양행을 따로 설립했을 때, 세간에서는 두 분이 갈라선 이유에 대해 말들이 있었다고 합니다. 당시 현대건설은 해외 사업 수주에 박차를 가하고 있었는데 정인영 사장이 중동 진출만큼은 신중해야 한다며 정주영 회장에게 이견을 드러냈고, 이것이 갈등의 원인이 되었다고요. 하지만 이것은 호사가들이 떠드는 표면상의 이야기일 뿐, 저는 둘째 큰아버지가 오래전부터 국가적 숙원 과제로 중화학 공업의 발전을 손꼽았던 만큼 당신만의 청사진이 있었을 것이라 생각합니다.

정인영 회장은 현대양행에 이어 한라건설을 설립했는데, 1년 뒤 1979년, 정부의 중화학 투자 조정 과정에서 한라건설은 현대그룹으로 편입됩니다. 이후 한라건설은 현대양행 창원 공장, 삼천포 화력 발전소, 옥계 시멘트 공장과 같은 대형 플랜트 공사와 중부고속도로를 비롯한 도로 공사, 간척 사업, 도시 및 산업 단지 조성 등 크고 작은 프로젝트를 수행하면서 단기간 내 토목 산업의 총아로 부상했습니다. 해외 건설 시장에도 눈을 돌려 사우디아라비아, 말레이시아 등에서 도로, 교량, 건축, 플랜트 공사를 비롯 약 25건의 해외 공사를 시행하는 기염을 토하기도 했지요. 이렇게 남부럽지 않을 굵직한 포트폴리오를 수행하며 해당 분야의 선진 기술 및 기법, 경험을 축적해나갔습니다.

순조로운 교통정리

이후로 한국도시개발과 한라건설은 각자의 자리에서 10년 동안 건설 산업 현장을 누볐습니다. 1976년부터 1986년까지, 이 시기는 대한민국에 다시 오지 않을 건설 산업의 황금기였습니다. 당시 건설은 단순한 산업 영역을 넘어 국가 경제 발전의 핵심 동력이었습니다. 정부가 주도하는 경제 개발 5개년 계획과 국토 종합 개발 계획, 중동 건설 붐이라는 세 축이 동시에 작동하면서 건설업계는 전례 없는 수요와 기술력 향상이라는 축복을 누리고 있었습니다.

그러던 10년 동안 한국도시개발은 압구정동 현대아파트 건설을 시작으로 전국에 약 2만여 세대의 아파트를 공급하면서 국내 주택 건설 부문 1위로 올라섰습니다. 한편 한라건설은 국내외에서 굵직한 대형 프로젝트를 수행하며 기술력과 시공 능력에서 풍부한 경험과 노하우를 축적했고요.

하지만 어떤 산업도, 시장도 영원히 황금기일 것이라는 보장은 없습니다. 산업화에 가속이 붙을수록 사회는 더 빠르게 변했고, 건설 산업 역시 변화에 능동적으로 대처하고 새로운 방향을 모색해야 하는 순간에 다다른 것이지요. 각 계열사들이 사세 확장을 하려고 해도 사업 영역이 중복되거나 대외적으로 계열사끼리 불합리한 경쟁을 벌이기도 해 그룹 차원의 정리가 필요했습니다.

그리하여 1986년 11월, 한국도시개발과 한라건설이 합병하여 현대산업개발로 재탄생하게 됩니다. 한국도시개발은 주택 건설을 중심으로 기구가 편성되어 있고 한라건설은 수주 사업, 토목, 플랜트, 전기 등의 조직 체계였기 때문에 두 회사의 합병은 마치 톱니바퀴가 맞물리듯 순조로웠습니다. 건설 회사가 대형 공사를 수주하려면 그에 해당하는 면허가 필요한데, 한라건설의 해외 건설업 면허와 국내 네 개 업체만이 보유한 항만 준설과 같은 특수 면허가 보태지면서 현대산업개발은 거의 모든 건설 면허를 보유한 종합 건설업체로 발돋움하게 되었지요.

다만 그룹 차원의 정책 변화에 따라 활동 영역은 국내 위주로 제한되었습니다. 정주영 회장의 지시에 따라 현대건설은 해외 공사와 대형 토목 공사를, 현대산업개발은 국내 공사와 아파트 건설에 비중을 두기로 한 것입니다. 대신 국내 사업에 있어서 조금 더 선제적이고 적극적인 조치를 취했습니다. 바로 아파트 단지가 들어서기에 적합한 택지를 미리 매입하기 시작한 것입니다.

도시, 자본, 욕망의 구조

땅 매입 작전

당시 택지 매입을 진두지휘했던 이는 한국도시개발의 대표 이사였던 최수일 사장이었습니다. 그는 '주택업체의 성공 요인은 주재료인 좋은 땅을 확보하는 것'이라고 판단했고, 서울 압구정동에 이어 개포동, 가락동, 둔촌동 등의 택지 매입을 주도했습니다.

큰 회사에서 아파트 지을 땅을 보러 다닌다고 하면 단박에 소문이 나서 땅값이 오를까 싶어 복덕방의 감시망을 피해 007 작전을 펼치듯 일했다고 합니다. 회사원이라는 신분을 감추기 위해 양복 대신 야상 점퍼에 목이 긴 신발을 신고 허름한 자동차를 타고 다녔습니다. 그러면서도 점퍼 안쪽 주머니에는 좋은 땅을 발견하면 언제든 바로 계약할 수 있도록 큰돈을 넣어두었고요. 온라인 뱅킹도 없고 자동이체도 1980년대 후반에나 도입되었으니 묵직한 현금 다발을 그냥 갖고 다닐 수밖에 없었습니다. 땅 보는 안목이 대단하기도 했지만, 그 큰돈을 품고 수행원과 단둘이 토지 매입에 나섰는데 아무런 도난 사고도 일어나지 않았던 것은 정말 천운이었습니다. 훗날 론스타에 매각한 아이타워의 부지도 최수일 사장이 매입한 것이었는데, 4,200평의 대규모 부지임에도 한 번 슥 둘러보고는 바로 매입을 결정했을 만큼 감이 좋게 느껴졌다고 합니다.

아파트 사업이 붐을 이루면서 갈수록 서울 지역에 대규모 토지를 매입하기가 어려워졌지만, 일찍이 부지를 먼저 매매해둔 것은 아파트를 분양할 때 상당한 시세 차익을 가져왔습니다. 남의 땅에 아파트를 지어 공사비만 챙기는 것이 아니라, 땅값에 공사비, 집값까지 챙기면 더 많은 이윤을 남길 수 있으니까요. 무엇보다 질퍽거리는 진흙길에 도로를 내고 번듯한 아파트와 상가를 세우니 황무지를 개발하여 고부가 가치를 창출하는 셈이었습니다. 지난 30여 년 동안 현대산업개발에서 시행하는 프로젝트의 상당수는 부지 매입부터 단지 조성, 아파트 시공, 분양에 이르는 전 과정을 책임져왔습니다. 다만 그 목적은 단순 이익 추구에서 가치 추구로 달라졌습니다.

이 시기를 관통하는 또 하나의 이슈는 중동 건설 붐입니다. 1974년에 있었던 석유 파동 이후, 중동 산유국들은 오일 달러를 기반으로 대규모 인프라 개발에 나섰고 몇몇 한국 건설 회사들이 외화를 벌기 위해 이 사업에 적극 뛰어들었습니다. 그중에서도 현대건설은 1976년 이후 사우디아라비아 주바일Jubail 산업항을 시작으로 사우디아라비아, 쿠웨이트, 리비아 등지에서 대형 플랜트와 도로 공사 등을 수주하며 한국이 세계 5위권의 건설 강국으로 발돋움하는 데 일조했습니다.

해외 수주 확대는 단순히 건설 회사가 수익을 창출하는 데에 그치지 않았습니다. 박정희 정부에서 외화를 벌어들이기 위해 간호사와 광부를 독일로 파견했다면, 해외 건설 사업은 뜨거운 태양과 모래바람이 부는 곳으로 한국의 기술과 인력을 파견하였습니다. 파견 인력만도 수십만 명에 이르렀다고 합니다. 이 시대를 거친 세대라면 아버지 혹은 친구의 아버지가 중동에서 돈을 벌어온 경우가 꽤 있을 것입니다.

석유 파동으로 가뜩이나 외화가 부족했던 때에 이들의 선전은 대한민국이 개발 도상국에서 산업화 국가로 도약하는 데 큰 힘이 되었습니다. 비록 이후에는 중동 건설 수요가 급감하고 국내 과잉 투자 등으로 경제 위기를 겪기도 하지만, 이 시기의 경험은 오늘날 한국 건설업이 글로벌 시장에서 경쟁력을 갖추는 원천이 되었습니다.

아파트 계급의 탄생

이때부터 본격적으로 한국에는 '아파트'의 개념이 들어서기 시작했습니다. 마포아파트는 현대건설이 1962년에 '단지' 개념으로 지은 한국 최초의 아파트 단지입니다. 안락함을 누릴 수 있는 현대식 생활의 전당, 도시의 입체화를 위한 새로운 시민 주거 공간으로 홍보했지만, 초기엔 영 인기가 없었습니다. 1962년 연탄가스 누출 사고가 일어나 집 안에 연탄가스가 가득하다는 유언비어까지 있었습니다. 조사 결과 입주자 부주의로 파이프가 동파된 것이 원인이라고 밝혀졌지만 결국 대한주택공사 측이 동물 실험으로 연탄보일러의 무해성을 입증해 보였다는 웃지 못할 에피소드도 있습니다.* 나중에는 문필가나 정부 고위 관료들이 언론 매체에 아파트 체험기를 실으며 아파트 생활을 독려했다지요.

일례로 문학 평론가 김우정은 마포아파트와 유사한 12평 아파트에 살면서 여성 잡지《여원》에 〈그러나 나는 아파트에 산다〉라는 글을 기고했습니다. 그는 아파트가 게으름뱅이의 낙원이라며, 특별히 가난한 사람도 없고 특별히 넉넉

---

* 《대한주택공사 30년사》, 대한주택공사, 1992

한 사람도 없는 이곳이 소시민에게는 최선의 주거 양식이라고 긍정적으로 평가했습니다. 하지만 평화로운 동질성을 맛보는 서민아파트 시대는 오래 가지 않았습니다.

1970년은 아파트 역사에서 중요한 전환점입니다. 그해 4월 와우아파트 붕괴 사고가 발생했고, 7월에는 한강맨션 입주가 시작됐습니다. '8평이라는 좁은 공간, 공동변소, 연탄가스가 복도에 가득 차는' 시민아파트는 '고층 판자촌'이라는 별명으로 전락한 반면, 한강맨션을 필두로 '맨션'이라는 이름이 붙은 고급 아파트들이 속속 등장했지요.

고급 아파트가 등장하면서 부촌의 카테고리에도 변화가 일어납니다. 1960년대 중반까지만 해도 부촌의 입지는 정해져 있었습니다. 전통 가옥들이 즐비한 가회동, 명륜동, 혜화동 일대나 고관들이 살던 관사를 개조한 주택들이 있는 신문로, 청운동, 효자동 일대가 부촌의 명성을 유지해왔습니다. 이러한 명성이 1960년대 후반부터 사대문 바깥으로 뻗어나가기 시작합니다. 정원을 갖춘 고급 주택들이 성북동, 연희동, 동빙고동에 들어섰고, 1970년대에 이르면 동부 이촌동이 아파트촌으로는 처음 신흥 부촌에 이름이 오르내리게 됩니다.

120

보급률은 높지 않았지만, 이미 그때부터 고급 아파트에 대한 동경과 선망은 젊은 세대에게 빠르게 번져나갔습니다. 1977년《중앙일보》가 대학생 500명을 상대로 한 설문 조사에 따르면 아파트에서 신혼살림을 차리겠다고 응답한 대학생이 81퍼센트, 그중 여학생은 91퍼센트에 달했다고 하는군요.

거기에는 소문도 한몫했습니다. 몇몇 맨션 상가는 전화 한 통화면 콜라 한 병, 라면 한 봉지도 불평 없이 배달해준다는 점이 부각되면서 부러움을 샀지요. 1970년대 한강맨션의 길 건너 맞은편 건물 외벽은 온통 학원 간판으로 메워져 주민들의 교육열을 한눈에 보여주기도 했습니다. 마치 지금의 배달과 교육 열풍의 프리퀄prequel을 보는 듯합니다.

본격적으로 한강 개발과 아파트 프리미엄 시대를 선포한 사람은 당시 서울시장 김현옥이었습니다. 그는 1967년부터 한강종합개발사업을 추진했지요. 여의도를 아파트와 빌딩으로 이뤄진 현대적인 신도시로 개발하는 것, 한강의 물줄기를 따라 양편에 견고한 제방을 쌓고 그 위에 자동차 전용도로를 만드는 것, 그리고 세방 안쪽 매립지에는 아파트 중심의 신시가지를 건설하는 것 등이 핵심이었습니다. 장마

철만 되면 홍수가 일어나곤 했던 한강을 도시 생활의 핵심
축으로 변모시키겠다는 의도였지요.

이 개발사업은 아파트 프리미엄 시대를 여는 기폭제가
됩니다. 소형 평형대의 잠실주공아파트는 제대로 분양이
되지 않아 판매 전략이 필요했지만, 여의도와 압구정동에
건설된 대형 평형대의 아파트는 오히려 주거와 투자 대상
으로 큰 인기를 누렸습니다. 그만큼 당시 한국 아파트 산업
은 효율과 욕망의 톱니바퀴를 굴리며 엄청난 속도로 증식
했습니다.

그렇다면 이때 강남 아파트에 들어간 사람들은 어떤 사
람들일까요?《콘크리트 유토피아》(자음과 모음, 2011)의 저자
인 동양대 박해천 교수는 그들을 한국 최초의 신중산층이
라고 규정합니다. 지방 명문고를 다니다 4·19 혁명을 목격
한 뒤, 명문대에 진학해 산업화의 격랑을 거친 사람들이자
정부 관료나 대기업 관리직, 고소득 전문직과 자영업자로
성공 신화를 써내려갈 준비를 하고 있던 사람들이었지요.

당시 현대아파트에 살던 중산층 가정의 일상을 그려보는
건 어렵지 않습니다. 주말에는 새 차 냄새를 풍기는 포니에
가족을 싣고 논현동의 가든 갈빗집에서 식사를 합니다. 아
이들은 김민제아동복을 입고, 아이가 더 자라면 좀 더 넓은

평형대의 아파트로 이사 갈 꿈을 꿉니다.

　비교군이 즐비한 아파트에 거주하는 한 이 게임의 규칙을 거스르기가 어려웠습니다. 특히 초중고교에 재학하는 학생들 간에는 거주 지역과 아파트 평수를 기준으로 '우리'와 '그들'을 구분하는 사례도 드물지 않았습니다. 씁쓸하지만 어떤 아파트에 사는지, 몇 평에 사는지를 계층 간의 위계를 나누는 정량적 지표로 삼는 사람들이 있는 건 그때나 지금이나 동일한 듯합니다.

호황기

건설 산업의 황금기가 현대에만 호재는 아니었습니다. 1981년 전두환 정부가 출범하면서 경제 개발 계획에도 약간의 변화가 찾아왔습니다. 어느새 5차로 접어든 경제 개발 5개년 계획1982~1986은 지역의 균형 발전과 국민 생활의 질을 향상시키는 데 주안점을 두었습니다. 도시화가 빠르게 진행되며 서울을 중심으로 수도권의 주택 수요가 폭증하자, 아파트 건설은 건설업의 새로운 중심축이 되었습니다. 지금도 대단위 아파트 단지로 유명한 송파구 잠실, 양천구 목동, 노원구 상계동 등이 이 시기의 상징적인 결과물입니다.

그래서 1982년부터는 무주택자들도 내 집 마련을 꿈꿀 수 있는 기회가 생겼습니다. 주택 조합은 청약 예금 가입자들이 일정 기준의 기간이나 총액을 채우면 새로 공급할 아파트를 추첨해서 분양했습니다. 당시 주택 조합은 직장 조합과 지역 조합으로 나뉘었는데, 무엇보다 직장 조합은 직원의 복지 향상과 주택 건설 확대에 기여한다는 점에서 각광을 받았습니다. 현대산업개발도 1981년부터 10년 동안 8,900여 세대에 이르는 주택 조합 아파트를 시공했지요.

이처럼 1980년대는 모든 것이 확장되는 시기였습니다. 도로, 철도, 공항, 항만 등 국가 인프라가 체계적으로 궤도에 올랐고, 정부 정책과 맞물리면서 국내 건설 산업에는 구조적 전환이 일어납니다. 기존의 토목 중심에서 건축, 플랜트, 도시 개발, 종합 엔지니어링 분야로 다각화가 이루어졌고, 이를 시행할 대형 종합 건설사들이 등장한 것입니다. 현대산업개발, 현대건설 외에도 대우, 삼성, 쌍용, 동아건설 등이 기술력과 자본을 갖춘 건설 분야에서 대기업군으로 성장했고, 국내외에서 대형 프로젝트를 주도하게 되었지요.

분당에 신도시를 건설하라

무한히 확산되던 산업화와 도시화의 발목을 잡은 건 수도권 인구의 과밀화였습니다. 서울은 말 그대로 포화 상태였습니다. 아침이면 콩나물시루 같은 버스와 지하철에 몸을 싣고 학교나 직장으로 나갔다가, 저녁이면 다시 똑같은 버스와 지하철을 타고 닭장 같은 아파트로 돌아오는 것이 도시인의 삶이었습니다. 시내 쇼핑몰에 가도, 영화관에 가도, 놀이공원에 가도, 해수욕장에 가도, 명절에 고향 한번 다녀오려고 해도 가는 곳마다 인산인해였습니다. 도시는 인구 집중, 주택난, 교통 혼잡 등으로 시름시름 앓았습니다.

이런 이유로 1989년 노태우 정부는 1기 신도시 개발 계획을 수립하고 분당, 일산, 중동, 산본, 평촌 등 5개 신도시 조성 계획을 발표했습니다. 수도권에 집중된 인구를 분산시키고 심화된 주택난을 해소하겠다는 취지였습니다.

이러한 대규모 도시 개발 프로젝트에 현대산업개발도 적극적으로 참여하게 됩니다. 5개 신도시 조성 사업 중 현대산업개발이 가장 참여도가 높은 사례는 분당 신도시였습니다. 분당의 최대 이점은 강남권과 지리적으로 가깝다는 것이었습니다. 주택 200만 호 개발 계획에 따라 분당을 교육, 문화, 상업, 비즈니스 등의 기능을 고루 갖춘 자족 도시로 개발하면서, 주거 수요를 분산시키고 강남과의 이동 편의를 높여 천정부지로 치솟는 강남 아파트값을 일정 부분 묶

어두는 효과를 기대했지요.

〈재벌집 막내아들〉이라는 드라마를 보셨는지요. 여기에서 재벌 회장의 막내 손자는 할아버지에게 보상으로 땅을 사달라고 합니다. 미래를 알고 있었던 손자는 당시 아무것도 없던 허허벌판의 분당을 선택합니다. 대학 신입생이 되자 손자는 그 땅을 팔아 수백억 원의 이익을 벌어들입니다. 이처럼 신도시 건설 계획은 당시 땅의 가치를 드라마틱하게 변화시키는 마법과도 같았습니다.

1989년 7월, 토지개발공사에서 개최한 분당 신도시 시범 단지 설계 현상 공모전에서 22개사가 출품한 18개 작품 중 현대산업개발의 디자인이 최우수작으로 선정되는 영광을 누렸습니다. 대부분 업체들이 컨소시엄을 구성하거나 외국의 유명 설계업체와 합작했던 반면, 현대산업개발은 설계과가 단독으로 참가했기에 더욱 값진 수상이었습니다. 그리고 같은 해 11월, 모델 하우스 준공식을 신호탄으로 대규모 공사 착공에 돌입했고 성황리에 전 세대를 모두 분양하기에 이르렀습니다.

분당 신도시 개발에서 현대산업개발은 시공을 넘어서 주거단지 조성, 기반 시설 확충, 교통 인프라 개발에 이르기까지 도시 기획자로서의 면모를 드러냈습니다. 판교, 정자동 일대에 아파트 단지를 집중 공급하면서 고급 주거 단지의 모델을 제시했지요. 단지 중심의 커뮤니티, 녹지 공간 확보, 생활 편의 시설 유치 등 지금은 익숙해진 고급 아파트 단지의 모델링이 그때부터 비롯된 것입니다. 덕분에 분당 신도시는 단순한 교외 베드타운이 아니라, 자족 기능을 갖춘 세련된 '미니 도시'로 단숨에 몸값이 뛰어올랐습니다. '천당 아래 분당'이라는 말도 그때 생겨났지요. 분당은 현대산업개발의 디벨로퍼 DNA가 증명된, 대한민국 대표 신도시가 되었습니다.

윤수일의 아파트, 로제의 APT.

가수 윤수일이 〈아파트〉라는 가요를 처음 선보였던 때가 1982년이더군요. 바야흐로 아파트가 도시의 새로운 주거 공간으로 급부상하고 있었고, 인구 과밀로 강남이라는 신시가지 개발에 박차를 가할 무렵이었습니다. 하지만 수직으로 쌓아올린 아파트는 골목 문화도 없고, 이웃 간의 대화도 단절되며, 이로 인해 인간성 상실의 우려가 있는, 도시의 삭막함을 대변하는 상징물이기도 했습니다. 그래서일까요. 윤수일의 〈아파트〉 가사에는 고독, 단절 등의 정서가 묻어

나는 표현이 담겨 있습니다.

윤수일의 〈아파트〉에서 40여 년의 시간을 건너뛰면 2024년 세계적으로 선풍적인 인기를 누렸던 로제와 브루노 마스가 컬래버레이션을 한 〈APT.〉라는 노래가 있습니다. 많은 비평가들은 이 노래가 글로벌 히트를 기록한 이유가 인기 게임의 구호를 차용한, 후크hook성이 강한 멜로디 때문만은 아니라고 말합니다. 그들은 아파트가 주는 공간의 감성에 세계의 젊은이들이 공감했다는 것을 첫손에 꼽았습니다. 우리나라와 해외에서 아파트 개념의 차이를 이해하면 비로소 그 의미가 좀 더 명확해집니다.

우리나라에서 아파트는 단순한 주거 공간, 집이 아니라 사회적 계층과 안정성, 성공을 상징하며 투자 가치가 있는 부동산으로 여겨집니다. 매매가가 높은 최고의 입지, 인지도가 높은 프리미엄 브랜드, 최고급 자재에 넓은 평형대 등은 곧 그 사람의 사회적 위치와 경제력을 드러내는 하나의 지표가 됩니다.

제가 현대자동차에 다니던 시기의 일입니다. 당시 서울 본사와 울산 공장에 다니는 직원들의 월급은 거의 비슷했습니다. 오히려 지방 근무 수당이 조금 더 있었을 겁니다.

그런데 이상하게 울산 공장 직원들이 서울 본사 직원에게 불만을 갖고 있더군요.

"우리는 서울에서 출장을 오면 저녁에 회도 사주고 나름 대접을 하려고 하는데, 우리가 서울로 출장 갈 때는 점심만 먹고 끝이더라고요. 저녁에는 곧장 퇴근하는 것 같고요."

나중에 그 이유를 들어보니, 서울에서 자가를 구입하려면 급여 소득의 상당 부분을 저축해야 해서 용돈을 아낄 수밖에 없다는 겁니다. 게다가 천정부지로 치솟는 아파트 가격 때문에 요즘 2030 세대들은 서울에 자기 힘으로 집을 살 엄두도 못 낸다고 합니다. 서울 외곽으로 빠지거나 부모에게 기댈 수밖에 없는 현실이지요.

이런 상황이 아파트에만 해당되는 것은 아닐 것입니다. 우리나라에서 집은 재산 목록 1호나 진배없습니다. 인터넷 검색만 하면 아파트 최근 시세를 파악할 수 있을 만큼 수치로 정량화되는 세상이기도 하고요.

반면 서양 특히 미국과 유럽의 아파트먼트apartment는 개인의 자유와 정체성, 독립성을 상징하는 공간입니다. 미국의 청춘 영화나 드라마에서도 주인공들이 거주하는 공간으로 자주 등장하지요. 낡고 지서분하고 비좁고 가끔은 샤워 중에 찬물이 나오는, 그러다 금요일 밤이면 발 디딜 틈 없이 사람들이 들어차 광란의 파티를 벌이는 곳입니다.

　이들에게 아파트는 대학 시절 자취의 시작, 첫 독립생활, 연인과의 첫 동거 등 인생의 전환점에서 마주하는 '작지만 의미 있는' 공간입니다. 타인의 시선보다는 젊은 날에 자기만의 시간과 경험이 중시되는 공간이지요. 제가 영국 유학 생활 중 경험했던 아파트 역시 낡고 추운 곳이었습니다. 〈APT.〉라는 노래가 글로벌 인기를 누리게 된 데에는 바로 이런 서양 젊은이들의 문화가 담겨 있기 때문일 것입니다.

강남 개발 30년:
제3한강교에서 올림픽까지

포문, 제3한강교

지금 서울 건축 시장에서 뜨거운 이슈 중 하나라면 단연 50년 역사의 압구정 현대아파트 재건축일 것입니다. 서울 강남구 압구정동 일대를 총 여섯 개 구역으로 나누어 추진 중인, 여느 아파트 재건축이라기보다 그야말로 재개발, 도시 리뉴얼에 해당하는 초대형 프로젝트지요. 도시 계획의 모범 사례이자 압구정동을 대표하는 상징이 50년 만에 재탄생하는 프로젝트입니다. 압구정 현대아파트와 함께 개포주공아파트 5단지, 송파동 한양2차아파트, 도곡동 개포우성5차아파트, 반포동 삼호가든맨션5차아파트, 상계주공아파트 등도 재건축 사업을 추진 중이라고 합니다. 5년 뒤 도시의 모습은 또 어떻게 달라질지 많이 기대가 됩니다. 아파트 조합원들에게 선택받기 위한 국내 대형 건설사들의 물밑 경쟁도 뜨겁습니다.

사실 강남 개발이 처음이 시도된 때는 1963년으로, 우리 예상보다 조금 더 빨랐습니다. 다만 과밀해진 서울 인구를 분산시키기 위한 목적으로 경기도 광주였던 곳을 서울로 편입한 정도로 그쳤었지요. 그러다 1968년 1월, 북한의 무장공비가 청와대 근처까지 침투한 일이 벌어졌습니다.

반공 교육을 받고 자란 세대라면 '김신조'라는 이름과 기자 회견에서 "박정희 목 따러 왔다!"는 그의 일성一聲을 모두 알고 있을 정도로 유명한 사건입니다. 경계 태세가 가장 삼엄해야 할 서울 한복판이, 그것도 청와대 인근까지 뚫렸다는 사실은 안보에 대한 불안감으로 이어졌습니다. 아무래도 북한의 침투나 도발에 한강 이남이 더 안전하겠다는 이야기들이 나왔고 강남 개발 정책은 더욱 구체화되기 시작했습니다. 이때부터 한강변과 여의도를 정비하고 강변도로를 건설하는 등 강남 개발이 본격화된 것이지요.

1969년, 한남동 오거리와 신사동 사거리를 잇는 제3한강교가 완공되었고 1970년에는 경부고속도로도 개통되었습니다. 1979년에 가수 혜은이가 〈제3한강교〉라는 노래를 불러 대단한 인기를 누리기도 했었는데, 제3한강교가 바로 지금의 한남대교입니다. 1985년에 이르러서야 한남대교라는 이름으로 바뀌었는데, 개통 초기 제3한강교는 경부고속도로로 진입하는 관문 역할을 하며 서울 강남 개발의 신호탄이 되었습니다.

압구정 현대아파트도 정부의 강남 개발 정책에서 출발한 대장정이었습니다. 정부가 주도하던 주택 사업에 민간 기업이 본격적으로 등장하게 된 시점이기도 했지요. 산업화와 더불어 토목, 건설 기술도 발달하기 시작한 데다 아파트 시장에서 우위를 차지하기 위한 민간 기업들 간의 경쟁은 강남 곳곳을 뜨겁고 소란스럽게 만들었습니다.

하지만 압구정 현대아파트가 단박에 시선몰이를 하며 인기를 끈 것은 아니었습니다. 1970년대 중반의 강남 한강변을 상상해보세요. 강북과 강남을 잇는 대교는 적었고 조금 더 내려가면 논밭과 들판이 펼쳐졌습니다. 출퇴근을 위해 매일 강을 건너야 했는데 지금처럼 대중교통 수단이 발달한 것도 아니었고, 집집마다 자가용이 있는 것도 아니었습니다. 학교나 병원, 상가 같은 필수 부대시설은 물론 그 밖의 생활 편의 시설도 턱없이 부족했습니다. 이런 까닭에 초기에는 대형 평수에서 미분양이 발생하기도 했습니다.

고층 강남 아파트의 모델

그랬던 상황이 역전된 건 3, 4차 시공에 접어든 뒤부터입니다. 1, 2차 분양 이후 주변 환경이 하나둘 개신되기 시작했고, 입주민들의 호평이 입소문을 타면서 현대아파트는 우리나라에 새로운 주택 문화, 고급 아파트의 모델로 떠올랐습니다.

우선 아파트 외형은 30년, 50년 후를 감안하여 언제 보더라도 싫증나지 않도록 심플하게 설계되었습니다. 큰아버지는 평소 '사람은 모름지기 흙을 밟고 살아야 한다'는 말씀을 자주 하셨는데, 그 뜻에 따라 아파트 외벽은 황토색으로 칠했습니다. 발코니와 파라페트parapet까지도요. 최적의 황토색을 위해 그리고 동일한 색상으로 유지하기 위해 지금의 KCC, 당시 고려페인트 측 담당자를 불러 손수 색상을 지정하셨다는 일화도 있습니다.

우리 생활 방식을 고려한 평면 레이아웃이나 마당을 연상시키는 발코니 등은 향후 한국식 아파트의 전형을 제시하는 것이었습니다. 매번 연탄을 갈지 않아도 되는 중앙난방식에, 언제나 온수가 나오는 아파트는 최신식 주택의 조건, 그야말로 선망의 대상이었습니다. 중대형 평수의 넓은 공간, 단지 내 혹은 인근에 학교, 백화점, 노인정, 유치원 등 다양한 상업 공간과 편의 시설이 조성된 것도 입주민들의 만족도를 높였습니다.

한강 조망권을 최대한 활용해 가급적 많은 세대가 한강 뷰view를 즐길 수 있다는 것도 인기에 한몫했습니다. 지금도 강남 일대의 신축 하이엔드 빌라들은 한강 조망권을 프리미엄 가치로 마케팅합니다. 뷰에 따라 같은 평형대라도 시세가 달라지는 세상이지요. 그런데 50년 전 15층 높이에서 한강을 바라볼 수 있는 아파트라니! 압구정동 한강 벨트를 따라 부지를 선점한 것이 신의 한 수였던 것 같습니다. 한 차수의 공사가 끝나면 바로 다음 차수의 공사가 시작될 만큼 인기는 날로 높아졌습니다.

압구정 현대아파트는 우리나라 아파트 건축사에서 15층 고층 아파트가 완전히 정착하는 계기가 되었습니다. 15층 이상의 고층 건물을 세우려면 설계, 구조 기술, 시공 등에 첨단 기법이 필요했는데 당시 국내에는 이를 추진할 수 있는 건설사가 거의 없었습니다. 이때 한국도시개발이 해외에서 선진적인 공법과 기술을 과감히 도입해 원가 절감, 생산성 제고를 이뤄내면서 우리나라 아파트 건축의 표본을 다시 세웠습니다. 이를 통해 현대아파트는 국내 최고 아파트라는 브랜드 가치와 함께 아파트의 대명사라는 상징적인 의미를 얻게 되었습니다. 바로 '압구정 현대'라는 고유 명사의 출발이었습니다.

대치동의 환골탈태

첨단 기술로 완성된 대규모의 '15층 고층 아파트 단지'는 강남의 눈부신 미래를 예고하는 것이었습니다. 압구정동 현대아파트가 6차 시공에 접어들 무렵 강남 일대는 라이프주택, 삼익주택, 삼호, 우성, 한양 등 다양한 민간 업체들에 의해 아파트 건설 붐이 일어나고 있었습니다. 압구정 현대아파트를 필두로 한강변에서 시작된 새로운 주택 문화는 1980년대 초 정부의 주택 200만 호 건설 계획과 함께 강남 곳곳을 물들였습니다. 강남은 새로운 주택 문화를 대표하는 최신식 아파트들의 각축장이었습니다.

〈말죽거리 잔혹사〉라는 영화가 있습니다. 영화의 배경은 말죽거리, 지금으로 치면 강남대로 끝에 자리한 양재역 일대, 특히 양재역 4, 5번 출구에서 도곡동 방향으로 내려가는 길목입니다. 말죽거리는 '말에게 죽을 먹이던 거리'라는 뜻인데, 조선시대 한양 도성에서 빠져나와 남쪽으로 이동할 때 말을 먹이고 쉬게 하거나 말을 바꿔 타던 역참驛站이었습니다. 지금이야 러시아워가 따로 없는, 교통이 혼잡하고 번화한 교차로지만, 1970년대까지만 해도 경기도와 맞닿아 있는 논밭 일색의 땅이었습니다. 비가 오면 진흙탕으로 범벅이 되어 장화 없이는 살 수 없었지요.

강남의 다른 곳도 이곳과 크게 다르지 않았습니다. 지금의 잠원동蠶院洞, 잠실동蠶室洞이 누에를 기르던 곳이라 뽕나무 밭이 많았다는 건 이름에서도 알 수 있습니다. 대치동은 비가 오면 늘 하천이 범람해 농사를 지을 수 없어 갈대밭이 무성했다고 하고, 개포동은 '갯벌'에서 유래한 이름이라니 과거에 어떤 모습이었을지 상상이 됩니다.

비만 오면 물이 고였던 저습지 지대, 이곳에 1979년 한보주택한보그룹에서 28개 동, 4,424세대의 대규모 단지를 조성했습니다. 바로 대치동 은마아파트입니다. 압구정동에 현대아파트가 있다면 대치동에는 은마아파트라고 할 만큼 서울 강남 개발을 대표하는 랜드마크 중 하나지요.

보통 아파트의 기대 수명은 30년에서 50년 정도입니다. 50여 년의 세월이 흐르는 동안 은마아파트는 강남의 대표적인 노후 아파트가 되었지만 '강남 8학군' 대치동의 랜드마크인 건 여전합니다. 새롭게 변모할 대치동의 모습이 기대됩니다.

강남 8학군의 힘

'대치동' 하면 또 하나, 강남 8학군에 속하는 지역으로 '사교육 1번지', '대치동 학원가'라고 잘 알려져 있습니다. 교육열이 높은 한국 부모들에게 다른 지역보다 턱없이 높은 시세에도 꼭 살고 싶은 곳으로 꼽히는 이유입니다.

강남 개발 계획 당시 정부에서는 강남을 새로운 주거지로 꼽으면서 하나 더 거론한 것이 있습니다. 바로 강남을 '교육 중심지'로 만들겠다는 것이었습니다. 자신은 굶더라도 자식 공부는 반드시 시키고야 마는 부모들의 나라. 한 집 건너 맹자 어머니가 사는 나라. 교육 인프라를 잘 갖추는 것만큼 부모들을 움직이게 하는 힘은 없었습니다. 강남의 고급 아파트에 입주할 고소득층, 중산층 이상의 주민이라면 당연히 자녀 교육을 위한 경제적 지원도 아끼지 않을 테니까요.

그래서 아파트 단지를 조성할 때는 반드시 인근 학생 수를 예측하여 우수한 시설의 학교를 설립했습니다. 그러던 중에 1980년대 후반부터 강북에 있던 명문 고등학교들이 강남으로 이전하기 시작했습니다. 중동고, 경기여고, 숙명여고 등이 대표적이었습니다. 명문 고등학교가 자리하면서 강남 8학군이 형성되었습니다. 사교육 시장도 자연스레 확대되었고, 사교육 시장이 발달하자 명문대 진학률도 높아졌습니다. 애초에 서울시교육청에서 강남구와 서초구, 두 개 구의 초중고 학군을 이르던 '강남 8학군'은 '사교육 1번 지'를 이르는 고유 명사가 되어버렸습니다. '대치동 학원가' 라는 말도 생겨났습니다.

각축전

그러면서 점점 서울의 중심이 강북 중심의 균형을 깨고 남 하하기 시작했습니다. 대형 건설사들은 너도나도 강남을 차지하기 위해 치열한 각축전에 돌입했습니다. 이들은 단 순한 주택 시공자, 공급자가 아니었고, 이들의 경쟁도 단 순한 이권 다툼, 비즈니스가 아니었습니다. 머지않아 서울 의 핵심이 될 강남을 기획하고 설계하는 일이었으며, 이것 은 서울 시민의 미래를 책임지는 일이기도 했습니다. 현대 건설과 한국도시개발을 비롯해 대우건설, 삼성물산, 대림 산업(현 DL이앤씨), 쌍용건설, 롯데건설, 한신공영 등 지금도 이름을 들으면 고개를 끄덕일 만한 대형 건설사들이 강남 개발 사업에 뛰어들었습니다.

　성수대교, 동호대교, 한남대교를 아우르는 한강변 일대 에 현대아파트 단지가 조성되는 동안 서초구, 강남구, 송파 구 등 곳곳에 대규모 아파트 단지가 들어섰습니다. 상남 개 발에서 가장 먼저 주도권을 쥔 아파트 브랜드는 '현대'였습니다. 회사 이름이 곧 아파트 브랜드이던 시대였습니다. 회사의 이름이 아파트 품질의 우수성과 안정성을 보증했습니다. 압구정동에서 최초의 민간 아파트, 한국식 아파트의 모델을 창조한 현대아파트는 강남 개발은 물론 주택 건설 사업에서 독보적인 위치를 차지했습니다.

그 외에도 대단한 건설사들이 각축전을 벌였습니다. 반포동 일대에서는 한신아파트로 잘 알려진 한신공영이 무려 20여 년에 걸친 대규모 브랜드 타운을 조성하고 있었습니다. 10층 규모의 중층에 속하는 아파트였지만 부촌이라는 인식을 심어주는 데 성공했습니다. 대우건설은 실용과 규모를 앞세운 강남 개발의 중견 주자였습니다. 역삼동에 대우아파트를 조성했는데, 중산층 실수요자에게 큰 인기를 끌었고 무엇보다 '부동산은 입지'라는 개념을 심어주는 데 일조했다는 평가를 받았습니다.

IMF 사태로 대우그룹이 해체되긴 했으나 대우건설은 지금도 대한민국 5대 건설사, 빅5 중 하나로 손꼽힐 만큼 우수한 시공 능력을 자랑하고 있지요. 2003년에 '푸르지오'라는 아파트 전문 브랜드를 론칭하며 아파트 시장의 한 축을 담당하고 있습니다. 삼성물산은 강남 아파트 시장에서는

2000년 이후 등장했으니 비교적 후발 주자였습니다. 그러나 치밀하고 섬세한 설계, 프리미엄 이미지 전략으로 단기간에 업계와 소비자들의 주목을 받았습니다. 이후 삼성물산이 선보인 아파트 브랜드 '래미안'이나 도곡동 '타워팰리스'가 삼성물산의 전략을 잘 보여줍니다.

올림픽 손님맞이

전두환 정권이 '주택 500만 호 건설 계획'을 발표한 1980년 당시 우리나라 인구 및 주택 통계에 따르면 국내 주택은 약 530만 호였습니다. 그런데 그 수를 두 배로 늘리는 정책이라니, 집 지을 땅도 건설 비용도 어디에서 조달할지 상상하기 어려웠지요. 녹지 수용을 한다 해도 전국의 녹지를 모두 끌어들이다 국민의 반발에 부딪힐 수 있었고, 입주자 저축이나 적금, 주택복권, 금융 기관 융자 등에서 재원을 마련하는 것도 한계가 있었습니다.

주택 500만 호 건설 캠페인이 잦아들 무렵, 새로운 이슈가 온 나라를 떠들썩하게 했습니다. 대한민국 서울이 제10회 아시안 게임(1986년)과 제24회 올림픽(1988년) 개최지로 선정된 것입니다. 세계적인 스포츠 행사를 개최하는 것은 대한민국 역사상 처음 있는 일이었습니다. 6·25 전쟁으로 전국이 폐허가 되었지만 기적처럼 국토를 재건하고 산업화로 눈부신 경제 발전을 이룩한 대한민국의 위상을 전 세계에 떨칠 수 있는 절호의 기회였지요. 해외 손님맞이를 위해 당장 도시 정비 프로젝트에 돌입했습니다. 국제 규모의 경기장 건설은 물론 도시 인프라의 전면적인 개선과 현대화가 급선무였습니다.

그중에는 서울의 교통 체계를 재정비하는 사업도 있었습니다. 특히 강남과 강북을 연결하는 한강 교량이 다수 건설되었습니다. 서울이 아시안 게임 개최지로 발표된 1981년 이후 개통된 한강 교량만 해도 반포대교(1982년), 동작대교(1984년), 동호대교(1985년) 등이 있습니다. 지하철 3호선과 4호선도 빠르게 건설되었습니다. 경기장 간 이동 시간을 줄이고 대회 기간 교통 혼잡을 최소화하기 위한 방편이었지만, 이 모든 것이 강남 개발을 더욱 증폭시키는 촉매제가 되었습니다.

이 과정 속에서 송파구는 아파트 단지 건설의 중심 무대가 되었습니다. 이미 1978년부터 라이프주택개발이 신천동 일대에 진출해 진주아파트, 미성아파트, 장미아파트 등을 건설했고 올림픽을 계기로 대규모 주택 공급이 이루어졌습니다. 1984년에는 오금동에 24개 동, 1,316세대 규모의 대단위 현대아파트가 들어섰습니다.

그리고 방이동에 올림픽선수촌아파트가 조성되었습니다. 122개 동, 5,539세대로 이루어진, 한국 아파트 역사에서 상당히 의미 있는 곳이지요. '올림픽선수촌'이라는 이름에서 알 수 있듯이 이 아파트 단지는 1988 서울 올림픽 당시 각국 선수들과 해외 취재진들을 수용하기 위한 숙소로 조성되었습니다.

이를 감안해도 단지 조성과 구조에 있어 상당히 이례적인 모습이었습니다. 상가를 중심으로 한 부채꼴 모양의 단지에 각 1층 세대에는 별도의 앞마당이 있었습니다. 아파트지만 복층 구조의 세대도 있었고, 이때 만들어진 지하 주차장이 우리나라 최초의 지하 주차장이었습니다. 올림픽선수촌아파트는 올림픽이 끝나고 1989년부터 일반 시민들에게 분양되었습니다.

현대를 떠나 아이파크로: 프리미엄 브랜드의 시작

現代아파트라는 이름

1986년 11월, 현대산업개발의 초대 대표이사 회장은 정몽구 사촌 형님이었습니다. 몽구 형님은 1977년부터 1981년까지 한국도시개발의 대표이사를 역임했고, 제가 현대산업개발로 옮기기 직전까지 회장직을 수행했습니다. 재임 기간 동안 현대산업개발이 우리나라 주택 문화를 선도하는 종합 건설 회사로 성장하는 데 기반을 탄탄히 쌓아올렸습니다.

현대산업개발과 현대건설의 협업은 서로 시너지를 발휘했습니다. '현대아파트'라는 브랜드를 공유하며 서울 압구정동뿐 아니라 분당 신도시, 인천, 부평 등 대단위 아파트 단지 사업을 함께했지요. 여기에 빌라, 전원주택, 주상복합까지, 전국 60개 시군 지역에 연평균 1만 세대 이상을 건립했습니다. 아파트 건설에서 부동의 1위 자리를 유지하면서 이외에도 대학교, 연구소, 병원, 경기장, 대형 매장, 전시장 등 다양한 종류의 건물을 건축했습니다. 땅을 고르고 최적의 기능을 갖춘 건물을 짓고, 사람이 모여드는 클러스터cluster가 만들어질 때마다 직원들의 자부심도 커졌습니다.

이때만 해도 현대아파트의 BIBrand Identity는 유려하면서도 힘 있는 붓글씨로 된 '現代'라는 한자였습니다. 짙은 베이지색의 아파트 외벽에 검은색의 現代가 또렷이 도색된 아파트를 보신 적 있는지요. 현대건설이 지은 아파트도, 현대산업개발이 지은 아파트도 모두 이 BI를 사용했습니다. 회사가 그룹에서 완전히 분리된 후에는 프리미엄 전략을 추구하며 아이파크I-PARK와 힐스테이트Hillstate로 나뉘었지만, 당시에는 두 회사 모두 현대그룹의 계열사로서 동일한 브랜드를 사용하는 것이 그룹 내 시너지 효과를 불러오고, '현대아파트'의 인지도와 신뢰도 상승에 보탬이 될 것이라고 판단했다고 합니다.

1980년대 후반에서 1990년대는 주택 수요가 폭발적으로 증가하던 시기였습니다. 이 바람을 타고 '현대아파트'라는 브랜드도 당시 아파트 시장에서 강한 신뢰와 인지도를 얻고 있었습니다. 단순히 시공사의 이름을 넘어 품질, 내구성, 사후 관리 등에서 안정성과 프리미엄을 상징했던 것입니다. 두 회사가 동일한 브랜드를 사용함으로써 각 회사의 프로젝트는 시장에서 동일한 신뢰를 확보했고, 이것은 시장

점유율 확대로 이어졌습니다. 특히 해외 건설 수주가 많았던 현대건설, 현대건설보다 후발 주자였던 현대산업개발은 브랜드를 공유함으로써 아파트 시장에서 서로 윈윈할 수 있었던 것이지요.

당시 소비자들도 현대건설과 현대산업개발을 따로 보지 않았습니다. 어쩌면 두 회사를 구분할 필요가 없었을지도 모릅니다. 대다수의 소비자는 '현대'라는 브랜드 자체를 신뢰했고, 어느 회사가 시공한 것이든 모두 '현대' 것이라는 인식이 지배적이었을 테니까요. 그 시기에는 이름을 공유하는 것이 브랜드 파워를 높이고 소비자 혼란을 방지하는 합리적인 선택이었을 겁니다.

그러나 공동 브랜드 전략은 장기적으로 유지하기 어려운 구조였습니다. 함께 흥하고 함께 망하는 불안 요소가 있었습니다. IMF 사태와 함께 현대그룹은 본격적인 구조 조정과 계열사 독립 경영을 추진했고, 현대산업개발과 현대건설도 각자의 길을 걷게 되었습니다.

브랜드 경영

고백하자면 자동차 회사만 다니던 저에게 건설 회사는 낯선 미지의 영역이었습니다. 일단 발로 누벼야겠다는 각오로 150여 개의 현장을 직접 찾아가보기도 했습니다. 제조업인 자동차는 치밀한 설계와 우수한 디자인, 정확하고 규격화된 제조 공정이 필수입니다. 그런데 이상하게 제 눈에는 아파트 역시 제조의 영역으로 비춰졌습니다. 그러니 공사 현장에서 외벽에 칠한 페인트가 미세하게 삐뚤어진 것을 발견했을 때에도 재작업을 지시할 수밖에 없었습니다.

자동차 제조 라인에서는 불량이 생기면 모든 제조 공정을 중단합니다. 자동차의 페인트칠이 잘못되었다고 생각해보세요. 아파트라는 상품 역시 하자가 발생하면 다시 작업해야 합니다. 묶음이나 대단위로 공급하던 자재 역시 필요한 만큼 소단위나 낱개로 공급이 가능하도록 시스템을 개선했습니다.

회사의 자금 유동성 문제를 해결하기 위해 고민하면서, 한편으로는 회사의 가치와 상품의 가치 그리고 고객 가치를 획기적으로 높이기 위해 골몰했습니다. 그러는 과정에서 아이타워 매각 결정 후 해외 투자사들과 협상에 돌입했고, 건설업계에서는 생소한 브랜드 경영, 디자인 경영을 전면에 내세웠습니다. 업계는 이런 경영 철학이 제조업의 경영 기법을 도입한 것이라고 병했습니다. 자동차든, 소비자가 만족하는 상품으로 만들어야 선택받는 것은 자명한 일입니다. 혁신적인 품질 관리로 상품의 가치와 브랜드 가치를 높여 고객의 라이프 스타일과 시장을 선도해야 한다고 판단했습니다.

저의 의지가 더욱 명료해진 대목은 현대산업개발이 25년 가까이 사용해온 현대아파트라는 브랜드에서 벗어나 독자적인 브랜드를 갖는 것이었습니다. 현대아파트 브랜드는 우리뿐 아니라 현대건설, 고려산업개발 등 범현대그룹이 모두 사용하고 있었습니다. 그만큼 현대라는 기업 이미지의 신뢰와 품질을 담보하는 것이었습니다. 성공한 브랜드를 버리는 것은 그동안 쌓아온 명성과 브랜드 인지도를 모두 포기하는 것과 같습니다.

당연히 회사 내부의 우려와 반발은 심각했지요. 현대산업개발 직원이나 관계자 들도 회사가 계속 현대그룹의 일원이기를 바랐습니다. 저 역시도 현대그룹이라는 커다란 우산, 안전지대safety zone에 있느냐, 아니면 완전히 새로 태어나느냐 하는 문제로 고민에 고민을 거듭했습니다. 그리고 마침내 현대아파트에서 벗어나 새로운 브랜드를 창출하기로 용단을 내렸습니다.

그리고 강남에 압구정 현대아파트가 들어선 지 25년, 강남의 지형은 아파트와 고층 건물로 완전히 탈바꿈되었습니다. 아파트 역시 단순한 생활 공간이 아니라 문화를 창출하는 공간으로 새로운 변화의 기로에 있었습니다. 혁신적인 변화를 꿈꾸며 이노베이션Innovation의 I를 가져와 '아이파크IPARK'로 브랜드 네이밍을 완성했습니다. 누가 알려주지 않으면 현대가 회사라는 이미지는 찾아볼 수 없습니다. 현대그룹에서 벗어나 정몽규식의 완전한 독립 경영을 새겨 넣는 순간이었습니다.

아이파크로 브랜드를 결정하고 난 후 명예회장인 아버지에게 보고드렸습니다. 아버지는 "왜 '어른'파크가 아니고 '아이'파크냐?"라고 농담을 던지셨습니다. 에둘러 표현하셨지만, 새로운 브랜드 도입을 그리 반기시는 마음은 아닌 것 같았습니다. 그래도 아들의 결정을 존중해 바꾸려 하지는 않으셨습니다.

2000년 1월, 붉은 사각형 안에 알파벳 I를 넣은 현대산업개발의 새로운 심볼과 CI, 기업 슬로건 'Think Innovation'이 선포되었습니다. 삼각형으로 대표되는 현대그룹의 로고는 제거했습니다. 핵심 키워드는 이노베이션, '혁신'이었습니다. 혁신과 도전 정신을 내세운 TV 광고 시리즈도 선보였습니다. 2001년 3월, 드디어 현대산업개발의 프리미엄 아파트 브랜드, 아이파크가 공식 론칭되었습니다.

> 덧. 초기에는 주상복합이나 오피스텔 같은 상업용 건물은 별도로 '아이스페이스ISPACE'라는 브랜드를 사용했지만, 온갖 브랜드 홍수 속에서 소비자에게 혼란을 줄 수 있어 2003년 10월 1일부터 현대산업개발의 모든 주거용, 상업용 건물의 브랜드는 아이파크로 통합했습니다.

센세이션, 아이파크

아파트 시장에 터닝 포인트가 도래했음을 알아챈 건 다른 대형 건설사들도 마찬가지였지요. 1999년 초, 롯데건설에서 '롯데캐슬'이라는 브랜드를 선보였습니다. 2000년에는 대림산업의 'e편한세상', 삼성물산의 '래미안'이 등장했습니다. 짧은 기간 동안 새로운 아파트 브랜드들이 속속 자신의 등장을 선포했습니다. 그만큼 아파트 시장의 대세는 브랜드였습니다.

2000년, 현대건설은 '현대홈타운'을 선보였습니다만 아직 아이파크와 같이 프리미엄 전략을 내세운 건 아니었습니다. 삼성동 아이파크와 도곡동 타워팰리스가 가시화되자 아파트 시장은 또다시 변화의 순간을 맞닥뜨렸습니다.

2000년대 초반은 1997년에 있었던 IMF 사태 여파로 각 기업마다 자금 유동성 문제로 고군분투하고 있을 때였습니다. 기업 운용 자금은 바닥이 드러날 듯 말 듯하고 부동산 시장은 한껏 위축되어 있었습니다. 아이러니하게도 프리미엄 아파트가 등장한 시기도 바로 이 무렵입니다. 프리미엄 아파트는 얼어붙은 부동산 시장을 타개할 쇄빙선이었습니다.

강남의 아파트 시장 경쟁에서 아파트 단지 조성은 단순히 몇 채의 건물을 올리는 것에서 끝이 아닙니다. 단지의 구조, 조경, 커뮤니티 시설, 학군과의 거리, 교통 접근성, 상업 시설 등 모두가 중요한 경쟁 요소였습니다. 같은 지역 안에서도 어느 단지에 사느냐가 중요해졌고 건설사들은 점점 아파트 단지의 고급화, 명품화에 집중하기 시작했습니다.

2004년 5월, 착공한 지 3여 년만에 삼성동 아이파크가 준공되었습니다. 한강변 구릉 지대 언덕에 위치하여 한강, 코엑스 전시장과 무역 센터, 그랜드 인터컨티넨탈 서울 파르나스 등이 그려내는 스카이라인을 조망할 수 있는 초고층 주거 단지로, 강남구 삼성동이라는 최고 입지에 어울리는

▲ '나도 살고 싶은 집' 삼성동 아이파크에 담은 마음
▼ 프리미엄 아파트의 문을 연 새로운 아파트 브랜드의 시작

명품 브랜드답게 한국의 베벌리힐스를 표방했습니다. 이 공간을 구상할 때에는 '나도 여기서 살아야지' 하는 마음으로 아파트의 구성, 레이아웃, 부대시설 등 제가 누리고 싶은 것들을 모두 넣었습니다. 당시로서는 소방 법규를 뛰어넘을 만큼 고스펙 단지였습니다. 현대산업개발 회장으로 취임 후 아파트 분양과 관련해 처음으로 기자들을 초청해 직접 간담회를 열었습니다. 그만큼 아이파크가 세상을 깜짝 놀라게 하리라는 자신이 있었습니다.

이때는 명품, 프리미엄, 하이엔드 등 최고급 아파트에 대한 시장 흐름과 소비자 욕구 파악을 가장 우선시했습니다. 기존의 일자 배치 형태에서 벗어나 3개 동을 각각 남동과 남서 방향으로 배치하여 일조권과 조망권을 극대화했고, 대지 면적 중 88퍼센트를 녹지로 구상한 것도 고심했던 부분 중 하나였습니다. 덕분에 손꼽히는 친환경 단지로 알려져 2004년 건설교통부(현 국토교통부)가 주최하는 한국건축문화대상에서 대상을 수상하기도 했습니다.

명품 브랜드는 하나뿐

그전까지 국내 최고 분양가를 기록한 아파드는 삼성물산의 도곡동 타워팰리스였습니다. 지상 42층에서 69층, 최고

263미터에 총 7개 동의 초고층 주상복합 아파트로, 삼성동 아이파크보다 큰 규모의 단지입니다. 그런데 삼성동 아이파크가 국내 최고가로 타워팰리스의 분양가를 경신했습니다. 아파트 시장에서 명품 브랜드 전략이 유효할까 하는 대내외 부정적인 인식이 있었지만, 분양에서 완판이 되자 소비자들의 인식도 바뀌었습니다. 첫 등장을 인상적으로 마친 덕분에 삼성동 아이파크는 아이파크 브랜드가 추구하는 라이프 스타일과 디자인 철학을 선명하게 각인시킬 수 있었습니다.

프리미엄 아파트가 시장에서 성공을 거두자 대형 건설사들은 기존 브랜드에서 다시 업그레이드 브랜드를 도입하기 시작했습니다. 현대건설은 현대홈타운에서 이어 '힐스테이트'(2006년)를 선보였고. 2015년에는 다시 '디에이치 THE H'를 도입했습니다. 대림산업은 e편한세상에 이어 '아크로'(2004년)를 선보였습니다. 대우건설은 푸르지오에서 '푸르지오써밋'(2014년)으로 업그레이드 브랜드를 도입했습니다. '푸르지오~' 하는 광고 속 멜로디가 여전히 기억날 만큼 소비자들에게 확실한 인지도를 남겼지요.

프리미엄 경쟁이 계속되는 상황에서 현대산업개발 영업부서에서도 아이파크에 이어 새로운 고급 브랜드를 준비해야 한다는 건의가 계속되었습니다. 당시 아파트 사업을 하는 대형 건설 회사 중 단일 브랜드를 갖고 있는 곳은 현대산업개발과 삼성물산의 래미안 등이었습니다. 하지만 제 의견은 분명했습니다.

"아이파크 상위 브랜드를 도입하는 순간, 아이파크는 바로 싸구려 하위 브랜드 신세가 되어버리지 않겠어요?"

아이파크라는 브랜드를 최고의 명품 프리미엄 브랜드로 내세웠는데, 이보다 더 상위 브랜드가 나온다면 이제까지 우리가 추구했던 브랜드의 가치, 하나의 결과물로 완성해 낸 노력은 허상이 되는 것입니다. 몇몇 그럴싸한 단어로 소비자들을 현혹한 것에 불과한 셈입니다. 최고의 아파트라는 자부심을 안고 입주한 고객들의 신뢰는 어떻고요. 누구에게나 집은 싸든 비싸든 혹은 수도권이든 지방이든, 가장 소중한 자산입니다. 자신이 소유하고 있던 재산이 갑자기 하위 브랜드로 전락하면서 값어치가 떨어진다면 어떤 마음이 들까요? 아이파크에 처음 입주할 때 고객이 가졌던 행복감과 만족감, 자부심을 상상해보면 섣불리 움직여서는 안 될 것 같았습니다. 오히려 하나의 브랜드를 정성스럽게 키우는 것이 더 중요하다고 생각했습니다. 지금 이 순간도 이런 생각에는 변함이 없습니다. 한동안은 계속 단일 브랜드를 추구할 계획입니다.

밖으로, 밖으로

아버지가 돌아가신 이듬해, 시공 당시 내가 살고 싶을 만큼 공들여 지은 삼성동 아이파크에 저희 가족이 입주했습니다. 그곳에서 한창 성장기인 아들 셋을 데리고 17년을 살았고, 지금은 성북동 집으로 돌아왔습니다.

"회장님께서 삼성동 아이파크에 입주하신다고요? 불편하시지 않을까요?"

보통 건설 회사 사장은 자기가 지은 아파트에 사는 일이 드물다고 합니다. 아파트 건설 회사 사장을 알아본 입주민들이 하자를 지적하거나 집까지 찾아와 시시콜콜 민원을 이야기하는 일이 있어 회사 직원들이 말리더군요. 그런데 집을 지은 사람이 직접 살아보면 아파트 구조 문제나 건설 품질 문제를 파악하는 데 도움이 될 것 같았습니다. 아파트 입주민들과 함께 어울려 사는 게 꼭 어려운 것만도 아니라고 여겼습니다.

직접 살아보니 아파트 피트니스 센터에서 운동을 할 때 동 대표가 찾아와 두세 번 민원을 이야기한 것이 전부였습니다. 크게 불편한 것도 아니었습니다. 무엇보다 아이들이 아파트에서 생활하는 게 교육적인 측면에서도 더 좋다고 생각했습니다. 처음 입주했던 곳은 방이 세 개라 첫째와 둘째가 한 방에서 지냈습니다. 아이들이 중학생이 되자 각자 자기 방을 갖고 싶어 해서 같은 단지의 방 네 개짜리 집으로 옮겼습니다. 이렇게 우리 가족은 강남 주민으로 17년을 살았습니다.

이미 아파트는 보편적 생활 양식이 되었습니다. 2005년에 우리나라 전체 주택 중 아파트 비율이 52.7퍼센트를 넘어섰다고 하니, 지역을 서울이나 강남으로 한정하면 이보다 훨씬 높을 겁니다. 당시 강남은 명품, 럭셔리, 하이엔드, 프리미엄 등의 수식어가 붙은 상품에 관한 한 트렌드세터였습니다. 신흥 부자와 오렌지족의 출현 이후 많은 기업들이 강남으로 이주했고, 그중에는 대중문화를 이끄는 엔터테인먼트 회사들도 있었습니다. 이늘이 소비하는 모든 상품과 브랜드들이 강남에서 자라났습니다. 강남에서 퍼져나간 트렌드는 서울 곳곳을 물들인 다음 다시 강을 건너고 도로를 따라 대도시에, 대도시에서 다시 소도시에 자리 잡았습니다.

아파트도 마찬가지였습니다. 아파트 건설 회사의 브랜드 경쟁, 나아가 고급화 전략은 강남에만 머무르지 않았습니다. 고속도로를 달리다 드넓게 펼쳐진 논밭 끝자락에 아파트 단지가 하나의 오브제로 자리한 풍경을 쉽게 찾아볼 수 있으니까요. 아이파크 브랜드도 한곳에 머물 수 없었습니다. 우리의 시선은 밖으로 향했습니다. 아이파크 론칭을 성공시키고 유동성 자금 마련으로 외환 위기를 벗어난 현대산업개발은 또다시 턴어라운드의 기회를 맞이했습니다. 늘 우리의 시선이 향하던 곳, 부산을 사로잡을 차례였습니다.

아, 나의 아버지

브랜드 네이밍을 보고드렸을 때 왜 '어른'파크가 아니고 '아이'파크냐며 농담을 하셨던 아버지. 마음에 들지 않고 불안하셨을 텐데 내색 않고 아들의 선택을 믿어주셨던 아버지. 현대산업개발이 현대그룹의 초록색 상징을 버리고 새로운 CI를 선포했을 때, 현대아파트 브랜드를 버리고 아이파크를 론칭했을 때, 유동성 자금 마련을 위해 우리 미래 자산 중 많은 지분을 차지하던 아이타워를 매각했을 때, 착공 3년여 만에 삼성동 아이파크를 준공하고 새로운 사옥 삼성동 아이파크타워로 이전했을 때 등 모든 과정 속에 아버지가 계셨습니다.

현대자동차를 떠나 현대산업개발로 옮긴 그해 말, 아버지는 폐암 판정을 받으셨습니다. 수술 후에는 끝나지 않을 투병 생활을 이어가셨고요. 그러면서도 아버지는 명예회장으로, 아니, 그 존재만으로도 제게 든든한 버팀목이 되어주셨습니다. 하지만 시간이 흐를수록 모든 것을 제가 책임지고 독자 경영해야 한다는 각오를 순간순간 꺼내보는 날들이 늘었습니다. 아버지께 잘 해내는 아들의 모습을 보여드리고 싶어 늘끓는 수전자 뚜껑 같은 속을 꾹꾹 누르며 어두운 터널을 쉼 없이 달려왔습니다.

2004년 5월, 성황리에 분양을 마감한 삼성동 아이파크가 드디어 준공을 마쳤습니다. 같은 해 11월에는 삼성동 코엑스 맞은편의 새로운 작품, 아이파크타워로 사옥을 옮겼습니다. 건물 외벽에 커다란 원형 구조물이 달린 바로 그 건물입니다. 이 모든 과정을 흡족하게 지켜보시던 아버지는 2005년 5월 21일 영면하셨습니다. 서울아산병원 잔디광장에서 1,300여 명의 조문객이 지켜보는 가운데 영결식이 열렸고, 이후 경기도 양평군 양수리 선영에 안장되셨습니다.

투병 생활 동안 아버지의 부재를 각오하긴 했지만 제 몸 구석구석에 침잠해 있던 깊은 설움과 슬픔이 불쑥불쑥 치밀어 올랐습니다. 그 여운 끝에는 정도경영正道經營을 지키고 항상 검소하고 성실해야 한다는, 국가와 이 사회를 위해 기여해야 한다는 아버지의 유지遺旨가 남았습니다. 가장 한국적이면서도 세계적인 기업가로 우리 고유의 자동차 모델 포니를 개발하신 고故 정세영 명예회장. 그리고 나의 아버지. 정세영의 철학과 사상을 기리고 그 유지를 계승하여 이 사회에 창조적이고 혁신적인 변화를 널리 확대하자는 취지로 2005년 11월 포니정재단을 설립했습니다.

취약 계층과 자립 준비 청년들을 위한 장학 지원 제도, 기

마이애미대학원 유학 시절의 아버지

초 학문 분야의 저력을 다지기 위한 학술 지원 제도, 우리 사회에 혁신과 도전을 일깨우는 각 분야 인물을 선정해 시상하는 제도 등을 마련했습니다. 생전의 아버지를 일컫는 또 다른 이름으로 우리 후손들에게 미래에 대한 희망과 용기를 북돋아주고 싶었습니다. 이 모든 과정은 아들로, 가업의 후계자로, 후배 경영인으로 아버지를 추모하는 의식처럼 진중하고 엄숙하게 치러졌습니다.

도시를 만드는 사람들: 시티 이노베이션

디벨로퍼의 꿈

앞서 말했듯이, 1999년 8월, 현대산업개발이 현대그룹으로부터 완전히 계열을 분리해 독자 경영 체제를 구축하게 되었을 때, 저는 이를 새로운 가치 기업, 혁신 기업으로 재도약하는 계기로 삼아 빅 컴퍼니에서 굿 컴퍼니, 나아가 베스트 컴퍼니로 도약하자며 임직원들을 독려했습니다. 그리고 아버지께서 늘 말씀하시던 '원칙을 지키고 바른 길을 걷는 정도正道의 정신'을 현대산업개발을 관통하는 기업 정신으로 삼았습니다.

'디벨로퍼developer'를 단순 명료하게 해석하자면 개발업자겠지만 건설업, 부동산업에서 디벨로퍼의 역할은 간단하게 정리되지 않습니다. 이는 토지를 매입하고 상품을 기획하며 시공과 분양, 사후 관리까지 책임지는 부동산 개발의 전체 과정을 총괄하는 전문가입니다. 복덕방 주인의 눈을 피해 허허벌판으로 택지를 매입하러 다니던 때, 분당 신도시 개발 계획에서 자체 기획과 설계로 새로운 도시 모델을 제시한 순간에도 우리에게는 디벨로퍼 DNA가 꿈틀거리고 있었던 것이지요.

되돌아보니 외환 위기 속에서 생소한 건설업을 맡게 된 것이 불안하고 긴장되면서 묘하게 설레었던 것 같기도 합니다. 100년이라는 시간과 가치를 바라보고 만드는 상품, 주변 환경과의 조화를 생각하는 상품, 소비자의 안락과 편의, 용도를 최우선으로 고려해야 하는 상품, 소비자의 자부심이 되어주고 투자 가치까지 부여해주는 상품. 제가 만들어야 하는 상품은 바로 이런 것들이었습니다. 도시를 바꾸고 싶다, 그래서 새로운 패러다임을 만들고 싶다는 마음이 샘처럼 솟았습니다.

시티 이노베이션

2004년, 모처럼 부동산 경기에 활기가 돌기 시작했습니다. 아파트 시장의 화두는 단연 '웰빙'이었습니다. 주거에 웰빙을 도입한 친환경 생태 아파트, 유해 물질을 발산하지 않는 건강한 웰빙 아파트가 대세였습니다.

이때 현대산업개발에서는 '시티 이노베이션 프로그램 City Innovation Program'을 추진했습니다. 소비자가 선택한 공간만 혁신하는 것이 아니라 그 공간의 주변까지도 혁신하겠다는 의도였습니다. 아이파크가 들어서는 지역에 주민

여론을 토대로 공원, 도서관, 벚꽃길, 생태 공원 등을 시공한 다음 무상으로 도시에 기증했습니다. 분당 정자동의 경우에는 아파트 입주 시기에 맞춰 탄천에 조깅 트랙을 지어 기증했는데, 다른 지역 역시 주민 의견을 사전에 조사해서 지역민이 원하는 공원이나 산책로 등을 조성했습니다.

이처럼 시티 이노베이션 프로그램은 아이파크와 도시가 상생하도록 돕는 프로젝트였습니다. 웰빙과 상생은 입주자뿐 아니라 같은 동네 주민에게까지 아이파크에 대한 좋은 이미지를 심어줄 수 있었습니다. 아이타워 매각과 삼성동 아이파크 분양 이후 브랜드 가치가 높아지면서 현대산업개발은 2003년과 2004년, 창사 이래 최고의 매출을 기록했습니다.

삼성동 아이파크에 이은 강남구의 또 다른 부지는 대치동이었습니다. 2004년 대치아이파크를 분양하며, 이곳을 중심축으로 삼아 아이파크의 반경을 점점 확대해나갔습니다. 지도상에서 대치아이파크를 가운데 놓고 보면 오른쪽에는 잠실 1, 3단지 아이파크, 왼편에는 도곡 1~3차 아이파크, 위로는 역삼 1~2차 아이파크가 위치해, 강남의 사방 축으로 좋은 입지에는 어김없이 아이파크가 들어섰습니다.

주거 혁신을 넘어서 도시 혁신을 지향하는 시티 이노베

이션은 척박한 땅에 아파트를 짓고, 입주민들의 생활과 편의, 나아가 지역 주민들의 상생을 위해 도시를 디벨로핑de-veloping하는, 모든 사업에 있어 최우선으로 고려해야 할 요소였습니다. '현산인現産人'이라면 당연히 가지고 있는, 그리고 가져야 할 역량이기도 합니다. 현산인의 디벨로퍼 역량이 강남에서 서울 전역으로, 그리고 주요 대도시를 따라 퍼져나가기 시작했습니다. 부지를 선점하고 지역을 혁신하는 시티 이노베이션 전략은 현대산업개발의 행보에 순풍이 되어주었습니다. 그리고 순풍은 우리를 부산 해운대까지 이르게 했습니다.

왕관의 보석 같은 땅

지난 25년 동안 특별히 애착이 가는 프로젝트를 꼽으라면 먼저 떠오르는 곳이 있습니다. 현대산업개발 포트폴리오에도 단연 상단을 차지하는 곳, 바로 부산광역시 마린시티의 해운대아이파크입니다. 인터넷에서 '부산 풍경'을 검색하면 맨 첫째 줄에 눈에 띌 만큼 부산의 랜드마크이자 바람을 실은 서프보드의 돛처럼 유선형의 디자인이 돋보이는 건물들의 집합체, 그 마린시티에 해운대아이파크가 자리해 있습니다.

지금이야 호주의 골드코스트나 미국의 마이애미비치, 홍콩의 마천루를 연상시키는 초호화 주상복합 건물들이 즐비하게 늘어서 있지만, 대우그룹에게 부지를 매입하던 당시에는 그저 메마르고 황량한 땅이었습니다. 비가 오면 거대한 물웅덩이가 생기는 일도 비일비재했습니다.

하지만 현장을 직접 답사한 저와 임직원들의 눈에는 바다와 어우러지는 멋진 조감도와 청사진이 펼쳐졌습니다. 요트 경기장을 끼고 있어 부산에서 가장 아름다운 '왕관의 보석'처럼 여겨졌지요. 땅을 알아보는 눈만큼은 자부심이 있었는데, 아니나 다를까 명품 해양 레저 주거 단지가 될 만하다는 의견이 모아졌습니다.

1999년에 부지를 확보했지만, 착공에 들어가기까지는 꽤 오랜 시간이 걸렸습니다. 해당 부지의 사업성을 확보하기 위해서 토지 용도를 변경하는 데 무려 7년의 시간이 소요되었기 때문이지요. 언젠가 이 부지가 빛을 볼 날을 기다리며 우리의 혁신과 파격을 담아 사업을 점점 구체화했습니다. 최고 72층 아파트 3개 동에 35평부터 128평형의 1,631세대로 구성된 주상복합 주거 단지를 기획했고, 국내 최초로 한 단지 안에 주거 시설과 함께 오피스, 상업 시설,

호텔까지 들어서는 복합개발을 조성했습니다. 당시 국내에서는 주거 단지 안에 호텔을 짓는 복합개발이 매우 낯설게 느껴지던 시기였지요. 하지만 현대개발산업은 론스타에 매각했던 아이타워에 파크하얏트 호텔 입점을 추진했던 사례도 있었고, 이미 해외에서는 고급 호텔이 단지 전체의 어메니티amenity를 높인다고 하여 거주자들이 선호하는 트렌드이기도 했습니다.

여기서 어메니티란 호텔이나 기내에서 제공되는 편의용품이 아니라, 넓은 의미로 환경의 쾌적성, 청결, 심미성, 관계, 평온함 등 '인간이 살아가는 데 필요한 종합적인 쾌적함'을 뜻합니다. 인간과 공간, 인간과 환경의 만남에서 가치 지향적 어메니티는 계속 확대되는 추세지요.

주거 시설인 아파트에도 혁신을 부여했습니다. 고객에게 다양한 평면을 선보이고자 199개 타입으로 세분화한 것이지요. 1,631세대에서 199개 타입이라 거의 8.2세대당 한 타입에 해당할 만큼 희소성이 있었습니다. 이 주상복합 단지가 완성되면 입주민들은 단지 내에서 주거, 업무, 쇼핑, 레저 등 모든 생활을 한꺼번에 즐길 수 있습니다. 건물 내에 스카이라운지, 컬처리운지, 피트니스 센터, 파디룸 등 다양한 공간이 있어 원스톱 리빙을 즐기게 되는 셈이었지요.

메마르고 황량한 땅, 비만 오면 물웅덩이가 고이던 땅
을 호주 골드코스트, 미국 마이애미비치가 부럽지 않은 명
품 해양 레저 주거 단지로 탄생시키겠다는 포부를 안고,
2008년 1월 해운대아이파크의 착공이 시작되었습니다.

리베스킨트와의 재회

한 도시의 아이콘을 만들 때는 도시의 얼굴을 직관적으
로 표현해줄 최고의 전문가가 필요합니다. 저는 이 프로젝
트의 적임자로 다니엘 리베스킨트를 떠올렸습니다. 그는
2002년에 현대산업개발 본사였던 강남구 삼성동의 아이파
크타워를 설계한 건축가입니다. 커다란 원형 조형물을 건
물 외벽 전면에 달아 모든 이들의 시선을 단박에 사로잡은
인물이지요. 당시 삼성물산에서도 세계적인 석학 중에서
설계를 의뢰하고 싶은 1순위로 다니엘 리베스킨트를 꼽았
는데, 어떻게 그런 건축가를 섭외했는지 놀라워 했을 정도
였습니다.

2007년 가을, 다니엘 리베스킨트가 해운대아이파크를
위해 다시 한국을 방문했고, 부산 해운대에 머물며 파도의
역동적인 힘, 동백꽃잎의 우아함, 바람을 머금은 돛과 처마
의 아름다운 곡선 등을 모티브로 아파트와 호텔 등 전체 외

관의 디자인을 구현했습니다. 디자인이 공개되었을 때, 많은 사람들이 콘크리트가 빚어내는 파도와 동백, 돛과 처마의 이미지에 매료되어 탄성을 질렀습니다.

"건축물이 도시보다 먼저 기억되도록 해야 합니다. 부산보다 먼저 기억되는 부산의 대표 건축물이 결국 부산의 이미지를 바꾸고 부산 사람들의 삶까지 바꾸게 됩니다." _ 다니엘 리베스킨트

그가 남긴 인터뷰도 저에게 깊은 여운을 남겼습니다. 그간 일관되게 품어왔던 도시 디자인에 대한 저의 철학을 세계적인 건축가가 알아봐주는 것 같아 마음이 뭉클했습니다.

"건축가는 건축주를 잘 만나야 합니다. 정몽규 회장님과 현대산업개발은 매우 훌륭한 건축주입니다. 개발의 수익성보다 건축물의 디자인을 위해 투자하는 건축주이기 때문입니다. 그는 이제껏 제가 만난 어떤 클라이언트보다 창조적이며 혁신적인, 전 세계적으로도 앞서가는 건축주였습니다."

이 프로젝트를 위해 그밖에도 세계적으로 내로라하는 전

문가들이 손을 모았습니다. 해운대아이파크는 72층이나 되는 초고층 건물인 데다 바다에 접해 있어 디자인뿐 아니라 설계, 구조, 기계전기, 소방, 안전 등에서 최고 수준의 기술이 필요했기 때문이지요. 구조 설계는 홍콩 국제 금융 센터IFC를 작업한 아럽Arup, 기계전기 설계에는 요코하마 랜드마크 타워에 참여한 시스카헤네시그룹Syska Hennessy Group, 펜트하우스 인테리어는 뉴욕 포시즌 호텔을 비롯해 특급 호텔들의 럭셔리 콘셉트 인테리어로 유명한 피터 레미디오스Peter Remedios가 참여했습니다. 최고의 인재들이 모였다는 자부심에 흥이 나서 일했던 기억이 납니다.

그때나 지금이나 해외에 나갈 일이 있으면 저는 그 나라의 유명한 건축물을 답사하고 건축가가 누구인지 파악해 둡니다. 이런 습관은 주요 프로젝트를 설계할 때 많은 도움이 되었습니다. 다니엘 리베스킨트도 그러했고 해운대아이파크 사업에 참여한 다른 세계적인 설계사들도 그러했습니다. 현대자동차 시절부터 디자인에 관심을 갖고 꾸준히 감각을 익혀온 것도 도움이 되었습니다. 디자인 공부를 좀 더 깊이 있게 해보고 싶어 홍익대학교 국제디자인대학원IDAS에서 디자인 혁신 전략 과정을 이수하기도 했지요.

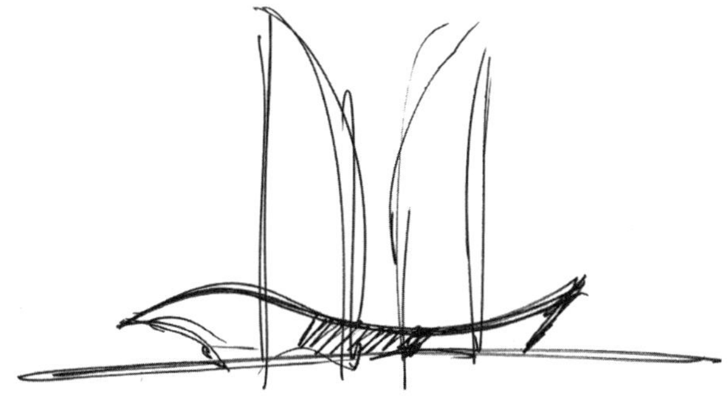

다니엘 리베스킨트의 해운대아이파크 프로젝트 스케치

부산, 서울의 상류층을 공략하라

시작부터 공을 들인 프로젝트인 만큼 분양에서도 철저히 차별화된 마케팅 전략을 구사했습니다. 모델 하우스부터 남달라야 한다는 의도로 설계와 디자인에 다니엘 리베스킨트를 참여시켰고, 이 점을 적극적으로 홍보했습니다.

해운대아이파크의 예상 고객은 부산·경남 지역이 70퍼센트, 수도권이 30퍼센트를 차지할 것으로 예상해서, 모델 하우스는 부산 해운대와 서울, 두 곳에 각각 지었습니다. 모델 하우스의 설계와 디자인도 해운대아이파크 콘셉트를 그대로 따랐고요. 바람을 실은 돛을 연상케 하는 곡선형 디자인을 외관에 그대로 적용하고, 1층에는 4미터 높이의 초대형 단지 모형을 설치했습니다. 3층에는 해운대아이파크의 가장 큰 매력인 해운대의 오션 뷰와 광안대교 뷰가 내다보이는 테라스로 이목을 집중시켰습니다.

전사적으로 반드시 성공시켜야 하는 초대형 프로젝트인 만큼 파크하얏트 서울에서 언론사를 대상으로 설명회를 열어 2001년 삼성동 아이파크 이후 7년 만에 제가 직접 마이크를 잡았습니다. 언제든 제가 발로 뛰어야 하는 때에는 직접 나섰습니다.

덕분에 2008년 1월 해운대아이파크 청약은 완판되었습

부산을 다시 찾고 싶은 도시로 만들기 위해 심혈을 기울인 해운대아이파크

니다. 전해에 도입된 분양가 상한제로 지방 아파트 시장에 대거 청약 미달 사태가 벌어지는 등 분양 시장이 황폐화된 시기였기 때문에 최고가의 아파트가 약 3 대 1의 경쟁률을 보인 것은 매우 이례적인 성공이라는 평가를 얻었습니다.

드디어 2011년 10월, 착공 3년여 만에 해운대해수욕장, 동백섬, 벡스코, 요트 마리나 센터, 센텀시티 등과 인접한 위치에 명품 해양 레저 복합 단지가 모습을 온전히 드러냈습니다. 해운대아이파크는 등장과 동시에 독특한 외관과 스카이라인으로 부산의 상징이 되었고, 지금도 매해 부산 국제영화제와 부산불꽃축제가 열릴 때면 사람들이 가장 붐비는 장소 중 하나입니다. 심혈을 기울인 만큼 뷰가 멋진 곳이라 호텔 객실뿐 아니라 식음료 매장들도 예약하기가 하늘의 별따기라고 합니다. 인근에 위치한 수영만 요트경기장도 현대산업개발이 민간 투자(민자) 사업자로 선정되어 오는 2030년에 리뉴얼된 모습을 공개할 예정입니다. 요트를 비롯한 해양 스포츠와 레저, 여기에 다양한 상업 시설까지 갖춘 복합타운이 완성되면 부산이 또 한 번 들썩거리겠지요.

미니 신도시 만들기

부산 다음으로 크게 심호흡하며 눈을 돌린 도시는 수원입니다. 수원아이파크시티는 도시 속에 또 하나의 작은 도시를 건설하는 매머드 사업이었습니다. 이 정도의 대규모 도시 개발은 해당 부지인 30만 평을 매입하는 데에만 천문학적인 보상 금액이 투입되고, 공사 시간도 기본 10년에서 길게는 20년까지도 소요되는 일이라 보통 LH공사나 SH공사 또는 지자체가 수행하는 공공사업이지요. 그런데 이를 민간 기업이 사상 처음으로 맡게 되었으니, 이건 '사업'이 아니라 '사건'이나 다름없었습니다.

저는 이 프로젝트에 사활을 걸었습니다. 우선 7500억 원을 들여 2006년부터 수원시 권선구 일대의 토지를 매입했습니다. 이곳에 아파트, 단독주택 등 7천여 가구와 상업 시설, 공공시설, 초·중·고등학교, 도서관, 생태 공원 등을 조성하는 데에 2조 원이 넘는 비용을 책정했습니다. 총 3조 원이 넘게 투입되는 미니 신도시급 초대형 개발 사업이었습니다. 15년여에 걸쳐 시공한 강남구 1~15차 압구정동 현대아파트가 총 6,298세대인 것과 비교하면 수원아이파크시티의 총 6,658세대 규모를 짐작할 수 있을 것입니다. 전례가 없던 일이니 만큼 그간 현대산업개발이 추구해온 도시 개발의 철학과 브랜드 정체성, 디벨로퍼로서의 역량이 확인되는 셈이지요.

현대산업개발이 대규모 토지를 직접 매입해 자체 개발하는 사업을 꾸준히 해올 수 있었던 이유는 10~20년의 긴 호흡으로 사업을 만들어가는 능력에, 이를 뒷받침하는 대규모 자본력 덕분이었습니다. 또한 다른 건설 회사에는 없었던 디벨로프develop 전문 조직을 두어 수많은 경험과 노하우를 축적했기 때문이지요. 디벨로퍼로서 도시를 개발할 때 주거 시설인 아파트 단지는 무슨 테마로, 어떤 설계와 디자인을 선보일지 결정하는 것도 매우 중요한 일입니다. 모든 기획은 앞으로 사회가 어떻게 변화 또는 진화할지 예측하고 이를 토대로 방향을 설정해야 하지요. 인구 구조, 가구 변화는 물론 문화와 라이프 스타일 등을 깊고 멀리 내다볼 수 있는 안목이 절대적입니다.

아파트 모델 하우스를 보면 어떤 회사는 내부를 좋아 보이게 만드는 데 집중합니다. 구조도, 벽지도, 바닥도 최신 트렌드에 맞추고 오브제 하나하나 세심하게 인테리어를 해 놓습니다. 그러나 '최신'이란 말은 시간이 멈췄을 때나 지속 가능합니다. 아파트 준공까지 걸리는 시간이 있는 데다 입주해 몇 년 살다 보면 어느 순간 유행에 뒤처지게 마련입니다.

아파트를 재건축하려면 준공 후 최소 30년은 되어야 합니다. 그러니 최소 30년을 살아갈 아파트라면 세월이 주는 내력과 외력을 수용할 만한 능력capacity이 있어야 합니다. 예를 들어 1988년 서울 올림픽 개최를 앞두고 완공된 올림픽선수촌아파트의 경우, 그 시절에 최초의 지하 주차장을 만들었습니다. 이후 아파트들은 어떻게 되었나요? 오너 드라이버가 증가하면서 지상에도, 지하에도 주차장을 두었지만 매일 저녁 주차 전쟁이 벌어집니다. 그사이 차를 두 대 이상 보유한 가구가 늘어났기 때문입니다.

아파트 외관의 디자인도 지금 당장 멋지고 세련된 것보다, 형태, 색상, 재료 등이 조화를 이루어 오래 보아도 질리지 않으면서 주변 환경과도 잘 어우러져야 합니다. 하드웨어뿐 아니라 소프트웨어 역시 미래를 예측해 길게 봐야 합니다.

착공 이전 수원시 권선동 부지는 자연환경이 풍부한 곳이었습니다. 농경지, 산림이 펼쳐지는 전원에 가까웠고 장다리천, 우시장천 같은 실개천이 있었습니다. 그래서 사회 환경의 변화와 고객 니즈를 반영한 결과, 미래 도시의 테마는 '친환경'으로 결정했습니다. 2000년대 중반 이후 웰빙은 지속적으로 통하는 테마였고 과학 문명과 기술이 발달할수록 인류는 자연 친화적인 것을 추구하고 자연과의 공존을 선망할 것이 눈앞에 그려졌기 때문입니다.

이렇게 열과 성을 다한 수원아이파크시티의 건축은 네덜란드의 설계 사무소 유엔 스튜디오UN Studio의 벤 판베르컬Ben van Berkel과 손을 잡았습니다. 친환경 테마를 돋보이게 해줄 네덜란드의 대표적인 조경 설계가 로데베이크 발리온

Lodewijk Baljon도 함께였습니다. 벤 판베르컬은 미국의 구겐하임 미술관, 독일의 메르세데스벤츠 박물관, 네덜란드의 뫼비우스 하우스, 아랍에미리트의 아르마니 호텔 두바이 등을 설계한 세계 건축계의 거장입니다. 우리나라의 충남미술관, YG엔터테인먼트 신사옥도 판베르컬의 손을 거쳤지요.

> "건축가는 빌딩에 옷을 입히고 미래에 옷을 입히는 사람입니다. 아파트에도 더 많은 아이덴티티가 필요합니다. … 수원아이파크시티는 집으로 돌아간다는 느낌, 마치 휴가를 즐기는 별장과도 같은 편안한 느낌의 집으로 설계했습니다." _ 벤 판베르컬

좋은 설계와 디자인이 언제나 100퍼센트 성공을 보장해주는 것은 아닙니다. 막대한 자금이 투입된 초대형 프로젝트라도 작은 틈 하나가 일을 망칠 수 있습니다.

2008년은 미국 투자 은행 리먼 브러더스가 파산하면서 이른바 '리먼 사태'로 전 세계가 금융 위기를 겪은 해입니다. 2009년 상반기를 넘어가면서 다소 안정되었지만 자칫 느슨하게 대응했다간 미분양 사태가 벌어질 수도 있었습니다. 삼성동 아이파크, 해운대아이파크에 이어 2009년 8월,

파크하얏트 서울에서 열린 기자 간담회에서 저는 떨리는 손으로 마이크를 잡았습니다. 평소에는 말하기보다 듣기를 즐기는 사람이지만 결정적 순간에는 뱃속 깊숙한 곳에서부터 배짱과 용기가 올라오니 신기합니다.

그리고 한 달 뒤 1차 분양 신청이 시작되었습니다. 떨리는 마음으로 뚜껑을 열어보았는데, 천만다행으로 청약 경쟁률은 7.55 대 1, 초기 95퍼센트 계약 달성으로 거의 완판에 도달했습니다. 리먼 사태 이후 당시 수도권에도 미분양이 꽤 많은 상황이었던 걸 감안하면 엄청난 성공인 셈이었지요. 감사하게도 언론 매체에서는 강남구 삼성동, 부산 해운대에 이어 수원에서까지 연이어 분양에 성공하자 "회장님이 마이크 잡으면 분양 대박으로 이어진다"는 기사도 나왔습니다.

호재는 또 있었습니다. 2012년 《매일경제》에서 주최한 '제16회 매경 살기 좋은 아파트 선발대회'에서 수원아이파크시티 1, 2단지가 예술작품 같다는 심사위원의 평가를 받으며 대통령상을 수상하는 영광을 얻은 것입니다. 얼마나 막대한 개발비가 투입되었는지, 건축 설계와 디자인은 누가 했는지, 어떤 최신 공법과 기술력이 적용되었는지 등은 아무리 말해도 시간이 지나면 쉽게 잊힙니다. 하지만 공간

자연환경과 함께 살아 숨 쉬는 친환경 아파트 수원아이파크시티

이 주는 압도적인 경험은 절대 사라지지 않습니다.

잠자던 용이 몰에서 깨어나다

마지막으로 소개하고 싶은 프로젝트는 용산아이파크몰입니다. 이전까지만 해도 '용산' 하면 용산전자상가가 떠올랐습니다. 연배가 좀 있다면 유구한 역사의 용산역이나 주한 미군 기지를 떠올릴 수도 있고요. 하지만 제 마음 같아서는 이제 용산 하면 HDC아이파크몰이 제일 먼저 떠올랐으면 합니다.

현대산업개발은 건국 이래 최대 국책 사업이라 불리던

경부고속철도 추진이 한창이던 때에 용산 개발에 발을 내딛었습니다. 용산역 역세권 개발 사업의 1단계로 코레일(당시 철도청)에서 작고 오래된 용산역을 용산 민간 투자 복합 역사로 리뉴얼할 사업을 기획했습니다. 1998년 11월, 사업 주관자 공모에서 현대산업개발 컨소시엄[현대산업개발, 코레일, 금강개발산업(현 현대백화점), 대우]이 최종 선정되었습니다. 그리고 이듬해 용산역사㈜(현 아이파크몰)를 설립했습니다. 2001년, 용산 민자 역사의 집단 상가에 대해 선분양을 진행했을 때 약 95퍼센트가 분양될 정도로 높은 인기를 누렸습니다. 상인들과 임대차 계약도 마무리 지으면서 용산의 미래에 대한 우리의 기대도 한껏 부풀어 올랐습니다.

하지만 상황은 녹록치 않았습니다. 2004년에 대형 복합 쇼핑몰 그리고 집단 상가로 오픈했지만, 그 사이 온라인 쇼핑몰이 인기를 끌면서 소비자들의 구매 패턴에 엄청난 변화가 일어났습니다. 이미 집단 상가에 대한 관심은 현저히 저하된 분위기였습니다. 경기 침체까지 더해지자 집단 상가의 공실률이 40퍼센트에 육박하게 되었습니다. 매장은 비어 있고 용산역 일대 상권은 언제 살아날지 알 수 없으니 수분양자들은 계속 임대료와 관리비만 부담하면서 속이 타들어가고 있었지요. 2005년에는 1년 사이에 현대역사㈜의 적자도 200억 원에 이르렀습니다.

오랜 고민 끝에 회사의 태생적 구조에 혁신이 필요하다는 결론에 도달했습니다. 2006년, 현대역사㈜는 상가 수분양자들에게 공실이 많이 발생한 구역 전체를 회사가 맡아 집단 상가 방식이 아닌 백화점이나 복합쇼핑몰 형태로 직접 운영하겠다는 새로운 계약을 제안했습니다.

여기에는 이유가 있었습니다. 그간 입점 매장들을 보니, 이웃한 매장끼리 똑같은 제품을 판매하는 등 저로서는 다소 이해가 안 되는 경우들이 있었습니다. 고객 입장에서 가장 편안한 쇼핑이 어떤 것일까 궁리하다 보니 백화점 콘셉트가 좋겠다는 판단이 섰습니다.

따라서 공실로 인해 상가 수분양자가 부담해야 할 임대료나 관리비 채권을 포함하여 해당 구역의 자체 개발에 들어가는 비용이나 이후 운영비는 회사가 부담하기로 했습니다. 매장에서 운영 수익이 발생하면 상가 수분양자에게 유리한 비율로 나눈다는 내용도 포함시켰습니다. 이것이 회사와 수분양자 모두 상생할 수 있는 길이었습니다.

그러고 나서 먼저 현대역사에서 현대아이파크몰(현 HDC 아이파크몰)로 회사 이름부터 바꾸었습니다. 백화점 및 복합쇼핑몰로 전환하면서 수익성에 대한 확신을 가지고 총 400억 원을 투자해 패션, 리빙, F&B 중심으로 바꾸었습니다. 2008년에는 회사의 안정적인 운영을 위해 자본금을 1819억 원까지 증자했고, 그사이 현대아이파크몰의 매출도 30퍼센트씩 성장하며 점차 회생의 기미를 보이기 시작했습니다.

용산 민자 역사 개발은 다른 면에서도 현대산업개발에 변곡점이 되는 사건이었습니다. 아이파크몰의 회생을 계기로 용산의 발전 가능성을 보고 2011년에 현대산업개발 본사를 용산으로 이전했습니다. 이곳에서 새 시대를 열겠다는 과감한 결단으로, 이듬해에는 회사의 CI, BI를 'HYUNDAI Development Company'의 이니셜을 따 지금의 HDC 현대산업개발로 리뉴얼했습니다. 아이파크의 I'Park 또한 새로운 폰트의 IPARK로 바꾸었고요.

HDC현대산업개발이 상생을 위해 혁신적인 변화를 거치는 동안 다행히 용산역과 아이파크몰도 점차 안성화되었습니다. 10년 이상 사용 약정 및 권한 위임을 계약한 수분양자들은 공실로 인한 채무 부담 없이 임대 분양 기간 종료를 맞이했고, 1200억 원에 달하는 보증금(투자금)도 반환받았습니다. 지금 아이파크몰은 백화점 및 복합쇼핑몰로 완전히 모습을 바꿔서 2000년대 초반 용산역사 주변의 열악한 환경은 이제 간데없이 도심 중앙에서 활력을 더해주고 있습니다.

책임의 규모, 행복의 규모

아파트 개발을 전문으로 하던 현대산업개발의 규모는 어느새 대단위 아파트 단지에서 복합 도시로 진화하고 있습니다. 디벨로퍼 DNA를 타고난 현대산업개발의 역량 덕분이기도 하지만, 사실 사업적 측면에서 어떤 것이 유익한지 계속해서 고민한 결과이기도 합니다. 아파트 한 동을 시공하는 것보다 부지 매입부터 시공, 분양, 운영에 이르는 전 과정을 맡는 것이 여러모로 합리적이고 유리하기 때문입니다. 아파트 한 동 개발은 간접 비용을 부담하지 못하고 개발 이익도 적습니다. 즉 '규모의 경제*'로 따졌을 때 버는 돈이 적습니다. 생산량이 많아질수록 기업의 이익은 자연스럽게 증가하는 것이지요.

그러나 작은 이익에 기대어 계속 물량만 늘릴 수는 없습니다. 건축물의 수명을 따지면 어차피 물량은 줄어들게 되고 후발 주자 업체까지 뛰어들면 경쟁은 치열해지게 마련이니까요. 매출 증대를 위해, 고부가 가치 창출을 위해 그리

---

* 생산 규모가 커질수록 장기 평균 비용이 줄어드는 현상

고 기업의 지속가능성을 위해 사업 영역을 넓혀가야 했습니다. 좋은 부지를 선점해 매입하고, 혁신적인 설계와 디자인으로 기획한 후, 최신 기술과 공법으로 안전성을 높여 시공하며, 가장 효과적인 마케팅과 홍보로 분양하고, 나아가 고객을 위해 지속적으로 상품 관리와 운영을 하는 것. 이전 과정을 책임지는 데 현대산업개발은 역량을 집중했습니다. 무엇보다 가치 창출을 지향하는 저의 경영 원칙에도 잘 들어맞았습니다.

책임의 규모도 점점 커졌습니다. 아파트 몇 동이 아니라 단지, 단지 몇 개가 아니라 작은 신도시에 버금가는 대규모 도시 개발도 시행하게 되었지요. 대규모 단지 개발은 기업의 책임이 큰 만큼 이익의 규모가 다릅니다. 또한 주민들을 위한 공동 시설 유치가 가능하며 규모의 경제 측면에서 관리비도 절감됩니다. 대형 건설사들이 대규모 단지 개발로 진화하는 이유이기도 하지요.

또 가장 고민이 되는 것은 아파트 단지가 들어서는 지역 사회 전체의 행복의 규모를 높이는 일입니다. 대규모 단지 개발이 늘어나다 보니 자연스레 대규모 아파트 단지가 지역 사회에서 어떤 역할을 하는지도 눈여겨보게 됩니다. 특히 부정적인 사회 현상들에는 많은 생각을 하게 됩니다. 대규모 아파트 단지는 입주민과 단지 밖의 주민 사이의 교류를 점점 어렵게 합니다. 아파트 시세로 위화감을 조성할 수도 있고요. 출입구를 제한하거나 놀이터 사용을 막아 문제가 되기도 했습니다

어쩔 수 없이 불거지는 사회 갈등, 즉 입주민과 비입주민의 갈등을 해소하기 위해서는 공공선을 추구하고, 상생을 돕는 합리적인 중재자가 필요합니다. 지금은 기업이 개발 분담금이나 공공 기여금으로 일부 해결하고 있으나 한계가 있으므로, 정부 지원이 더해지면 좋을 것 같습니다. 여러 시도가 쌓이고 사회적 합의에 이르면 입주민과 지역 주민과의 상생도 자연스럽게 자리를 잡을 거라고 기대합니다.

주택 개발업자로서 몇백 가구에서 몇천 가구로 규모를 키워왔고 그 규모만큼 책임도 무거워졌습니다. 이상적인 라이프 플랫폼과 커뮤니티를 정의하고 실현하는 것, 이제는 이런 것들을 구체화하기 위해 노력하고 사회적 합의로 이끌어내야 할 때라고 생각합니다.

붕괴와 재건: 신뢰를 되찾기 위한 싸움

경고등

문제가 발생하면 보통 겉으로 드러난 1차적인 원인을 찾지만, 문제가 반복되면 시스템을 점검해봐야 합니다. 광주에서 일어난 두 차례의 붕괴 사고에서도 예외는 아니었습니다. 민간 기업으로 하나의 도시를 개발할 수 있는 역량을 지닌 우리였지만, 예고 없이 찾아온 사고는 그때까지 이뤄낸 성취에 대한 벼락같은 경고였습니다.

2021년 6월, 우리 회사는 광주 학동 재개발 사업을 추진 중이었습니다. 2018년 광주광역시 학동4구역 주택재개발정비사업조합으로부터 총 19개 동 2,230여 세대를 4700억여 원에 수주한 사업이었지요. 대규모 공사를 적정 기한 내에 안전하게 완료하기 위해서는 계약을 수주한 시공사가 몇몇 업체와 협업을 하는 것이 일반적이었습니다. HDC현대산업개발에서는 해당 지역 600여개 동의 건물 철거와 정비를 위해 한 업체에 하도급을 주었습니다. 철거 작업은 2020년 9월부터 진행되었고, 광주 동구 남문로의 학산빌딩을 마지막으로 모든 철거가 완료될 예정이었습니다.

그러나 마지막 철거를 앞둔 학산빌딩이 2021년 6월 9일 오후 4시 22분경, 갑자기 무너져 내렸습니다. 설상가상으로 건물 앞 버스 정류장에 정차해 있던 운림54번 버스가 매몰되는 참사가 이어졌습니다. 버스에는 연료가 들어 있기 때문에 CNG 가스 폭발이나 화재 등 2차 사고까지 우려되었지요. 다른 승용차나 버스 들이 아슬아슬하게 비켜간 것이 그나마 다행이었습니다. 구조대와 화재 진압 소방차 등이 함께 출동해 신속하게 사고 수습에 나섰지만, 버스 앞쪽 좌석에서 중경상을 입은 여덟 명만 생존했을 뿐, 이 사고로 모두 아홉 명이 사망했습니다. 60대 중장년층과 18세 고등학생이 포함되어 있었습니다. 철거 현장에서 일어난 가슴 아픈 비극이었습니다.

충격이 가시기도 전에 이듬해 초, 광주 화정아이파크 시공 현장에서 또 다른 붕괴 사고가 일어났습니다. 201동의 38층에서 콘크리트 타설 작업 중이었는데, 여기부터 23층까지 콘크리트 구조물이 무너져내린 사고였습니다. 고층에서 떨어진 콘크리트 잔해들로 인근 차량이 매몰되고, 주변 일대에 정전이 발생했습니다. 가까운 곳에 신세계백화점 광주신세계점과 광주종합버스터미널이 있었기 때문에 피해 규모를 가늠하기 어려웠습니다. 무엇보다 해당 층에서 일하고 있던 공사 인력들이 매몰되어 한 달 동안 생사를 알 수 없는 참혹한 시간을 보내야 했습니다. 이 붕괴 사고로 모두 여섯 명의 소중한 목숨이 유명을 달리했습니다.

광주에서 연거푸 일어난 사고로 HDC현대산업개발과 아이파크에 대한 국민들의 신뢰는 급전직하 추락했습니다. 기업의 책임 경영자였던 정몽규의 이름은 국민적 공분의 대상이 되었습니다. 2022년 1월 17일, 기업의 총책임자였던 저는 죄송하고 참담한 마음을 담아 대국민 사과를 하고 HDC현대산업개발 회장직에서 물러났습니다. 사고가 일어난 지 7일만이었습니다. 유병규, 하원기 대표이사는 사고 수습을 하고 5월에 전체 동 철거를 결정한 후 동시에 사임하였습니다. 사고 원인을 철저히 밝히는 것은 물론 현장 수습, 피해자 지원 및 보상, 안전 관리 체계 점검 및 강화 등 당연한 조치들도 약속했습니다. 하나 더, 붕괴 사고와 관련해 안전 점검에 문제가 있다면 아파트의 완전 철거와 재시공까지 고려하겠다고 약속했습니다.

붕괴 사고가 일어난 화정아이파크 201동을 포함해 단지 내 8개 동을 완전 철거하는 데 드는 비용은 1천억 원 규모였습니다. 여기에 이미 투입된 공사비에 재시공 비용, 공사 지연으로 인한 조합원들 보상 등까지 합치면 4천억 원 가량의 비용이 예상되었습니다. 무엇보다 철거와 시공 기간이 다시 카운트되면서 입주 시기가 향후 5~6년가량 지체될 수 있었습니다. 입주민들과의 의견을 조율하고 협상하는 과정도 순탄치 않을 것이 불 보듯 뻔했고요. 누군가는 하루빨리 입주해야 할 수도 있고, 또 다른 누군가는 시간이 얼마나 걸리든 재시공을 바랄 수 있었습니다.

이런 여러 상황을 검토하고, 조율하고, 협의한 다음 결정하는 것이 제가 해야 할 역할이었습니다. 막대한 손실을 감수하고서라도 아이파크 브랜드에 대한 신뢰를 회복하는 것이 HDC의 명맥을 잇는 유일한 방법이라고 판단했습니다. 결정은 오로지 저의 몫이었습니다. 이후 제가 내린 결정은 건설업계에서 전례를 찾아볼 수 없는 파격적인 조치였고 기업의 존망을 담보로 하는 일이었습니다.

"현대산업개발은 입주 예정자의 요구이신 화정동의 8개 동 모두를 철거하고 새로 아이파크를 짓겠습니다. 저희 현대산업개발은 고객 안전과 국민의 신뢰를 얻시 못한다면 회사의 존립 가치가 아무런 의미가 없다고 생각합니다."

2022년 5월 4일, 긴급하게 마련한 기자 간담회에서 저는 이렇게 말했습니다. 신뢰 회복을 최우선 가치로 두고, 화정 아이파크 8개 동의 전면 철거와 재시공을 공식 발표한 것입니다. 또한 국민들의 불안감을 근본적으로 해소하고 시장의 신뢰를 회복하기 위해 완전히 새로운 회사로 거듭나겠다고 약속했습니다. 광주 학동 철거 건물 붕괴 사고로 8개월간의 영업 정지 처분을 받은 후였고, 국토교통부에서는 서울시에 화정아이파크 붕괴 사고 건에 대해 '등록 말소'를 요청한 상태이기도 했습니다.

이것이 면죄부가 되리라고는 생각하지 않았습니다. 현재의 위기에서 잠깐 비켜서려는 것도 아니었습니다. 그저 감내하기로 결심했을 뿐입니다. 고통 속에서 무너지기도 하지만, 콘크리트가 응고의 시간을 견뎌내듯 때로는 그 고통으로 더 단단해지기도 합니다.

결국은 시스템

광주 학동 철거 건물 붕괴 사고와 화정아이파크 붕괴 사고를 수습하면서 영업 정지나 등록 말소 등의 행정 처분 소송에도 대응해야 했습니다. 그러다 보니 전문가들과 함께 사고의 원인 규명과 함께 사고가 일어날 수밖에 없었던 구조적 문제에 대해 더욱 철저히 밝혀야 했습니다. 원인을 정확하게 파악하는 것이 사고의 재발을 막는 가장 빠르고 확실한 방법임을 모두 알고 있었습니다. 그 과정에서 광주 학동 건물의 철거를 맡은 하도급 업체가 다른 업체에 재하청을 주었으며 그중 일부에서는 비리 정황이 드러났습니다.

HDC현대산업개발 권순호 대표이사 명의로 철거와 정비를 계약한 회사는 H기업이었습니다. H기업 외에 재하도급을 준 일은 결코 없었습니다. 하지만 조사 결과 H기업에서 불법적으로 B업체를 비롯해 총 10여 개의 소규모 업체에 다단계 재하청을 한 것이 밝혀졌습니다. 결국 생태계 맨 밑바닥에 있는 업체는 최소 비용을 받고, 비용 절감을 위해 철거 방식을 편법으로 진행할 수밖에 없었을 것입니다. 이 모든 책임은 결국 HDC현대산업개발의 몫이 되었습니다.

피라미드식 하도급 문제는 단순히 비용으로만 국한되지 않습니다. 연속적인 하도급에서 일어나는 비용 감소는 일정 단축이나 투입 인력 축소, 자재의 질 저하로 이어집니다. 심지어 자재를 빼돌리는 비리도 빈번히 일어나지요. 콘크리트 배합이 달라질 수 있고, 철근 열 개를 넣어야 할 곳에 여덟 개를 넣을 수 있습니다. 이미 콘크리트가 굳어지면 콘크리트 배합이 어떤지, 철근을 열 개 넣었는지 여덟 개 넣었는지 소비자들은 알 수 없습니다. 비나 눈이 오는 날에 콘크리트 타설 작업을 하지 않는 이유는, 콘크리트 반죽의 물기가 증가하면 콘크리트가 응고하는 시간도 길어지고 견고함에 문제가 생기기 때문입니다. 공사 중 돌발적인 현장 상황에 즉각적인 설계 변경도 있을 것입니다.

무엇보다 철저한 공정의 관리 감독과 감리가 최우선되어야 하겠지요. 법적으로 건설 현장에는 감리와 감독이 존재합니다. 그러나 현실에서는 감리인의 권한이 제한적이고, 원청 업체와의 이해관계에 종속되기 쉽습니다. 감리자가 실질적인 현장 제어권을 갖지 못하면 부실 공사나 설계 변경을 적절한 시점에 제지할 수 없습니다.

광주 화정아이파크 붕괴 사고는 더 이상 관행처럼 이루어지는 부조리한 하도급, 현장에서의 즉흥적 대응을 용납해서는 안 된다는 경고이자, 건설 사업 전반의 시스템 개혁이 시급하다는 신호로 다가왔습니다.

사상 초유의 리콜

이 위기를 타개하기 위한 답은 처음부터 정해져 있었을지 모릅니다. 진정성 있는 사고 수습과 대책 마련, 그리고 국민적 신뢰를 회복하는 것. 하지만 안타깝게도 그럴듯한 말들은 추상 혹은 피상에 머물고 맙니다. 진정성의 구상화는 위계의 정점에 있는 오너나 책임 경영자의 몫입니다.

가만히 앉아 보고받고 지시만 내릴 수는 없었기에 즉시 사고 현장으로 달려갔습니다. 피해자 가족들이 모여 있는 천막 앞은 매우 혼잡하고 위태로웠습니다. 국내외 언론 기관들이 모두 집결하여 경쟁적으로 집중 보도를 하고 있었습니다. 추가 붕괴 위험 등 안전 문제로 실종자 구조에 시간이 길어질 것으로 예상되어 다들 흥분과 불안에 휩싸여 있었습니다.

"회장님, 아무래도 직접 만나시는 건……." 현장 직원들은 저를 만류했습니다. 하지만 수십 년 전 현대자동차 울산 공장 노조 파업 협상처럼 제가 직접 피해자 가족을 만나야 했습니다. 저는 가족 대기 천막에 들어가 최선을 다해 실종자를 찾아내고 최대한 피해 보상 조치를 취하겠다고 약속했습니다. 제 말이 피해자 가족들에게 진심 어린 위로와 사죄로 가닿기를, 현장 직원들에게는 최선을 다해 수습하고 위기를 극복해보자는 격려와 결속이 되어주기를 바라면서요.

그렇게 마지막 실종자의 유해를 찾아내기까지 한 달 동

안은 광주를 떠나지 않았습니다. 다들 분주히 사고 현장을 정리하고 실종자 구조 작업을 했지만 타들어가는 속을 꺼뜨릴 만큼 눈에 띄는 진척은 없었습니다. 최고층인 38층에서 23층까지 허물어져 사고 지점이 고층이었던 데다 사고 잔해와 추가 붕괴 위험이 있어 소방대원들도 쉽게 접근하기 어려웠습니다. 어떻게든 피해자 가족들의 걱정을 덜고 회사 또한 추가적인 피해를 막아야 했습니다.

정말 바쁘고 힘들 때는 고양이 손이라도 빌린다고 하지요. 현장에 상주하는 동안 저도 사고 지점에 올라가 현장 주변 철근, 콘크리트 잔해들을 나르고 버리는 작업에 동참했습니다. 제 마음을 알아주듯 회사 임직원들, 현장 수습 근로자들도 더욱 분발해주어 위험하고 힘든 작업을 잘 마칠 수 있었습니다.

가장 큰 결단은 건설업계에서 유례없는 전체 8개 동 전면 철거와 재시공을 약속한 것이었습니다. 제품에 치명적인 결함이 있거나 유해 물질이 발견되면 기업에서는 소비자 안전과 브랜드 신뢰도 하락을 막기 위해 리콜recall을 하게 됩니다. 자동차, 가전·전자제품, 생활·화학용품, 음식료품, 아동·유아용품 등 거의 전 제품을 망라해 이뤄지지만 제품 가격이 클수록 기업 입장에서는 손해일 수밖에 없습니다. 하지만 저는 망설이지 않았습니다. 브랜드에 대한 고객의 신뢰를 유지하는 것이 장기적으로 이득이기 때문에 당장의 손실은 감수하는 것이 당연합니다.

1994년, 삼성전자에서 초기 애니콜 불량품 15만 대를 임직원 2천여 명이 지켜보는 가운데 소각하는 '화형식'을 진행한 적이 있습니다. 이 사례는 품질을 개선하겠다는 임직원들의 다짐이자 고객과의 약속으로 작용해 이후 애니콜이 국내 시장 점유율 1위로 도약하는 계기가 되었습니다. 신뢰 회복을 위한 전면 철거와 재시공 약속은 그에 비견될 정도였습니다.

기나긴 침묵

두 차례의 붕괴 사고로 HDC현대산업개발은 영업 정지든 등록 말소든 행정 처분과 맞닥뜨릴 위기에 처했습니다. 어느 쪽이든 모두 HDC그룹 전체가 휘청거릴 수 있는 최악의 경우들이었습니다. 학동 철거 사고로 국토교통부의 처분에 따라 영업 정지를 받는다면, 화정 붕괴 사고는 가중 처분, 즉 등록 말소까지 받을지도 모를 일이었습니다.

1976년 한국도시개발이 설립되고 다시 한라건설과 합병해 현대산업개발로 이어온 지 50여 년이 지났습니다. 창사 이래 최악의 위기인 것만은 분명했습니다. 기업의 존폐 기로에서 법적으로 방어할 수 있는 모든 수단을 강구하되, 도의적 책임은 확실히 지고 가겠다는 원칙을 세웠습니다.

그러나 위기의 실체는 행정 처분보다 더 빠른 속도로 달려왔습니다. HDC현대산업개발이 추진하던 수많은 사업들이 계약 해지되거나 참여 배제를 당한 것입니다. 특히 대전에서 시행 중이던 도안아이파크시티 2차 신축 공사는 계약 금액만 1조 1천억 원 가까이 되는 규모였는데, 이마저도 계약이 해지되었습니다. 화정아이파크 8개 동의 완전 철거와 재시공에 들어가는 것보다 몇 배나 많은 비용이었습니다. 사고 이튿날부터 중단된 광주 지역 내 여섯 개 현장의 총공사비도 약 1조 3500억 원에 달하는 규모였습니다. 당장의 기업 손실도 막대하지만 HDC가 존속하고 미래 경쟁력을 잃지 않으려면 '신뢰'라는 불씨만큼은 꼭 남겨두어야 했습니다.

회장직을 내려놓고 전무후무한 화정아이파크 전면 철거와 재시공을 약속하며 기나긴 침묵의 시간으로 칩거했습니다. 만약 이 시간을 버텨내지 못하면 HDC그룹은 해체되거나 도산할지도 모를 노릇이었습니다. 칩거하는 동안에도 사회의 비난은 거셌습니다. 정관계와 국민들의 공분은 잦아들지 않았고 '책임 회피성 사퇴'라는 비난도 보태졌습니다. 그때 저에게 비장의 카드, 마지막 카드 따위는 없었습니다.

세상은 실패한 리더에게 말을 걸지 않습니다. 침묵의 시간이 얼마나 길어질지 알 수 없는 노릇이었습니다. 그때 저에게는 독서가 유일한 위로였습니다. 매일 밤 고민만 하며 침묵과 불면의 시간을 보냈다면 미쳐버렸을지도 모를 일입니다. 우울증이나 대인기피증을 앓았을지도 모르고요. 책을 읽고, 운동을 하고, 글을 쓰면서 괴로운 시간을 버텨냈습니다. 그리고 HDC현대산업개발의 재건을 위해 붕괴의 본질을 이해하며 해체의 시간을 보내려 했습니다. 존 버거John Peter Berger의 표현처럼 무언가 완전히 무너졌을 때 마침내 무엇이 본질이었는지를 보게 됩니다. 완전히 해체한 후에야 비로소 다시 세울 수 있다는 희망이 싹텄습니다.

세상이 아무리 빨리 변해도 태풍의 눈 속에 있으면 고요하고 안전합니다. 그 고요한 태풍의 눈을 계속 쫓아가려면 태풍의 속도에 맞춰 움직여야 하지요. 급류에서 카약을 탈

때도 노를 가만히 놓고 있으면 이내 급류에 휩쓸릴 겁니다.
하지만 계속 노를 저어간다면 곧 균형을 잡을 수 있습니다.
언젠가 읽었던 토머스 프리드먼Thomas Friedman의 《늦어서
고마워》라는 책 내용입니다. 이 순간이 태풍의 눈 속에서
움직여야 하고, 급류에서 노를 저어야 할 때였습니다.

두 차례의 붕괴 사고와 그 여파로 침체되어 있는 시기,
HDC현대산업개발은 태풍과 급류에서 벗어나기 위해 부
지런히 움직였습니다. 설계부터 감리에 이르기까지 공사
전반의 모든 시스템을 점검하고 개선책을 마련했습니다.
그리고 이를 현장에 발 빠르게 반영해 변화된 시스템을 이
식하고 응고시켰습니다.

나를 믿고 대출해주시오

HDC현대산업개발의 회장직을 내려놓았지만 해야 할 일
은 멈추지 않았습니다. 기업 오너의 책임은 직함이나 직책
에 머물러 있지 않습니다. 아무리 무거운 책임도 '오너가
해야 한다'고 여겨지면 그것은 해야만 하는 일이었습니다.

사고 직후 일시에 몰려든 대출금 상환액 처리도 오너의
책임 중 하나였습니다. 책임 피라미드의 최상위 정점은 언
제나 오너의 것이지요. 건설 사업은 부지 매입부터 규모가

큰 사업비가 투입되기 때문에 초기에 단기 PFproject financing로 자금을 조달합니다. 분양과 준공을 거쳐 소비자가 입주를 시작하면 사업이 실질적으로 마무리되면서 그간 회수된 사업비로 대출금을 일시에 상환하는 구조지요. 재무적으로 견실한 HDC현대산업개발 역시 같은 방식으로 프로젝트를 진행해왔습니다.

그러나 아파트 외벽에서 시작된 붕괴의 조짐은 재무 구조에까지 균열을 가져왔습니다. 충격적인 사고로 인한 신뢰 하락은 신용 평가에도 영향을 미칠 것이 뻔했고, 금융 기관들이 대출 연장이나 추가 대출을 기피할 것으로 예상되었습니다. 프로젝트를 완료하고 돈을 갚아야 할 시점에 '미안하지만, 지금 급한 사정이 생겨서 대출을 연기해주시오' 한다면 어느 금융 기관이 뒷짐 지고 기다릴까요.

재무 상태가 아무리 양호해도 금융권에서 대출 연장을 해주지 않으면 현금 흐름은 막힐 것이고 부도로 이어질 수밖에 없었습니다. 재무 업무를 맡은 실무진들이 머리를 싸매고 고심해도 그 큰돈이 하늘에서 뚝 떨어질 리 만무했습니다. 직원들에게 그토록 '캐시 플로'를 강조했는데 캐시 플로 때문에 무너지게 되다니요.

당장 발 벗고 나서서 대형 금융 지주사 회장들을 만나기 시작했습니다. "HDC그룹이 보유한 부동산을 담보로 잡든, 처분하든 해서 끝까지 책임질 테니 나를 믿고 대출해주시오" 하며 그들을 설득했습니다. 다행히 제가 금융 지주사 회장들에게 밉보이지는 않았던 모양입니다. 기업인으로서 사고 수습에 최선을 다하고 사회적 책임을 다하려는 저의 결연한 의지를 헤아려주었습니다. 자금난으로 인한 부도 위기는 이렇게 한숨 돌릴 수 있었습니다.

천재지변의 사고가 아닌 이상 모든 사고에는 원인이 있게 마련입니다. 우리는 '하인리히 법칙Heinrich's Law'을 잘 알고 있습니다. '한 건의 중대 사고가 발생하기 전에 스물아홉 건의 경미한 사고와 300건의 아찔했던 순간이 존재한다'는 것이지요. 1년도 채 되지 않은 사이 우리는 두 번의 인명 사고를 겪었습니다. 사고 수습과는 별개로 다시는 이런 사고가 일어나지 않도록 근본적인 대책 마련이 필요했습니다. 제가 회장직에서 물러나면서 발생할 수 있는 경영 전반에 대한 외부적인 논란도 최소화하고 하루 속히 경영 정상화를 이루어야 했습니다.

이방주 비상대책위원장

우리는 비상대책위원회를 꾸리고 이방주 전 현대산업개발 부회장을 위원장으로 선임했습니다. 이방주 위원장은 현대에서 40년을 함께해온 원로이자 뼛속까지 현대인인 사람이었습니다. 아버지와 제가 현대자동차에서 현대산업개발로 옮길 때도 함께 따라나섰고, 제가 회장에 취임했을 때도 공동 대표이사를 맡아 지금의 HDC그룹으로 일구어오기도 했습니다. 회사 내부 사정을 누구보다 잘 알기 때문에 초유의 위기 상황을 딛고 재건을 이끌어낼 수 있는 인물이었습니다.

보통 조직이 위기에 직면하면 회생 전략으로 외부 인사를 초빙하는 경우가 많습니다. 여기에는 제3자의 눈으로 사태를 객관화해 문제를 파악할 것이라는 기대감도 있지만, 외부 정치·사회계 인사들을 중용해 정치·사회적인 비판 여론 등을 무마하려는 의도도 있다고 봅니다. 실제로 당시 저에게 이렇게 해서 위기를 모면하라고 조언해주는 지인들도 있었습니다.

그러나 저의 방식은 늘 불확실성과 위험성을 최소화하는 것입니다. 조 단위 비용이 투입되는 도시 개발 사업에서 디벨로퍼로서 성취를 이루어낼 수 있었던 것은 시공 중심이 아닌 가치 중심의 사업 철학 덕분이기도 했지만, 처음부터 불확실성이나 위험성에서 오는 리스크는 최대한 차단했기 때문입니다.

또한 회사에서 강력하게 추진하는 사업들은 가장 먼저 투자 심사를 까다롭게 진행했습니다. 여느 건설 회사들은 영업 부문에서 사업을 수주하면 그대로 실행하는 게 관례지만, 우리 회사에서는 제가 직접 참여하는 투자 심사 위원회에서 철저히 투자 수익성 검토를 마치고 나서야 사업 참여 의사를 결정합니다. '하이 리스크, 하이 리턴High Risk, High Return'이라는 사업조차 HDC에서는 엄격한 추가 투자 심사를 거쳐야 할 정도지요.

이런 의미에서 회사 사정을 누구보다 잘 알고 있는 이방주 위원장은 회사 안정에 가장 확실성을 보장하는 키 맨key man이었습니다. 이방주 위원장을 통해 회사 임직원들을 심리적으로 안정시키고 회사 전체가 사고 수습에 집중할 수 있었습니다. 또한 사고 수습 과정에서 추가적인 논란 없이 사후 대책 마련을 위해 내부 역량을 결집할 수 있었습니다.

새로운 이름, 센테니얼

2024년 12월, 화정아이파크 8개 동 해체와 철거 작업이 완료되었습니다. 도심지에서 초고층 건물을 해체하는 것도 전례 없는 공사였습니다. 피해 입주 예정자들을 안심시키고 인근 주민들의 불편함을 최소화하기 위해 하도급 업체 없이 모든 과정을 HDC현대산업개발이 진행했습니다. 해체와 철거 작업에만 17개월이 소요되었지만, 어느 현장보다 먼지 없이, 소음 없이 작업이 이루어졌습니다.

재시공을 위해 두 번째 착공에 들어갈 무렵 화정아이파크의 이름을 센테니얼Centennial 아이파크로 리뉴얼했습니다. 무수한 미디어 노출로 입주 예정자들은 화정아이파크에 부정적 이미지가 덧씌워질까 걱정하곤 했습니다. 또 이름이 불릴 때마다 피해자와 그 가족들은 악몽 같은 날들을 떠올리며 사고 트라우마를 겪을지 모를 일이었습니다. 센테니얼은 100년, 100번째 기념일을 의미합니다. 그 이름처럼 100년의 프리미엄과 가치를 담은 아파트로 탄생시키겠다는 의지를 담았습니다.

학동 철거 건물 붕괴 사고에 이은 두 번째 인명 사고로 무거운 행정 처분이 예고된 가운데 2025년 2월, 화정아이파크 입주 예정자들이 서울시를 방문해 탄원서를 제출했습니다. 탄원서 제출을 위해 광주에서 서울까지 찾아와준 분들에게 참 감사한 마음입니다. 탄원서에는 "HDC현대산업개발이 지난 3년 간 충분한 반성과 재발 방지를 위한 노력을 기울였으며 사실상의 불이익을 모두 받았다고 생각한다. 사고에 대해 법에 따른 처벌은 마땅하나 완전 철거 뒤 재시공이라는 약속을 지킬 수 있도록 회사 경영의 안전성이 필요하다"는 내용이 담겨 있었습니다. 여기에 덧붙여 자신들의 이러한 심정을 깊이 헤아려 과중한 행정 처분이 내려지지 않도록 선처해주기를 바란다고 호소했습니다.

그 당시 HDC에 어떤 행정 처분이 내려질지 알 수 없었지만 다행히 각고의 노력으로 피해 입은 분들의 마음을 되돌렸다는 건 우리의 마음을 뜨겁게 했습니다. HDC그룹의 위기를 극복하는 방식이 틀리지 않았다는 증명 같았습니다.

'서울원'의 의미

화정아이파크의 상층부 전체 동 철거가 완료된 2024년 12월, 인고의 시간을 버텨내 더욱 견고해진 우리는 초대형 프로젝트를 맡게 되었습니다. 바로 서울 광운대역 역세권 미래 복합 도시 개발 사업을 론칭한 것입니다. 광운대역 역세권 개발 사업은 서울 강북의 끝자락 동북 지역의 40년 숙

업 사업이었습니다. 미니 신도시급 수원아이파크시티 개발
비 규모가 총 3조 원이었는데, 광운대역 역세권 복합 개발
사업은 더 나아가 총 5조 원에 달하는 규모였습니다. 광운
대역 역세권을 중심으로 반경 1킬로미터 내에 아파트와 호
텔, 업무 시설, 상업 시설이 모두 들어가는 미래형 복합 도
시 개발 사업으로, 1990년대 이후 광운대역 일대에 주거 밀
집도가 높아지면서 환경 문제와 개발 필요성이 본격적으로
대두되었습니다. 그간 물류 기지로 쓰이면서 발생한 지역
단절, 비산 먼지, 소음 공해 등의 문제를 해소하고 부정적
이미지를 개선함으로써 지역 경제를 활성화시키겠다는 목
표였습니다.

2017년 우선 협상 대상자로 선정되고 난 후 첫 삽을 뜨는
데에만 8여 년의 시간이 흘렀습니다. 지역 주민들은 언제
공사가 시작되나 목을 빼고 기다리는데, 물류 시설 부지를
매입하는 데 2년, 물류 기지 내에 있는 거대한 저장 탑 사일
로s110를 철거하는 데 또 2년, 지구 단위 사업 계획을 거쳐
인허가를 받기까지 또다시 3년을 보냈습니다.

붕괴 사고 이후 회사가 다시 안정적인 경영 체계로 정비
되면서 역세권 복합 개발 사업도 조금씩 가시화되기 시작

했습니다. 몇몇 도시 개발 사업들의 계약 파기가 있었지만, 광운대역 역세권 복합 개발 사업의 끈은 계속 우리와 연결되어 있었습니다. 이 프로젝트의 시작은 서울 동북 지역 주민의 40년 숙원 사업을 성공시키고, HDC현대산업개발의 전환기로 삼기에도 제격이었습니다.

우선 협상 대상자로 선정되고 얼마 지나지 않아 프로젝트의 콘셉트를 기획하기 위해 정기적으로 관련 임직원들과 함께 스터디를 열었습니다. 어떤 의미의 프로젝트인지, 지역의 역사부터, 잠재 고객은 누가 될 것인지, 더불어 어떻게 지역을 활성화할 것인지, 어떤 시설을 추가적으로 구성하면 좋을지 등 개발 지역을 다면적으로 조사, 연구하며 수평적인 토론을 진행했습니다. 착공, 분양, 입주 등 각 시점에 따른 소비자 환경 변화도 예측해보았습니다. 그러는 과정에서 입주민들이 집 가까운 곳에서 지역 문화와 소통하며 삶의 모든 요소를 온전히 누릴 수 있는 미래형 융합 타운의 밑그림이 그려졌습니다.

특히 광운대역은 과거 경춘선의 출발지로서, 서울 시민에게 '근교 나들이'라는 새로운 생활 문화를 열어준 장소입니다. 경춘선이 만들어낸 주말여행, 근교 피크닉 문화는 당시 서울 생활의 패턴을 바꿔놓았다고 해도 과언이 아닙니다. 광운대역은 그 변화의 시작점이었던 만큼, '새로운 일상으로 나아가는 관문'이라는 상징성을 가지고 있습니다. 즉, 단순한 교통 거점을 넘어, 도시의 일상과 여가의 경계를 확장시키는 라이프 스타일 변화의 무대였던 것입니다. 이러한 역사적 맥락을 바탕으로 우리는 '도시 안의 새로운 라이프 스타일'을 만들어 나가겠다는 목표를 설정했습니다.

허드슨 야즈와 후타코타마가와

가장 먼저 한 일은 새롭고 미래 지향적인 모델을 찾는 일이었습니다. 그중에 미국의 허드슨 야즈Hudson Yards 프로젝트와 일본의 라이즈Rise 프로젝트가 있었습니다.

허드슨 야즈 프로젝트는 미국에서 2000년대 초부터 본격화된 허드슨 강변의 대규모 도심 개발 프로젝트입니다. 과거 철도 차량 기지이자 저밀도 도심 공간이었던 부지를 혁신적으로 개발해 뉴욕의 새로운 경제 중심지로 변모시킨 대표적인 사례지요. 허드슨 야즈 프로젝트는 1단계 일부가 완공되었고 2단계 추가 계획이 진행 중인데, 4만여 명의 직원이 근무하는 업무 공간과 연간 2천만 명 이상의 방문색 유치 등으로 뉴욕의 도시 지형을 바꿨다는 평가를 듣습니다. 46미터 높이의 벌집 모양 전망대인 '더 베슬The Vessel', 8층짜리 복합 예술 센터인 '더 셰드The Shed', 385.5미터 높이의 뉴욕 마천루로 통하는 '30 허드슨 야즈' 등의 명소도 잘 알려져 있습니다. 현대 건축과 문화, 경제의 융합을 보여주는 성공 사례입니다.

일본 도쿄 서남부에 위치한 후타코타마가와를 지금의 번화가로 재탄생시킨 라이즈 프로젝트는 '동네를 일으킨다'는 의미를 담고 있습니다. 한때 후타코타마가와는 베드타운이었어서 주민 대부분이 대도시로 출퇴근하기 때문에 아침저녁 교통 체증이 빈번하고 낮에는 상권이 침체되는 문제가 발생했습니다. 후타코타마가와는 라이즈 프로젝트를 통해 기존 역 앞 백화점과 쇼핑몰 중심의 교외 상업 중심지에서 업무와 다양한 즐길거리가 있는 자족형 복합 도시로 거듭났습니다. 2015년에는 라이즈 프로젝트 2차 사업의 결과로 일본의 최대 인터넷 상거래 기업 라쿠텐Rakuten이 이곳으로 본사를 이전하기도 했습니다. 주거와 상업, 업무 지구의 지속가능한 모델을 증명한 셈이지요.

서울의 심장이 되다

서울원 프로젝트는 '동북권을 일으킨다'는 포부를 품고 미래형 융합 타운으로 기획되었습니다. 동북권 최대 복합 단지로 대지 면적 4만 5천 평에 주거 시설, 상업 시설, 업무 시설, 호텔 등이 들어서고 인근에 공공 문화 시설, 경춘선 숲길 등도 조성될 예정입니다.

상업 시설의 중심부는 ㅁ자 형태로 중심부에는 중앙 정원이 조성되고, 아이파크몰과 스트리트몰을 서로 연결해 인도어와 아웃도어를 한 번에 누릴 수 있는 복합 문화 공간도 생깁니다. 네 개 층(12~15층)에 걸쳐 연면적 약 8,800평 규모로 들어서게 될, 동북권 최초 5성급 호텔 메리어트는 그 일대를 혁신적으로 뒤바꿀 잇템이기도 합니다.

광운대역 역세권이라는 태생적 강점은 앞으로 더 큰 메리트로 작용할 것입니다. 광운대역은 1호선과 경춘선이 지나고, 석계역은 1호선과 6호선이 지납니다. 강남 심장부를 관통하는 7호선도 인근 태릉입구역에서 이용할 수 있습니다. 향후 수도권 광역 급행 철도 GTX-C 노선이 신설되면 광운대역에서 삼성역까지 단 9분 만에 이동이 가능해집니다. 그러면 오가는 사람들이 늘어날 테고 서울원아이파크 복합 단지는 강남구 청담동에 버금가는 프리미엄 핫 플레이스로 떠오르겠지요.

서울원을 가운뎃점으로 하여 새로운 지형의 방사형 도시가 탄생할 것으로 예상됩니다. 이러한 크고 아름다운 계획을 싣고 서울원아이파크의 착공이 시작되자, 노원구는 물론 지역 주민들 역시 원대한 기대를 품고 있습니다.

노원구에 들어가는 첫 대기업 본사

착공식을 마치고 며칠 뒤 HDC현대산업개발은 서울 용산 사옥에서 '서울원, 미래를 향한 HDC의 첫걸음'이라는 '서울원 비전 선포식'을 열었습니다. 캐치프레이즈 그대로 서울원 프로젝트가 바로 도시의 미래이자 HDC의 미래임을 알리는 자리였습니다. 우리 삶을 담은 거대한 원circle, '서울원아이파크'가 지속가능한 미래 도시의 새로운 모델이 될 것이라는 비전과 확신을 공유하는 시간이기도 했습니다.

약 5조 원 투입, 2028년 7월 완공 목표. HDC현대산업개발 역대 최대 비용으로 미래 도시의 새로운 모델을 창조하기 위한 여정은 이렇게 첫발을 떼었습니다. 늘 그렇듯 설계와 디자인은 가장 중요한 셀링 포인트입니다. 수원아이파크시티를 비롯해 몇 차례 호흡을 맞춘 유엔스튜디오의 벤 판베르컬 건축가와 다시 손을 잡았습니다. 그는 이번엔 서울원아이파크에서 한국 도시의 미래를 재정의하겠다며 의욕에 불타올랐습니다. 완공이 되면 특히 큐브 형태의 업무 시설이 모두의 시선을 사로잡을 겁니다. 영동대로 한복판, 거대한 원형 조형물이 달린 아이파크타워처럼 말이지요.

외부 공간 설계는 일본의 조경 디자인 그룹 타운스케이프Townscape와 함께하기로 했습니다. 공원과 녹지, 하천 등 자연을 활용한 공공시설 설계는 물론 주택 설계를 아우르는 폭넓은 분야에서 활동하는 회사입니다. 일본의 롯폰기 힐스, 아자부다이 힐스 외부 공간 설계가 이들의 작품입니다.

물론 이 지역을 '일으키는' 건 입이 떡 벌어질 만큼 웅장하고 세련된 건물 몇 동과 멋진 풍경만은 아닙니다. 일하고, 즐기고 쉬는 일상이 지속가능하고 생동하려면 무엇이 필요할까요? 근사한 건물 몇 개 지어놓고 분양만 하고 철수하는, 속된 말로 '치고 빠지기' 식의 시공 스타일은 순식간에 건물의 기세를 무너뜨립니다. 서울원 프로젝트는 민간 기업이 주도하면서 지자체가 이를 지원하는 방식입니다. 초기 단계에서부터 HDC현대산업개발이 시행, 기획, 설계, 시공, 분양, 운영 관리한다는 점을 분명히 했고, 이것이 우리가 선택된 이유였습니다. 따라서 프리미엄 웰니스 레지던스를 비롯해 상업 시설, 업무 시설 또한 직접 운영합니다. 호텔 메리어트, 아산병원의 헬스케어 센터, 고려대학교 교육원, 멀티플렉스 영화관 등과도 협약을 맺어 유치에 성공했습니다.

가장 주목할 만한 이벤트는 큐브 형태의 업무 시설이 준공되면 HDC현대산업개발 본사가 이곳으로 이전한다는 사실입니다. 노원구에 대기업이 본사를 이전하는 최초의 사례가 되겠지요. 일본의 라이즈 프로젝트에서 라쿠텐이 본사를 이전하면서 프로젝트 성공의 정점을 찍은 것처럼, HDC현대산업개발의 본사 이전도 노원구가 베드타운이라는 이미지를 벗게 하고 광운대역 역세권 일대와 동북권 활성화에 크게 기여할 것입니다.

미래를 짓다: AI와 에너지, 새로운 도전

아파트를 어떻게 케어할 것인가

코로나 이후 건설업계도 디지털 혁신이 몰고 올 시대 변화를 예측하고 신속하게 대응하고 있습니다. 어쩌면 아파트가 콘크리트 구조물에서 거대한 일렉트로닉 시스템으로 전환될지도 모른다는 상상을 하면서요.

가장 쉽게 접근할 수 있는 분야는 FMfacility management 사업이었습니다. FM 사업은 부동산 시설(아파트, 빌딩, 호텔, 상업 시설 등)의 안전, 유지 관리, 환경 개선 등을 통해 자산 가치와 이용 편의성을 높이는 종합 서비스를 말합니다. 부동산 시장이나 건설 시장은 경기 영향을 많이 받는 데다 제조업보다도 더 부침이 심하지만, 그에 비하면 시설 관리 사업은 경기 영향을 심하게 받지 않습니다. 이런 분석을 통해 1999년 12월 FMKFacility Management Korea라는 시설 관리 회사를 '아이서비스'라는 이름으로 인수해서 계열사로 편입시켰습니다.

대개 시설 관리 회사는 아주 소규모의 관리 인력을 두거나 삼성 에스원s-1과 같이 대기업 계열사로 시장 구도가 양

분되어 있었습니다. 소규모 관리 회사는 레드오션으로 가격 경쟁이 심했고 대기업 계열은 주로 자기 계열사의 시설 관리를 해서 침투하기가 쉽지 않은 구조였습니다. 우리는 기존 시설 관리 서비스에 인테리어, 리모델링, 조경 사업을 추가해서 부동산 종합 자산 관리 및 시설 관리 서비스 기업으로 활로를 찾았습니다.

현대산업개발의 회장직을 맡은 첫 해에 아이서비스를 계열사로 편입하고 아이콘트롤스를 설립하는 등 미래 먹거리를 위해 부지런히 움직였습니다. 아파트를 짓는 것으로 만족하기보다 아파트를 어떻게 짓고, 무엇으로 채우고, 어떻게 케어할지에 대해 진정한 의미의 종합 서비스가 필요하다고 생각했습니다. 그 결과, 2021년 12월 1일 아이콘트롤스와 아이서비스를 합병해서 공간 AIoT 플랫폼 기업 'HDC랩스'로 새출발을 하게 되었습니다.

마침 2021년은 큰아들 정준선이 최연소 카이스트KAIST 교수로 임용된 해이기도 했습니다. 아들은 영국 이튼스쿨을 졸업하고 옥스퍼드대학교에서 인공 지능 분야로 석·박사 학위를 받았습니다. 네이버에서 AI 기술 개발에 참여한 후 29세에 카이스트 교수가 되어 화제를 일으켰지요. 참고로 카이스트에서는 블라인드 채용을 진행하기 때문에 새로 임용된 교수가 HDC그룹 회장의 장남인 것을 뒤늦게 알았다고 합니다.

HDC랩스가 AI 기업으로 성장하는 데에는 아들의 지원이 큰 힘이 되었습니다. 본업인 교수직에 부담이 되지 않는 선에서 산학 협력과 기술 지원, 교육에 참여하고 있으며, 우수한 인력 유치와 기술 협력에도 도움을 주고 있습니다. 그룹 오너의 아들이 AI를 전공했고 우리나라 최고 과학 기술 교육·연구 기관인 카이스트 교수라는 데에서 많은 이들이 기대감을 갖고 있는 것 같습니다. 저 역시 AI가 미래 전략이라는 데에 공감하기 때문에 아들을 내심 흐뭇하게 지켜보는 면도 있습니다.

AI 홈 에이전트

합병 후 HDC랩스는 가장 먼저 카이스트와 산학 협력을 통해 전문 인력 양성에 주력했습니다. 아이콘트롤스가 인재 영입에 공을 들였듯, AI 분야 역시 고도의 전문성이 요구되는 만큼 인재 확보가 중요했습니다. 먼저 AI 개념을 이해하고 전문적으로 개발할 수 있는 수준을 목표로 삼고 R&D 캠퍼스를 개설, 공채 1~4기 인력을 채용했습니다. 더불어

리더급 전문 인력들을 보강해서 독립된 AI 랩으로 전문 연구 조직의 면모를 갖추었습니다. 이들은 AI CCTV 안전 관제 서비스 개발 및 고도화 작업, RAG Retrieval-Augmented Generation, 검색 증강 생성 챗봇 개발 등 자연어 처리·객체 인식·에너지 최적화 등 핵심 기술을 직접 개발해 상용화에 성공하는 결과를 얻었습니다.

2025년에는 현대산업개발이 2018년에 인수한 종합 부동산 포털 '부동산114'의 사업 부문을 양수받아 사업 포트폴리오를 확장하기도 했습니다. 부동산114의 부동산 관련 데이터를 AI와 융합해서, 수십 년간 사람이 하던 부동산 시세 조사를 AI가 산출하게 한 거지요. 현대엘리베이터와 업무 협약을 체결해 AI를 활용한 승강기 운영 시스템도 개발했고, 전기자동차 화재 감지 솔루션도 개발해 광명 센트럴아이파크에 적용했습니다.

2028년 7월에 완공 예정인 미래형 융합타운 서울원아이파크에도 HDC랩스의 혁신적인 서비스가 반영됩니다. 최첨단 AI 시스템(자연어 처리 기술과 홈 네트워크 제어 시스템을 결합한 지능형 홈 서비스)이 본격 가동되는 거지요. AI를 통해 라이프 스타일을 분석해서 피트니스 센터, 골프 연습장 등 입주민 전용 시설 예약을 돕는 AI 홈 에이전트 외에도 AI

보안 솔루션, 스마트 커뮤니티, AI 기반 디지털 홈 케어 등의 다양한 첨단 요소도 도입됩니다. 정준선 교수와 협업하여 출시한 AI 홈 에이전트는 2025년 세계 3대 디자인상인 독일 IF 디자인 어워드에서 본상을 수상하기도 했습니다.

AI 현타, 전기 먹는 하마

자신이 생활하는 모든 공간과 사물 들을 AI가 제어하는 사람과 그렇지 않은 사람 사이에는 시간이 지날수록 삶의 경험 자체에서 큰 격차가 벌어질 수 있습니다. 경험의 차이는 곧 삶의 질을 좌우하는 기준이 될 것이고요.

비관적으로 전력 고갈을 이야기하는 사람들도 있습니다. AI의 확산은 에너지 비용 상승으로 이어지기 때문이지요. 현재도 여름이면 에어컨 사용으로 인한 전력 공급 중단과 전기세를 걱정하는데, 앞으로는 인간이 스스로 판단해서 행동하는 것을 제외하고는 모든 것에 전력이 소모될 겁니다.

그중에서도 데이터 센터는 대규모 GPU 서버, 고속 네트워크, 대용량 스토리지, 냉각 시스템 등이 24시간 가동되는 곳입니다. 지난 2025년 9월에 화재가 발생한 국가정보자원

관리원도 정부와 공공 기관의 데이터 센터 역할을 수행하는 IT 인프라 시설입니다. 그래서 각종 증명서 발급이 중단되고 공공 기관을 통한 금융 거래 및 배송 시스템이 차질을 빚었습니다. 사고로 인한 데이터 소실이 얼마나 큰 국가적 재난인지 모두들 실감했을 것입니다.

현재 아마존, 구글, 마이크로소프트 등 세계적인 클라우드 기업은 하이퍼스케일Hyperscale 데이터 센터를 구축하기 위해 천문학적 비용을 들인다고 합니다. AI, 로봇, 빅데이터 활용이 기업의 경쟁력이 되면서 데이터 센터는 글로벌 빅테크 기업들에게 심장과 같은 존재가 되었기 때문입니다. 참고로 한국은 중국, 일본, 동남아를 잇는 지리적 여건과 네트워크 인프라가 우수해 글로벌 데이터 센터의 핵심 시장이 되었습니다. 산업용 전기료가 저렴한 것은 매우 큰 메리트일 겁니다.

따라서 우리 앞에 놓인 과제는 급증하는 전력 수요를 감당할 방안을 찾는 것입니다. 여러 방안을 골몰하다 보니 또 하나의 미래 먹거리가 우리 앞에 모습을 드러냈습니다. 그것은 다름 아닌 친환경 에너지 사업입니다.

에너지 금광을 향해

현대산업개발 회장 초임 시절부터, 제 눈에는 건설사의 프로젝트 하나하나가 짓고 빠지는 벤처 사업처럼 보였습니다. 이런 방식은 사업의 안정성을 해치고 현금 흐름에도 악영향을 미치기 때문에 사업 포트폴리오를 더 확장해야겠다고 생각했습니다. 짓기만 하기보다 운영도 해야겠다고요. 그러다 보니 호텔 사업을 시작했고, 영창악기를 인수했고, 면세점이나 리조트 사업도 하게 되었습니다.

개발과 시공은 물론 보유·운영까지 가능한 역량은 민간 투자 사업의 선도 기업으로 평가받는 배경이 됐습니다. 대부분의 건설사는 고속도로, 대교, 항만, 발전소 등과 같은 SOC Social Overhead Capital, 사회 간접 자본 민자 사업을 하더라도 개발과 시공까지만 수행하는 경우가 대부분이지만, HDC현대산업개발은 대규모 민자 사업에서도 개발, 시공, 보유, 운영이라는 사업 전체를 커버하는 밸류 체인 비즈니스를 일찍부터 노련하게 수련해온 셈입니다.

그럼에도 발전소 전력 사업은 시장 진입이 까다로웠습니다. SK, 포스코, GS처럼 일부 에너지 사업을 영위하고 있는 기업들만이 한두 개의 발전소를 민간 자본으로 설립해 운영과 전력 생산, 공급을 담당하고 있었습니다. 그때까지 우리는 발전소 시공 경험이라고 해야 2011년 삼성물산과 현대산업개발이 컨소시엄을 구성해 2015년에 준공한 동두천 LNG액화천연가스복합화력발전소가 전부였습니다. 운영은 서부발전이 맡아서 했고요.

하지만 눈을 들어 시장을 보니, 전력 수요는 점점 늘어날 것이고 친환경 에너지가 대세가 될 것이라는 점이 명확했습니다. 그래서 우리는 2013년 5월 경남 통영시에 통영에코파워 법인을 설립했습니다. 그리고 발전소 시공에 그치지 않고 운영까지 해서 전력 공급 시장에 진출해보자고 목표를 세웠습니다. 마침 통영시에서 발전소를 건립하겠다는 제안이 산업통상자원부(당시 지식경제부 소관)의 2013년 6차 전력수급기본계획2013~2027에 반영되었습니다. 드디어 우리가 원하던 기회가 찾아온 거지요.

맨 처음 발전소 부지는 통영시에 신규 조성 예정이었던 안정일반산업단지였다가, 성동조선해양(현 HSG성동조선)이 소유하고 있던 부지로 변경되었습니다. 다행히 변경된 부지는 바다 근처 한국가스공사 통영기지본부와 인접해 있어 향후 천연가스 직도입에도 매우 유리한 곳이었지요. 하지만 이 과정도 순탄치는 않았습니다. 성동조선해양의 경영이 워낙 어려워 부지 매매 협상에 채권단과 근저당권자까지 포함되었고 각자 이해관계가 상충하다 보니 부지 매매 계약 협상만 약 3년 동안 진행되었습니다.

결국 사용 승인은 받았으나, 지지부진하게 협상이 진행되는 사이 2015년 전기사업법이 개정되었습니다. 발전소의 작공 기간을 규제해서 사업 이행 속도를 빠르게 강제하는 내용이었습니다. 그래서 통영 LNG발전소도 2016년 12월 31일까지 공사 계획 인가 승인을 받고 착공하라는 공문을 받았습니다. 공사 계획 인가를 1년 연장해달라고 호소했지만, 단 3개월 연장만을 허가받았습니다. 그 사이 어렵게 성동조선해양, 채권단, 근저당권자와 협상을 마무리하고 숨 가쁘게 계약금을 납부하고, 연장 마지막 날인 2017년 3월 31일에 공사 계획 인가를 신청했습니다. 하지만 애쓴 보람도 없이 산업통상자원부는 사업 이행성에 의문을 품고 통영에코파워의 발전 사업 허가를 취소해버렸습니다.

호사다마

이 결정은 내규모 발전 사업에 가해진 최초의 제재였습니다. 그동안 진행된 모든 허가, 8 역까지 무산될 수 있는 결과였지요. 우리는 다시 산업통상자원부의 취소 결정을 취소해달라는 가처분 소송과 본안 소송을 행정법원에 제기했습니다. 다행히 법원은 우리 손을 들어주었습니다. 발전 사업 허가를 취소해서 얻는 이익보다 허가를 유지하여 얻는 이익이 더 크다고 보았지요. 그러나 소송이 최종 마무리되는 데만 2년의 시간이 허비되었습니다.

시간은 어느 새 2019년을 가리키고 있었습니다. 대법원 최종심에서 승소했지만, 장기간 소송으로 인한 피해는 고스란히 우리의 몫이었습니다. 그사이 통영 LNG발전소 파트너사였던 현대엔지니어링, 중부발전이 사업 추진을 포기하는 바람에, 통영에코파워는 사업의 주요 부문을 처음부터 다시 시작해야 했습니다.

그나마 다행인 건 정부가 화석 연료를 사용하는 발전소는 더 이상 민간에게 인허가를 내주지 않아서 기존 에너지 사업자들에게 친환경 에너지인 LNG를 사용하는 통영 LNG발전소에 대한 관심이 높아지고 있다는 점이었습니다.

SK, GS, 대림, 포스코, 한화 등 다양한 기업의 파트너 제안을 받아 그중 동반 성장이 가능한 한화에너지로 파트너사를 결정하고, 입찰을 통해 발전소 시공에 한화건설을 선정했습니다. HDC현대산업개발이 발전소 시공에 참여할 수도 있었겠지만, 발전소 및 플랜트에 관한 한 보유하고 있는 기술력과 가격 경쟁력에서 업계 최고인 건설사에 맡기는 것이 좋겠다는 판단이었습니다.

그렇게 준공까지 순조롭게 진행될 일만 남았다고 여겼는데 또다시 먹구름이 드리웠습니다. 2023년 10월, 국회 정무위원회에서 갑자기 저를 청문회 증인으로 채택했습니다. HDC가 민원인 A씨와 통영 LNG발전소 건설을 위한 약정을 체결하고서는 이를 이행하지 않았다는 의혹 조사 차원이었습니다.

당시 위원들도 말씀하셨지만 상식적으로 조 단위 사업에 어떤 개인과 건설 관련 약정을 체결한다는 것은 이치에 맞지 않고 우리의 방식도 아닙니다. 법적으로는 더더욱 성립할 수 없는 약정입니다. 게다가 그때 저는 광주 화정아이파크 붕괴 사고의 책임으로 회장직에서 물러나 있던 터라 불미스러운 일로 다시 언론의 관심을 받는 것이 무척이나 송구했습니다.

내키지 않았지만 청문회에 나가 민원인 A씨의 사실무근 주장에 대해 명확하게 입장을 소명했습니다. "사업 규모나 액수로 보았을 때 약정 체결을 해야 하면 당연히 대표이사,

회장에게도 보고해야 한다. 하지만 보고받은 적도 없고, 서명한 적도 없다"고 말이지요. 결국 이 다툼은 소송을 통해 종결될 것입니다. 법은 우리의 손을 들어주겠지만 그 사이 회사는 많은 자원과 시간을 소진할 테니 참 안타까운 일입니다.

드디어 통영에 축배를

공사가 이루어지는 가운데 해외 LNG 공급자들과 협상을 진행하여 연료 직도입을 성사시켰고, 싱가포르에 연료 공급 법인을 설립했습니다. 드디어 2024년 10월, 경상남도 통영시 광도면 일대에 LNG발전소가 첫 가동을 시작했습니다. 통영에코파워 법인 설립 이후 많은 우여곡절과 송사와 청문회를 거치며 11년 만에 맞이한 결실이었습니다.

통영 LNG발전소 준공과 전력 공급은 HDC그룹에게 남다른 의미입니다. AX 시대를 맞이해 미래 산업인 에너지 전력 사업에 성공적으로 안착하길 바랐으며, 경제적인 전력 생산으로 국가 전력 공급 안정화와 경쟁력에 기여할 수 있기를 기대했습니다.

정부와 기업들의 이런 노력이 전력 고갈이라는 극단적 시나리오를 반전시킬 수 있지 않을까요? 그러기 위해서는 기술 혁신과 인프라 투자, 수요 관리 전략이 얼마나 빠르고 구조적으로 이루어지느냐가 중요합니다.

발전소의 2025년 매출은 8천억 원 규모였습니다. 미래 산업으로서 발전 가능성을 따져보면 머지않아 현대산업개발과 함께 HDC그룹의 한 축이 될 것으로 예상하고 있습니다. 기저 발전이라고 하는 원자력과 석탄 발전을 제외하고는 LNG 발전의 효율이 높아 전력 판매 급전 순위에서도 상위에 랭크되는 등 경쟁력도 꽤 좋습니다.

총부지 8만 3천 평 중 LNG발전소로 사용한 부지를 제외하고 남은 약 3~4만 평의 유휴 부지는 향후 인프라 개발에 사용할 계획입니다. 이 계획이 성공적으로 완결된다면 통영에코파워의 발전 사업은 지속, 확장되면서 통영의 지역 경제 활성화에도 보탬이 될 것입니다. HDC가 추구하는, 기업과 지역이 상생하는 또 하나의 모범 사례가 되겠지요.

덧. 2024년 12월 4일은 통영 LNG발전소 준공과 에너지 공급을 축하하기 위한 대대적인 준공식이 예정된 날이었습니다. 그러나 12월 3일 밤 10시 28분, 윤석열 전 대통령이 비상계엄을 선포하면서 이튿날 11시 30분에 예정된 준공식은 취소났습니다. 그렇게 지난 10년간 수많은 우여곡절을 겪었던 통영 LNG

발전소는 요란한 축배 없이도, 조용하고 힘차게 제 할 일을 하고 있습니다.

흑자 생존, 자연도 지속가능하도록

건설업이 경기에 민감하고 경우에 따라 현금 흐름이 경색될 수 있다는 단점은 저로 하여금 늘 캐시 카우를 고민하도록 만들었습니다. 멀리 보되, 등잔 밑도 챙겨야 했습니다. 그래서 늘 돈이 될 만한 사업, 즉 호텔, 리조트, 면세점 등과 같은 관광 인프라로 수익 기반을 확보하면서 안정적인 사업 포트폴리오를 짜는 데 사력을 다했습니다.

그런 면에서 호스피탈리티hospitality 사업은 좋은 땅에 공간을 짓고 운영하는 또 다른 모델로서 HDC의 미래 먹거리가 될 만했습니다. 숙박, 레저, 관광 등의 호스피탈리티 사업은 쉼에 경험을 더하는 일입니다. 제가 이런 방면으로 체득한 것도 많으니 자신감도 들었지요. 그러던 중 2019년 한솔그룹에서 골프리조트 오크밸리를 매각한다는 소식을 들었을 때 리조트 사업과 호스피탈리티 사업을 본격적으로 확장해보자는 생각이 들었습니다.

오크밸리의 실사 과정을 거치면서 알게 된 것은 인수 자체보다 인수 후가 더 어렵다는 사실이었습니다. 지속적인 투자와 운영 효율성 제고 등이 필요했지요. HDC는 자본이 있고 운영 능력도 있었습니다. 이미 서울과 부산에서 6성급 파크하얏트 호텔, 정선에서 파크로쉬 리조트, 속초에서 아이파크 콘도를 운영하며 호스피탈리티 사업에 대한 경험과 역량은 충분하다고 판단했지요. 향후 제2영동고속도로가 개통되면 서울과의 접근성이 훨씬 개선되어 시장성도 좋아질 거라 예상했습니다.

관건은 오크밸리가 갖고 있는 공간의 본질과 매력, 극대화할 수 있는 기능이었습니다. 오크밸리의 보유 자산이 총 340만 평이었는데, 잘 조성되어 있는 63홀의 골프 코스 외에도 아직 개발되지 않은 80만 평이 자연 상태로 남아 있었습니다. 자연 그대로의 형상과 시간의 흐름이 고스란히 남아 있는, 말 그대로 신비로운 땅이었습니다. 섬강을 따라 다둔으로 들어가는 길, 그 양옆으로 거대한 암벽이 우뚝 솟아 있는데 그 모습이 마치 마을의 입구를 지키는 '성문' 혹은 성문과 소리가 같은 '석문' 같다 하여 사람들은 오래전부터 이곳을 '성문', 그 안쪽 아늑한 평야 지대는 '성문 안 들'이라고 불러왔습니다.

성문안마을이 여행자들에게 영감과 회복을 주는 자유로

운 쉼터가 되기를, 삶의 풍경이 전환되는 경험의 공간이 되기를 바라며, 디벨로퍼로서의 모든 감각과 역량을 온전히 쏟아붓기로 했습니다.

그렇게 2022년, 강원도 원주에 성문안CC가 그 모습을 드러냈습니다. 총 274만여 평 규모의 성문안CC는 한국 10대 골프장으로 선정될 만큼 국내 최고 프리미엄 코스로 가치를 인정받았습니다. 우준승 소장의 클럽하우스는 2024년 한국건축가협회 대상을 비롯해 다양한 해외 건축상을 잇따라 수상하기도 했습니다.

오크밸리의 자산은 무엇보다 천혜의 자연환경입니다. 오크밸리 전역의 생태적 가치를 존중하고 지속가능한 자원으로 유지하기 위해 꾸준히 산림 경영을 추구하고 있습니다. 이런 노력에 힘입어 오크밸리는 UN SDGsUnited Nations Sustainable Development Goals, 유엔 지속가능 발전 목표의 글로벌 지속가능 브랜드로 선정되기도 했습니다. UN SDGs는 매년 환경, 사회, 경제, 혁신 등 열 개 지표와 마흔세 개 세부 지표를 기준으로 세계적 친환경·지속가능 기업 및 브랜드를 선정하고 있습니다.

우리 모두가 알고 있듯이 자연은 더 이상 무한한 자원이 아닙니다. 한번 훼손되면 되돌릴 수 없는 유한한 가치입니

다. 자연이 가장 중요한 미래 자산인 이유입니다. 지속가능
성이란 바로 이 자연과 공존하며 살아가는 방법을 찾는 일
이고, 자연을 가장 소중한 경험으로 만드는 일이지요. 그 과
정에서 창업주였고 1세 경영인이었던 선대들의 기업가 정
신, 그 사회적 책임을 대물림해 HDC가 미래의 우리 사회
에 기여할 수 있기를 바랍니다.

3장

결정의 순간들

생각해보면 저는 대한민국 산업의 성장기에 기업의 리더 역할을 맡아 운 좋은 인생을 살았습니다. 현대자동차그룹 회장으로 일할 때는 일본의 도요타, 미쓰비시뿐 아니라 경쟁력 있는 일본의 자동차 부품 회사를 방문해 이들이 어떻게 미래를 연구하고 준비하는지 볼 수 있었습니다. 포르쉐 본사에서 독일 자동차업계가 5년 뒤, 10년 뒤에는 어떤 기술을 선보일지 연구하는 것도 목격했지요. 1999년 현대산업개발로 옮긴 뒤에는 세계적인 유명 건축가들을 많이 만날 수 있었습니다. 이들이 어떤 방식으로 50년, 100년 뒤에도 세상에 남을 건물을 만드는지 감탄하며 지켜보았습니다. 합이 맞아 다니엘 리베스킨트, 벤 판베르컬과는 함께 작업도 할 수 있었고요.

서른네 살에 현대자동차 회장으로, 서른일곱 살에는 현대산업개발 회장으로, 제조업과 건설업, 사회 인프라 사업을 경험하는 과정에서 리더로서 크고 작은 많은 결정을 했습니다. 기아자동차를 인수하는 데 결정적 역할도 했고, 아시아나항공을 인수하려다 고배를 마시기도 했지요. 회사를 이끌어가기 위해 벌어진 사건에 책임을 지고 동시에 미래 계획을 제시하는 것도 중요한 임무였습니다. 제조업이든, 도시 개발이든 저는 품질과 디자인이 중요하다고 믿었고, 운영 리스크가 있더라도 선제적 조치에 끌렸으며, 포트폴리오를 확장해나가는 일이 관건이라고 확신했습니다.

다행히 저에게는 큰아버지, 아버지, 사촌 형들이라는 훌륭한 멘
토들이 있었고, 아버지가 돌아가신 후에는 경제경영, 인문, 심리
각 분야에서 대가의 경지에 오른 학자들의 책을 읽으며 '변하지
않는 것들'에 대한 원칙을 배웠습니다. 모든 것을 안다고 느끼기
시작하면 인내심이 사라지고 타인의 의견을 묵살할 수도 있기
에, 어느 자리에서건 말하기보다 들었습니다. 그 다음은 저의 직
관을 믿었습니다.

이번 장에서는 그런 결정의 순간들에 대한 이야기를 해보겠습니
다. 호경기일 때나 불경기일 때나 미래는 골칫덩이가 아니라 기
회이며, 단지 그 기회가 위험이라는 접착제로 뭉쳐져 있기에 사
업은 결과론적으로는 문제 해결의 연속입니다. 그렇지만 현재
도 미래도 문제의 본질은 항구적인 리스크 테이크risk take라는
것을 인정하면 기업가로 사는 것이 꽤 보람 있고 즐거워집니다.

후회의 최적화

오스카 와일드가 묘비명에 그렇게 썼다고 하지요. "우물쭈물하다가 내 이럴 줄 알았다." 누군들 한 번 사는 인생 우물쭈물하다 시간을 다 보내고 싶겠습니까. 하지만 모두가 처음 사는 인생, 처음 맡는 배역, 처음 겪는 사건이다 보니 우왕좌왕 좌충우돌 허겁지겁, 대처만 하기에도 버겁습니다. 저 또한 현대라는 기업 가문에서 태어나 의지와 상관없이 큰 배역들, 상상하지도 못했던 스펙터클한 사건들을 만나서 조심스럽게 반응하고 책임지며 살아왔습니다.

전후 폐허가 된 한국에서 길을 내고 건물을 짓고 자동차를 수출하고 배를 만들어 바다에 띄우던 큰아버지 정주영, 아버지 정세영 같은 선구적인 기업가들은 차근차근 계획을 세우기보다 몸이 앞서 저지르고 돌파했던 실천의 달인들입니다. 가끔은 생각해봅니다. '흙에다 불안을 섞은 존재가 인간이라는데, 그 어른들은 불안이 없었을까?', '실패하면 어떡하나? 손가락질당하면 어떡하나?'

생각해보면 아버지 세대 기업가들에겐 주저할 시간조차 사치가 아니었을까 싶습니다. 두 어깨에 수많은 가족들의 생계를 지고서 '가능성의 덩어리'인 위험 속으로 뛰어들곤 했습니다. 본능적으로 감당할 만한 리스크와 감당할 수 없는 리스크를 계산해가면서요. 하지만 현대의 기업가들은 훨씬 더 생각이 복잡합니다. 결정의 순간에는 무엇을 생각해야 할까요? '혹시 이 결정으로 나중에 후회하면 어떡하지?', '후회하지 않기 위해 결정의 우선 순위는 무엇이어야 하는가?'

《다니엘 핑크 후회의 재발견》(한국경제신문, 2022)을 쓴 미래학자 다니엘 핑크Daniel Pink는 후회를 '최소화'하지 말고 '최적화'하라고 충고합니다. 후회를 무조건 나쁜 회고적 감정으로 보지 말라고도 조언하지요. 후회가 우리를 더 인간답게 만든다며 후회를 삶의 기술로 받아들인 유명인에 대한 일화도 들려줍니다.

아마존닷컴의 CEO 제프 베조스Jeff Bezos는 "그 일을 하지 않으면 미래에 후회하게 될까?"라는 질문을 던져서 일과 삶에 접근했습니다. 80세 미래로 가본 그는 더 과감하게 결단하거나 도전하지 못한 것을 뒤늦게 아쉬워하는 '대담성 후회'를 예상했고, 그것을 최소화하려는 소망을 현재 행동의 원동력으로 삼았습니다. 이른바 '후회 최소화 프레임워크'로 아마존을 세우고 《워싱턴 포스트》를 인수했다고 합니다.

저 또한 다르지 않습니다. 사람들은 이해하지 못한 선택들도 있지요. 글쎄요. 중요한 결정을 내릴 때 저는 10년 후의 나에게 물어봅니다. "괜찮겠느냐?"

아무것도 하지 않는 것보다 저지르고 감당하고 수정하는 것이 진짜 인생 아닐까요? 후회의 관점에서 보면 가장 막심한 후회는 '어떤 행동을 한 것'이 아니라 '어떤 행동을 하지 않은 것'입니다. 나이가 들수록 더욱 그렇습니다. 우리는 유한한 시간을 살고 누구에게나 주어진 공평한 시간 속에서 일하고 사랑하고 저지르고 후회하고 반성하고 성장합니다.

사람의 성장이나 기업의 성장이나 다르지 않습니다. 큰아버지가 가출을 하고 쌀가게 점원으로 일하다 자동차 정비소를 차린 것도, 아버지가 포드와 결별하고 최초의 고유 모델 포니를 만들어 판 것도, 제가 기아자동차 합병을 결정하고 최고급 주상복합 아이파크를 론칭한 것도 유한한 인생에서 발생한 사건입니다.

사업이라는 예술

뉴욕 목수 마크 엘리슨Mark Ellison의 책《완벽에 관하여》(북스톤, 2024)를 직원들에게 선물한 적이 있습니다. 마크 엘리슨은 40년간 까다롭기로 유명한 뉴욕의 백만장자들을 위해 집을 고치고 지어온 장인입니다. 예컨대 펜트하우스 한가운데 시냇물이 흐르거나, 계단이 허공에 달린 집은 설계하기는 쉬워도 구현하기는 어려워서 마크 엘리슨 같은 장인이 꼭 필요합니다. 책을 보며 저는 현장의 먼지 속에서 불가능한 것을 가능한 것으로 만들어내는 작업자들의 놀라운 에너지를 느꼈습니다. 고급 주거 단지와 호텔, 상업 공간을 짓고 운영하는 대규모 도시 개발과는 또 다른 흥미로운 풍경이더군요.

마크 엘리슨이 절대로 남과 비슷해서는 안 되는 뉴욕의 일부 초호화 부자들의 욕망을 상대한다면, 제가 하는 도시 개발 사업은 반 발짝 앞선 트렌드를 반영하는 '평균의 욕망'을 읽는 일입니다. 몇천 세대가 함께 누리는 주거 공간을 레이아웃할 때면, 그 안에서 살아갈 사람늘의 생활을 그려보곤 합니다.

자동차나 아파트나 공간을 어떻게 분할하는가는 매우 중요하고, 특히 아파트에서 공간 트렌드는 빠르게 바뀝니다. TV가 집 안의 정원 역할을 할 때는 거실이 크게 설계되었지만, 지금은 각자 스마트폰을 들고 쉴 수 있는 개인 침실이 그 역할을 흡수했지요. 음식 배달 어플이 활성화되면서 부엌도 적정 사이즈로 바뀌고, 대신 공유 거실, 공유 부엌 활용이 늘었습니다. 방의 기능도 명상실, 다실 등 경험 콘텐츠로 특성을 채워가는 등 변화가 많습니다.

어쨌든 대규모 도시 공간을 만들어내는 사업가로서 제 눈이 뉴욕 목수와 맞닿은 지점은 바로 '완벽'에 관한 생각이었습니다. 마크 엘리슨은 완벽함은 최종 결과가 아니라 그 결과에 다가가는 과정에서 추구할 만한 가치라고 하더군요. 한 인터뷰에서 그는 완벽이란 없으며, 무엇이든 완성되기 위해서는 타협해야 한다고 선언합니다.

'나의 자아실현보다 고객이 더 우선'이라는 그의 얘기에 깊이 공감합니다. 사업은 더욱 그렇습니다. 경영은 작은 쌀알에 산수화를 그리는 신화적인 예술이 아닙니다. 적정 순간에 전환하고 손을 떼고 타협해야 한다는 점에서 최적의 빈도와 통찰을 높이는 의사 결정의 예술이라고 할 수 있습니다. 이때 리더에게 필요한 덕목은 순수한 집념이 아니라 겸손이 아닐까 합니다.

오랫동안 산전수전 겪다 보니 사업은 경영자가 잘나서 잘되는 게 아니더군요. 갖가지 우선 순위를 조정하고, 수많은 경우의 수의 조합을 맞추고, 거기에 금리나 환경 등 정치·경제적 안정성까지 어우러져야 하나의 사업이 굴러갑니다. 무엇보다 사업은 운이 중요합니다. 코로나가 터지지 않았다면 아시아나항공이 무단으로 영구채를 발행했던 문제나 회계와 관련한 여러 문제에도 불구하고 HDC가 아시아나항공을 인수하는 데 문제가 없었을 겁니다. 그러나 아시아나 인수에 성공했으면 광주 사고 이후에 필요한 자금력이 확보되지 않아 어려움을 겪었겠지요.

모든 조각들이 잘 맞아떨어져서 성공한 사업을 자기 능력으로 착각하면, 오만에 빠져서 일을 그르치기 쉽습니다. 라이언 홀리데이Ryan Holiday가 쓴 《에고라는 적》(흐름출판, 2017)이라는 책에 비니 베이비스Beanie Babies를 히트시킨 유명한 장난감 회사 CEO 타이 워너Ty Warner의 사례가 나옵니다. 그는 10억 달러의 회사를 망치기 바로 직전, 한 직원의 반대를 무효화시킨 후 이렇게 자랑했다고 합니다. "변기통에 내 이름 태그만 붙여도 사람들은 그걸 살 거야!" 리더들은 종종 자기보다 조직의 운영에 대해 잘 아는 사람은 없다고 자만합니다. 하지만 라이언 홀리데이의 말처럼 "생선은 머리부터 썩는다"는 사실을 잊지 말아야 합니다.

우리는 겸손을 통해 기꺼이 나보다 더 잘하는 사람과 손을 잡을 수 있고, 내가 가장 잘하는 것을 묵묵하게 수행할 수 있습니다. 일례로 HDC아이파크몰 내에 있는 HDC신라면세점은 2015년 호텔신라의 신라면세점과 손을 잡고 만든 합작 법인입니다. 면세점 사업의 쌍두마차 중 하나인 호텔롯데에 비해 상대적으로 공간이 협소한 신라에게 아이파크몰은 도심 중앙에 쾌적한 하드웨어가 되어주었습니다. 이로 인해 아이파크몰은 면세점의 고급 콘텐츠로 활력이 생겼고, 신라면세점은 대형 관광버스가 주차하기 편한 넓은 주차장과 매장을 갖게 되었지요.

통영 LNG발전소도 겸손을 통해 승자 독식이 아닌 '낄끼빠빠(낄 때 끼고 빠질 때 빠진다)'의 조화를 만든 사례입니다. 오랜 인내로 LNG 사업권을 땄으나 단독으로 추진하는 대신 동반 성장이 가능한 한화에너지를 파트너로, 발전소 시공에 더 경험이 풍부한 한화건설을 시공사로 선정했습니다. 처음부터 끝까지 내 손을 거쳐야 최선의 결과를 얻을 수 있는 건 아닙니다. 오늘날의 기업은 유닛 형태로 헤쳤다 모였다 할 수 있는 경량화된 경영이 요구됩니다.

하지만 자신이 있을 때는 과감하게 승부를 걸어야겠지요. 포스코와 맞붙었던 용산 정비창전면 제1구역 재개발은 단순한 시공권 경쟁이 아니었습니다. 서울 도심에서 누가 대규모 도시 정비 사업을 제대로 해낼 수 있느냐를 두고 승부를 가르는 시험대였지요.

HDC는 공사비를 줄이겠다거나 공사 기간을 단축시키겠다는 1차원적인 제안을 앞세우지 않았습니다. 대신 용산 재개발 사업을 '하이엔드 상품'으로 설정했습니다. 그래서 최고급 호텔과 오피스, 상가 등이 포함된 복합 개발 노하우, 광주 사고 전면 철거 이후 더욱 업데이트된 기술력을 어필했지요. 자산가인 조합원들의 눈높이는 미래 자산 가치 상승이었습니다. 그 결과, 무려 63퍼센트 이상의 조합원들이 HDC의 설계 콘셉트와 시공 능력에 지지를 보냈습니다.

상황에 맞게 파도를 타며 '적정'의 조예를 높이는 사업이라는 예술, 동시에 널리 도시를 이롭게 한다는 조망의 시야가 필요한 예술 또한 디벨로퍼 사업입니다.

성실은 조용하게, 성과는 눈에 띄게

"당신은 사업에 재능이 있습니까?"라는 질문을 받으면 어떻게 대답하시겠습니까? 그럼 다시 묻습니다. 재능이란 무엇일까요? 타고난 기예? 압도적인 독창성? 그러나 세상엔 신동으로 태어나 세상을 휩쓰는 모차르트보다 서서히 부상하는 대기만성형 바흐가 더 많습니다.

《히든 포텐셜》(한국경제신문, 2024)을 쓴 애덤 그랜트Adam Grant는 재능이 아닌 품성이나 잠재력이라는 키워드를 제시합니다. 애덤 그랜트에 따르면 잠재력은 출발점이 아니라 얼마나 멀리 가느냐입니다. 핵심은 출발점(재능)보다 '얼마나 먼 거리를 이동했는가'죠. 단기 성적표보다는 한 사람의 성장의 시간표를 그려보면서 그 이동의 궤적을 파악하는 게 중요하다고요.

왜 그럴까요? 사실 인류사에는 놀라운 재능을 지니고도 이렇다 할 업적을 세우지 못했거나 잠시 유명세를 누리다가 몰락한 사람이 많습니다. 예를 들어 하워드 휴스Howard Hughes, Jr.는 기계 분야의 천재였으며 용감하고 유능한 비행사였습니다. 기업가이자 영화 제작자로서 명성을 얻기도 했지요. 하지만 그는 어마어마한 세금을 포탈했으며, 항공 산업과 방위 산업체로 사업을 확장해 수조 달러의 재산을 날려버렸습니다. 재능 있는 사람이 왜 절정에서 추락할까요? 오래전 고대 그리스의 철학자 아리스토텔레스의 말에서 그 힌트를 얻을 수 있습니다. "도덕과 훈련이 없다면 행운이 가져다준 결과를 감당하기 어렵다."

도덕과 훈련과 행운은 성공이라는 천을 이루는 성실한 씨실입니다. 여러분도 아시다시피 저는 부유한 가문에서 태어난 행운아입니다. 큰아버지 정주영 회장이 일으킨 '현대'라는 기업 일가의 한 일원으로 태어났습니다. 태어나보니 아버지가 현대건설과 현대자동차를 일으킨 정세영이었습니다.

금수저 가문에서 태어났지만, 어린 시절에는 그저 천진난만한 장난꾸러기였습니다. 사람들은 시장에서 어머니를 만나면 "몽규 어머니 되시죠?" 묻고는 "몽규가 학교에서 장난꾸러기로 유명합니다"라고 일러서 속상했다고 어머니는 여러 번 말씀하셨지요. 하도 산만해서 저와 자녀를 같이 과외시키지 않으려는 부모들도 많았고요. 그만큼 자유롭고 행복한 초등학교 시절을 보냈습니다.

성장하면서 장난기는 잦아들었습니다. 주변 사람에게 항상 인사 잘하고 바르게 행동하라는 말을 귀에 못이 박이도록 들었거든요. 정직과 겸손을 강조하는 부모님의 양육관 덕에 재능과 허세 같은 단어는 모르고 자랐습니다.

대가족 안 선의의 경쟁자들, 그룹 안의 냉정한 평가자들은 물론이고 세상의 보이지 않는 많은 눈들이 예의 주시하고 있었기에 저는 조용하고 수용적인 태도로 리더의 자리에 올랐습니다. 1996년, 30년 전인 서른네 살에 우리나라에서 가장 큰 회사의 젊은 회장이 됐습니다. 나이에 맞지 않는 애늙은이 노릇을 했고, 조금이라도 나이 들어 보이기 위해 안경을 쓰고 양복만 입고 다녔지요.

몇 번의 수련 기간도 거쳤습니다. 현대자동차에는 두 번 입사했습니다. 처음은 1982년, 대학교 3학년 여름 방학 때 울산 공장 직공으로 조립 라인에 부품을 보급해주는 업무를 했습니다. 김영규라는 가명으로 아무도 모르게 입사했고 공장 기숙사에서 자면서 4주간 근무했습니다. 나름 요령 있게 일을 잘했고, 점심시간에 밥을 빨리 먹고 부품 상자를 펴고 누워 이용의 〈잊혀진 계절〉을 들으며 달게 낮잠을 잔 기억이 나는군요.

이후 재입사해 초고속 승진을 거쳐서 경영자가 됐습니

다. 제조업인 현대자동차 회장에서 주택 사업이 중심이었던 현대산업개발 회장으로, 대대적인 업종 변경도 거쳤지요. 동종 업계 커리어 선배이자 선대 경영인이었던 아버지의 가르침은 살짝 모순적이지만, 메시지는 분명했습니다.

"성실은 조용하게, 성과는 눈에 띄게."

아버지는 1세대 경영인으로 한국형 자동차의 고유 모델을 만들고 K수출의 기반을 다졌습니다. 2세 경영인인 제가 악착같이 만들어낸 건 사이클의 다양화였습니다. 대한민국을 아파트 공화국이라고 하지만 건설은 호경기, 불경기를 심하게 타기 때문에 10대 건설사 중 망할 위기를 겪지 않은 회사가 없습니다. 선분양과 PF로 아슬아슬하게 떠받친 재정 구조는 늘 외부의 바람에 심하게 흔들리는 탓에, 현대건설, 대우건설 등 대형 건설사들도 은행 관리에 준하는 어려운 시기를 겪었습니다.

그런 모습을 보면서 기업이 오래 가려면 당장의 수주, 매출을 유지하기 위해 양적인 경쟁에 매달리지 말아야 한다는 걸 깨달았지요. 그보다 건설업의 업다운 사이클에 일희일비하지 않도록, 다른 사업 포트폴리오를 늘려서 리스크를 관리하는 게 맞다는 판단이었습니다.

저는 큰 꿈을 꾸는 이상주의자지만, 돈의 흐름을 보는 실용주의자이기도 합니다. 통영 LNG발전소 이후 이제 건설업은 HDC그룹에서 50퍼센트 정도의 매출 비율만 차지하고 있습니다. 더 이상 저는 양적인 경쟁에 매달리지 않습니다. 기업은 명이 긴 게 최고이고, 그게 진정으로 사회에 기여하는 일이라고 생각합니다. 인생도 말년에 좋아야 좋지 않던가요?

자신이 일군 사업체를 목숨처럼 생각하는 1세대 경영자들과 달리, 사업을 저의 정체성으로 보지도 않습니다. 저의 철학을 심는 플랫폼으로 보지요. 그렇다고 젊은 스타트업 창업자처럼 훅 치고 빠질 수는 없습니다. 제가 하는 사업은 최소 30년, 길면 100년을 봐야 하는 콘크리트 비즈니스입니다. 도시의 하드웨어와 라이프 콘텐츠가 결합된 사업이지요.

사업에 재능이 있는지는 모르겠지만, 적어도 지나온 궤적을 바라보면 출발점에서 다양한 방향으로 먼 거리를 이동하지 않았나 싶습니다. 물론 앞으로 가야 할 길이 더 멀고 예측불허라는 건, 두 손 들고 인정합니다!

젊은이를 발탁해야 하는 이유

우리 사회는 젊은 사람을 잘 중용하지 않습니다. 기업에서도 바로 성과를 낼 수 있는 경력직을 원하고, 축구에서도 올해 성적을 낼 수 있는 경력이 많은 선수를 원하는 경우가 많습니다. 예를 들어 19세 초임 프로 선수 연봉이 5천만 원이고 35세 프로 선수 연봉이 3억 원이라면 구단은 올해 좋은 성적을 내기 위해서 35세 선수를 스카우트해달라고 합니다. 당해에 이기는 것이 목표이기 때문이죠. 증명된 사람이라는 것이 큰 이유지만 내막을 들어보면 복잡한 이해관계가 있습니다.

어쨌든 그래서 젊은 선수들에게는 출전 기회가 많이 주어지지 않습니다. 실수가 잦거나 아니면 경험이 부족하고 센스가 없다는 이유로 기용하지 않고, 대신 경험이 많은 선수 위주로 발탁합니다. 회사에서도 마찬가지입니다. 젊은 직원에게 기회를 주기보다는 본인이 자주 보고 가까이 있었던 고참 직원들을 기용하는 경우가 허다합니다. 고참 선수, 고참 직원 들이 불평을 하기 시작하면 감독과 팀장 내지 중역의 리더십이 무너질 수도 있지요. 회사에서는 가까운 사람에게는 관대하고, 자주 보지 않는 사람에게는 소홀한 경우를 자주 볼 수 있습니다. 그러나 이렇게 해서는 조직을 공정하게 이끌어가기가 어려워집니다. 요즘 2030 세대들이 기성 세대에게 많은 불평을 갖는 이유지요. 기성 세대들은 호봉제로 매년 월급은 올라가지만 힘든 일은 젊은 세대나 외국인에게 미루는 것이 요즘의 세태가 아닌가 싶습니다.

'우리가 남이가?'라는 말이 있습니다. 이 말은 어떻게 쓰는가에 따라서 약도 되고 독도 됩니다. 《응답하라 1988》이라는 드라마에서는, 골목을 함께 쓰는 이웃들이 부침개 몇 장, 감자 몇 알도 나눠 먹고, 형편이 어려운 집 아이 수학여행비도 은근슬쩍 보태주더군요. 상호 부조로 각 가정의 결핍을 채우던 '우리가 남이가?'의 에피소드들은 우리 인생을 돌리는 최고급 윤활유입니다.

문제는 '우리가 남이가?'를 상상의 이득을 선취하기 위한 공모로 쓸 때입니다. 특히 어떤 가능성을 낳을지 알 수 없는 중요한 기회 앞에서 '우리가 남이가?'의 유혹이 끼어든다면, 그에 대한 답은 분명합니다. "우리는 남입니다."

남이라는 인식이 있어야 서로에게 함부로 하지 않고, 누군가의 기회를 박탈하지 않습니다.

저는 아버지에게 인사의 중요성을 배웠습니다. 수시로 날아드는 인사 청탁을 방어하기 위해 시험 문제를 상상 이상으로 어렵게 내서, 그 점수로는 부모나 친척이 부끄러워 전화 한 통 못 넣게 싹을 잘랐다고요.

만약 리더가 자기 말을 잘 듣는 나이 든 측근에게 거듭 기회를 주고, 익숙하고 노회한 게임의 룰을 설계하기 시작하면 그 조직은 가망이 없습니다. 지속가능성을 생각하면 조직은 젊은이에게 기회를 줘야 합니다.

제가 믿는 것은 시간입니다. 시간은 훌륭한 조정자입니다. 시간이 진행됨에 따라 더 나은 쪽으로 빌드업해온 시스템, 즉 과정의 정당성은 자연스럽게 증명됩니다. 그리고 어떻게든 앞으로 나아가고자 하는 젊은이들의 탁월한 운동력은 힘을 받습니다. 최전선에서 최적의 선택을 하는 쪽은 늘 다음 세대입니다. 살아남는 게 옳은 것입니다. 그게 인류의 지속가능성에 맞기 때문입니다.

《제4의 대전환》(한국경제신문, 2024)이라는 책을 쓴 세대 전문가 닐 하우Neil Howe는 역사를 봄, 여름, 가을, 겨울, 마치 계절처럼 순환하는 과정으로 설명합니다. 자연의 계절처럼 약 100년을 주기로 탄생(재생)과 각성(성장), 해체와 전환(창조적 파괴)이 반복된다는 것이지요. 그의 관점에 따르면 우리는 지금 전환을 위한 혹독한 겨울을 지나고 있으며, 현재의 위기는 사상 최고 수준의 실업률을 기록했던 1930년대 대공황 시기와 유사합니다.

닐 하우의 전언에 따르면 앞으로 10년간 밀레니얼 세대는 특유의 집단행동으로 세상을 더 낫게 만들겠다고 약속하는 리더에게 몰려들 거라고 합니다. 비단 밀레니얼이나 알파 세대뿐 아니라, 한 시대의 가장 젊은 층은 인류 존속을 위한 최선의 시스템을 제안해왔습니다. 그래서 저는 젊은이의 안목을 믿습니다.

책임을 지면 인연이 따라온다

어른인가, 아닌가를 결정짓는 가장 중요한 기준은 책임입니다. 행동에는 책임이 따른다는 것을 알 때, 비로소 독립적인 인간이 된다고 하지요. 아시다시피 내 일이 아니라고 계속 책임을 회피하면 제대로 된 시간을 살기 어렵습니다. 책임지지 않으면 갈수록 움직일 수 있는 공간이 줄어들거든요. 작은 성취들이 모여 큰 성취를 이루듯, 작아 보여도 계속 귀 기울이고 책임을 지면 자기도 모르는 사이 배포가 생기고 시야도 넓어지게 마련입니다. 책임지는 것도 용기가 필요한 일이라 주변에 그런 본을 보여주는 사람이 많아야 합니다.

책임에는 여러 가지가 있겠으나, 가장 차원이 높은 것은 지속가능성에 대한 책임이겠지요. 벌어진 일에 대해 책임을 지는 것은 문제 해결을 통해 현재를 돕는 행위지만, 앞날을 내다보고 선제적으로 책임 있는 행동을 하는 것은 투자를 통해 미래를 돕는 일입니다.

책임에 대해 생각나는 큰 인물은 차범근 감독입니다. 1970년대 중후반 세계 최고의 리그로 꼽혔던 독일 분데스리가에서 활약한 차범근 감독은 제가 현대자동차에 입사한 이후 처음 울산 현대 호랑이 축구단으로 모셨습니다. 당시 국내 프로 구단에서 영입 경쟁이 매우 치열했는데, 차범근 감독이 현대에 오기로 약속하면서 제시한 조건이 좀 특이했습니다. 바로 어린이 축구 교실에 대한 적극적인 후원 요청이었지요. 유럽 최고 리그에서 성공을 거둔 슈퍼스타가 열정적으로 토해내는 이야기의 절반 이상이 자신의 연봉과 대우가 아니라 미래 세대에 대한 투자였습니다. 차범근 감독에게 받은 충격과 배움, 인연은 이후 저의 의사 결정에 많은 영향을 미쳤습니다.

1994년 시즌을 간신히 치른 후 사실상 해체를 눈앞에 둔 전북 버팔로를 인수한 것도 사회적 책임의 일환이었습니다. 호남 연고의 프로팀을 유지해야 한다는 국내 축구계의 소망, 당시 전북 지역에 대규모 공장을 짓고 있던 현대그룹의 사업적 위상, 현대자동차그룹의 리더로서 2002 월드컵 유치라는 국가적 어젠다에 도움을 주고 싶다는 구체적 열망이 합쳐져서 전북 버팔로를 인수했습니다.

나중에 같은 리그에 운영 주체가 동일한 팀이 있으면 안 된다는 규정을 알게 되어 현대중공업이 울산 현대 호랑이 축구단을, 현대자동차가 전북 축구단을 맡는 것으로 교통

정리가 됐습니다. 그때 인수를 결정하지 않았다면 K리그에서 전북 현대 모터스의 투지 넘치는 활약을 보지 못했을지도 모릅니다. 생각만 해도 얼마나 아찔한지요. 지금도 K리그에서 울산과 전북을 보면 '우리 팀'이라는 생각이 듭니다.

세상은 그렇게 인과 관계의 그물로 이어진 거대한 네트워크입니다. 책임과 인연은 그물의 처음과 다음이 끊어지지 않도록 이어주는 믿음직스러운 매듭이며 접착제입니다. 사업을 하면서 알게 된 사실은 어떤 사람 혹은 어떤 일을 책임지면 반드시 인연이 따라온다는 겁니다. 책임을 진다는 것이 당장 눈앞의 보상을 바라지 않더라도 다음 인연을 소중히 하겠다는 마음에서 비롯된 것이기 때문이지요. 그래서 책임은 늘 인연과 함께 갑니다. 전북 현대의 사령탑을 맡았던 최만희 감독은 이후 부산 아이파크 축구단의 부단장과 사장, 대한축구협회 실장의 인연으로 이어졌습니다.

옥스퍼드의 교훈

위기를 견디는 가장 좋은 방법은 책을 읽는 겁니다. 저는 소위 '벽돌책'을 좋아합니다. 그 습관은 아버지에게 물려받았습니다. 아버지도 1980년 대 말, 현대자동차 노사 분규로 잠시 직장 폐쇄를 단행했던 시절, 그간 못 읽었던 경제경영서를 읽었다고 했습니다. 세상이 시끄럽고 무엇이 옳은지에 대한 판단이 사방에서 난무한다면, 그때는 공부를 해야 할 시간입니다. 자발적 고립이 필요한 시간이지요. 세상에 공부만큼 재미있는 게 없고 공부만큼 고통스러운 게 없습니다.

저는 고려대학교를 졸업하고 영국의 옥스퍼드대학교에서 유학했는데, 그 시절을 생각하면 자다가도 손에 땀이 나고 머리에 쥐가 납니다. 현대가의 친척들은 대부분 미국에서 경영학을 공부했는데, 저는 영국에서 철학과 정치학, 경제학을 공부했습니다. 옥스퍼드는 제가 재벌가의 외아들이라는 사실을 잊게 해준 곳입니다. 아무도 저를 특별하게 보지 않았고, '누구의 아들'이라는 서브 타이틀 없이 오로지 책과 나, 토론과 나, 세상을 이해하는 공부의 분투만이 불타

올랐던 곳이지요. 저는 그곳에서 여러 번 한계 상황에 직면했습니다.

당시 공부는 곧 책 읽기였고, 짧은 시간 안에 자기만의 관점으로 책의 하이라이트를 요약할 수 있는지가 중요했습니다. 옥스퍼드를 졸업하기 위해서는 전공 분야였던 정치, 철학, 경제에서 매일 세 시간씩 일주일 동안 시험을 봐야 하는데, 그 시간을 기억하면 지금도 고통스럽습니다. 주위 학생들은 8절지 답안지를 5, 6페이지가 넘도록 빽빽하게 써내려 가는데, 저는 세 시간 동안 두 페이지를 넘기기도 쉽지 않았습니다. 책 한 권을 읽으려 해도 사전을 찾아가며 곱절의 시간을 써야 했고, 리포트를 쓸 때도 철자와 내용을 동시에 생각해야 했으니 그 힘듦이 이루 말할 수 없었지요. 졸업한 지 40년이 넘은 지금도 시험 준비를 제대로 못해 곤욕을 치르는 악몽을 종종 꿉니다. 당시엔 제가 감당할 수 없다고 느꼈고, 부끄럽고 막막한 감정이 크게 다가왔지만, 결국은 엉덩이 힘으로 버텨냈습니다. 그 3년의 유배 생활이 저를 단단하게 만들었습니다.

특유의 고풍스러운 분위기, 선통 있는 학교의 학문적 분위기도 기억에 깊게 남습니다. 마치 영화 〈해리 포터〉 시리

즈에 나오는 호그와트 마법 학교처럼, 교수가 가운을 입고 식당에 들어서면 학생들이 전부 기립합니다. 함께 식사를 하면서 모든 학과 학생들이 함께 자유롭게 토론하고 지적인 대화를 나눕니다. 경제학에는 무엇이 이슈인지, 정치학에는 어떤 지역에서 이해 충돌이 있는지, 서로 연관이 있는 학과도 전혀 동떨어진 학과도 다양한 의제로 이야기를 나누니 상상도 못한 해법이 나오기도 하고 깊은 자극도 받습니다.

법대면 법대, 의대면 의대, 경영대면 경영대, 끼리끼리 밥 먹고 어울려서 시야가 좁아지는 한국의 단과 대학과는 완전히 다른 분위기지요. 청년 시절부터 경계를 넘어서, '요즘엔 이런 이론이 유행하는구나', '저런 국제 분쟁이 골치 아프구나' 같은 학문적 교류로 밥상머리 해법을 시뮬레이션하다 보면 자연스럽게 사유가 자랐습니다.

학문이 뒤섞이는 광경은 황홀합니다. 주류와 하위문화, 원주민과 이주민의 문화가 뒤섞이듯 난류와 한류가 만나는 곳에 야생이 깊어지고 새로운 돌연변이종이 자연의 다음 진화를 이어가듯이 말입니다. 흥미로운 건 그런 융합을 허용하면서도, 엄격한 전통과 성취에 따른 계급이 있다는 겁

옥스퍼드 재학 시절

니다. 커다란 홀에 교수의 의자는 학생의 시선보다 한 단계 높고 학장의 의자는 또 한 단계 더 높습니다. 졸업 가운의 길이도 학사에서 석사, 박사로 갈수록 조금씩 길어져, 그 권위에 차이를 두더군요.

매형이 옥스퍼드에서 박사 학위를 받을 때 누님도 영국에서 함께 지내셨기에 저도 자연스럽게 옥스퍼드로 가게 되었는데, 그 또한 나서기 싫어하는 우리 집안의 내성적 기질인가 싶기도 합니다. 보수화되어 있던 영국이 다시 살아나던 역동적인 시절, 저는 그곳에서 가장 클래식하고 신중한 교육 시스템의 수혜를 받았습니다.

런던에서 기차로 한 시간 떨어진 옥스퍼드라는 유배지에

갇혀 책을 읽은 경험은 제 인생에서 천만금을 주고도 못 살 자산이 되었습니다. 요즘엔 AI라는 거대 언어 모델이 도서관 수준의 데이터를 순식간에 송출해주지만, 저는 그래도 책을 읽으시기를 권합니다. 특히나 영미권의 인문서는 전문 지식을 놀라운 스토리텔링으로 전하기에 한두 권만 독파해도 깊은 통찰과 영감을 얻을 수 있습니다.

책은 나의 스승

함께 일하는 임직원들에게 책을 선물하는 것을 좋아합니다. 세상에는 현미경과 망원경의 시야를 두루 교차하며 자기만의 세계관을 확장해가는 좋은 저자들이 많습니다. 저널리스트 출신 경영 저술가 말콤 글래드웰Malcolm Gladwell, 돈을 자유자재로 다루는 금융계의 뛰어난 스토리텔러 모건 하우절Morgan Housel, 매혹적인 글쓰기로 인류사의 빅 히스토리를 역대급 드라마로 전파한 유발 하라리Yuval Noah Harari, '보보스(부르조아 보헤미안)'의 출현 이후로 소셜 애니멀의 욕망과 이상을 특유의 사려 깊은 언어로 계도해가는 미국의 현자 데이비드 브룩스David Brooks, 애덤 그랜트, 앤절라 더크워스Angela Duckworth, 세스 고딘Seth Godin, 로랑스 드빌레르Laurence Devillairs 등 우아하고 정교한 스승들이 우리가 시간을 내주기만을 기다리고 있습니다.

먼저 말콤 글래드웰의 《다윗과 골리앗》(김영사, 2020), 《타인의 해석》(김영사, 2020)을 읽어보시기 바랍니다. 《다윗과 골리앗》은 약사들의 바이블이라고 할 수 있습니다. 어떤 싸움이든 강자가 유리할 것이라는 우리의 편견을 부수는 호

쾌한 책입니다. 한낱 양치기 소년인 골리앗이 물맷돌 하나
로 거인 다윗을 격파한 성경 속의 실화는 믿기 어려운 기적
처럼 보이지만, 실상을 따져보면 당연한 결과였다고 말콤
글래드웰은 이야기합니다. 예컨대 골리앗은 말단비대증의
부작용으로 시력이 좋지 않았습니다. 이스라엘 사람들을
벌벌 떨게 했던 큰 몸집이 사실은 골리앗의 치명적인 약점
의 원인이었던 거지요. 반면 양 치는 소년이었던 다윗은 민
첩성이 있었고, 싸움의 규칙을 알았고, 의외의 잔기술이 있
었습니다. 작은 몸집과 낯선 무기가 핸디캡이 아니라 거인
을 해치울 수 있는 '킥'이었던 거지요.

말콤 글래드웰은《다윗과 골리앗》에서 약자의 꼬리표를
단 사람이 자신의 약점을 이용해 어떻게 상대의 허를 찔러
왔는지 수많은 사례를 등장시킵니다. 돈, 실력, 물자가 성공
을 보장하지 않습니다. 나라 간 전쟁도 지난 200년간의 결
과를 분석해보면 약소국이 승리한 경우가 30퍼센트나 됩
니다. 부유한 강자들, 시장을 선점한 대기업, 스포츠 전통
강호 등 기득권에게는 정신이 번쩍 들고 약점을 가진 보통
사람들, 중소기업이나 스타트업 CEO, 약진하는 동아시아
신흥국 들에게는 희망이 되는 이야기지요.

《다윗과 골리앗》이나《아웃라이어》(김영사, 2019) 등으로

보통 사람들의 힘에 대해 놀라운 스토리텔링을 엮어낸 말콤 글래드웰은《타인의 해석》이라는 책에서 신뢰가 얼마나 중요한가로 더욱 깊게 나아갑니다. 신뢰는 모든 의사소통 전략 중에서 가장 효율적입니다. 그래야 소통하고, 협력하고, 친구를 만들고, 복잡한 업무를 수행할 수 있지요.

오랫동안 인간의 머릿속을 탐사해온 저널리스트의 결론은 하나입니다. 우리는 낯선 사람을 쉽게 알 수 없기에 우리가 취할 수 있는 최상의 태도는 '타인이 정직하다'는 훈련된 본능을 믿는 것뿐입니다. 생각해보면 숙박, 차량, 물건 등 IT 기반의 수많은 공유 산업도 '신뢰'라는 거대 인프라가 없었다면 불가능했을 것입니다. 암묵적인 신뢰에서 오는 혜택이 얼마나 대단한지 인류 공동체는 진화의 경험으로 알고 있습니다.

이 책을 읽은 후 그리고 다양한 사업 경험을 통해 리더로서 제가 내린 결론은 언제 믿고 언제 믿지 말아야 할지 알아내는 것은 사실상 불가능하다는 것입니다. 말콤 글래드웰도 신뢰를 주었다 뺏었다 자유자재로 결정할 만큼 우리는 타인에 대해 절대로 알지 못한다고 이야기하더군요.

저는 기업을 경영하면서 여러 번 큰 위기를 겪었습니다. 그 모든 위기의 출발은 신뢰의 붕괴에 있었습니다. '신뢰를 어떻게 유지할 것인가'는 '리스크를 어떻게 다룰 것인가'와 함께 결정의 순간을 움직이는 중요한 기재였습니다. 제가 40대 때 회사에서 재무 담당 임원이었던 동창 K의 일탈로 인해 큰 위험이 닥친 적이 있었습니다. 제 돈을 관리하던 그가 제 주식을 팔고 사는 과정에서 금액을 속이고 차액을 취하는 등 위법 행위를 했습니다. 성실한 친구였는데 어느 시점인가부터 출근이 늦어지고, 아침에도 입에서 술 냄새가 나는 등 이상한 기류가 감지됐었지요.

결국 K의 일탈은 곪아서 밖으로 터졌고, 그 일은 제가 한 일로 둔갑해 재판을 받게 되었습니다. 아버지가 돌아가신 직후여서 기댈 곳이 없던 시절이었습니다. 유죄가 인정되면 건설 회사 회장을 지속할 수 없어서 괴로움이 이루 말할 수 없이 컸습니다. 주변인들은 설사 제가 한 일이 아니더라도 죄를 인정하는 것이 전략적으로 유리하다고 권유했지만, 저는 그렇게 하지 않았습니다. 수없이 많은 밤을 뜬눈으로 보낸 끝에 저의 무고가 인정되고 사태는 잘 수습되었습니다.

그러나 질문은 남습니다. 누구를 믿을 것인가? 누구를 의심할 것인가? 나를 돕고자 하는 사람도 진실로 나를 도우려는 순수한 마음인지, 자신의 이해관계에 따른 결정인지 구분하기 어렵습니다. 그래서 경영자는 대부분의 결정을 궁극에는 혼자 내릴 수밖에 없습니다. 크고 작은 결정의 데이터들이 쌓이다 보면, 직관의 힘이 생기고 나만의 윤리관과 가치관에 근거해서 결정을 내릴 수 있습니다.

우리는 타인과 그물처럼 연결되어 있으며, 그중 누군가의 변심 혹은 과욕으로 서로를 지탱하던 안전 그물에 구멍이 나기도 합니다. 설사 그렇게 일이 벌어졌다 해도 남을 탓해봐야 문제는 해결되지 않습니다. 대책 없는 남 탓이 아니라, 내가 감당할 수 있는 신뢰 범위 안에서 책임의 윤곽을 잡아야 합니다. 신뢰를 회복하는 데는 오랜 시간이 걸리겠지만, 진정성 있는 행동은 시간이 지나면 진의를 이해받게 됩니다.

어찌 보면 기업의 리더는 결정을 하고 책임을 지는 게 전부인 사람입니다. 광주 화정아이파크 철거와 붕괴 사고도 지역 하청 업체의 부실 공사가 부른 비극이었지만, 저는 4천억 원이라는 대규모 자금을 투입해 해당 건물뿐 아니라 단지 전체 전면 철거, 전면 재공사라는 결정을 내렸습니다. 건설 경기가 어려운 상황에서, 기업이 부도가 나고 은행 관리에 들어갈 수도 있을 정도의 큰 위기였지만, 본디 신뢰의 값은 뼈를 깎는 마음으로 치르는 것입니다.

1953년 국내 고령교 공사 때도, 1968년 태국 파타니 도로 공사 때도 당시 현대건설은 어마어마한 적자를 입고 부도 직전까지 갔지만, 큰아버지 정주영과 아버지 정세영은 어떻게든 손실분을 메우고 든든한 신뢰를 구축한 뒤에 자리를 털고 나왔습니다. 실패를 신뢰로 다지는 특유의 맷집은 이후 현대의 DNA로, 현대산업개발의 정신력으로 자리 잡았습니다.

따지고 보면 역경이나 리스크 없는 인생이 어디 있겠습니까. 역경이나 리스크 없는 기업 경영도 불가능합니다. 인생도 사업도 수많은 잠재력과 수많은 리스크의 충돌 혹은 연합입니다. 무엇보다 잠재력이 눈에 보이는 결과물이 될 때까지 인내하고 밀어붙이는 힘이 중요하지요. 말콤 글래드웰의 《아웃라이어》나 앤절라 더크워스의 《그릿》(비즈니스북스, 2022) 그리고 애덤 그랜트의 《히든 포텐셜》은 역경을 딛고 끝까지 해내는 힘의 중요성을 이야기합니다. 우리는 타고난 천재들의 재능을 부러워하고 칭송하지만, 실제로 무언가를 이뤄내는 사람들은 끈기 있게 계속한 사람들입니다.

말콤 글래드웰은 이를 10년 동안 세 시간씩 자기 일에 투자한 '1만 시간의 법칙'으로 설명해냈고, 앤절라 더크워스는 불굴의 투지인 '그릿'으로 표현했습니다. 어떤 재능이든 완전하게 발달시키고 표현하기 위해서는 엄청난 양의 연습이 필요하다는 것이지요. 앞서 말한 것처럼 세상에는 신동으로 태어나 세상을 휩쓴 모차르트보다 서서히 부상한 대기만성형 바흐가 더 많습니다. 애덤 그랜트는 그것을 '품성 기량'이라고 표현하면서 성격과 품성을 혼동하면 안 된다고 강조합니다. 성격이 '평상시에 우리가 어떻게 반응하는가'라면, 품성은 '어려울 때 우리가 어떻게 대응하는가'라는 거지요. 우리의 운명을 결정하는 것은 성격이 아니라 품성이라는 통찰에 저는 탄복했습니다.

1만 시간, 그릿, 그리고 품성 기량. 모두 제가 책을 통해 흡수한 중요한 키워드입니다. 제가 탁월한 경영자인지는 모르겠지만, 시간을 길게 잡고 투지를 갖고 나아갔던 것은 맞습니다. 공부를 통해 신중함을 실었습니다.

스포츠를 좋아하면 낙망하지 않는다

저는 아버지에게 많은 것을 물려받았으나, 가장 큰 유산은 어려울 때 공부로 돌파하는 기질과 스포츠에 대한 사랑입니다. 공부와 운동은 평소에도 저를 지키는 힘이었지만, 결정적 순간에 더욱 번뜩이는 지혜, 기회, 즐거움과 투지를 선물해주었습니다. 공부가 개인의 내적 성장이라면 스포츠는 사람을 하나로 묶는 공통의 엔진입니다. 스포츠를 좋아하면 극심한 스트레스 상황도 버텨낼 수 있습니다. IMF 시절 박세리가 양말을 벗고 웅덩이에 빠진 골프공을 쳐올렸을 때, 얼마나 많은 국민들이 환호하고 살아갈 힘을 얻었습니까. 스포츠는 개인과 공동체에, 자신도 몰랐던 놀라운 잠재력을 폭발시킵니다.

스포츠는 재능과 노력, 수련과 운이 집약된 정점의 드라마지요. 최선을 다했으나 타이밍과 운이 받쳐주지 않아 당장은 성과가 적었더라도 다음 기회 혹은 다른 분야에서 다른 방식으로 보상을 받습니다. 승률이나 기록, 운동 그 자체가 아니더라도 좋은 태도가 쌓이면 어디에서건 빛을 발하게 되어 있지요. 그런 태도가 체화된 힘이 품성 기량입니다.

뛰어난 스포츠 선수들은 압박감과 스트레스의 시간을 견디고 묵묵히 앞으로 나아갔던 품성 기량이 높은 사람들입니다.

감사하게도 현대가는 스포츠를 사랑했습니다. 제 아버지는 미국 유학 시절 수상 스키를 배웠고 아직은 불모지였던 국내에 수상 스키를 보급한 1세대 개척자였습니다. 1979년에는 대한수상스키협회를 결성해 초대 회장을 맡을 정도로 종목 보급에 열성이었습니다. 워커힐 호텔 앞 광나루나 양수리에서 수상 스키를 타면서 사업 스트레스를 많이 푸셨지요. 저도 초등학교 4학년 때 몽혁(현대코퍼레이션 회장), 몽익(KCC글라스 회장) 등 동갑내기 사촌들과 아버지에게 수상 스키를 직접 배웠습니다.

스키는 수상 스키보다 더 일찍 시작했습니다. 초등학교 3학년 때 대관령에서 처음 스키를 탔습니다. 그때는 용평리조트가 생기기 전이라 스키를 신은 채 게걸음으로 힘들게 올라가서 타고 내려와야 했지요. 올라가는 데 워낙 시간이 많이 걸려서 하루 종일 있어도 오전에 두세 번, 또 오후에 두세 번 타는 것이 고작이었습니다. 후에 고려대 경영학과에 입학한 뒤에는 교내 스키 서클을 만들어 활동했고, 1학년 때는 대한스키협회에서 주관하는 신인 선발 대회에 출전해 1등을 차지했습니다. "전 세계 어디를 가도 스키는 상위 1퍼센트 안에 들 자신이 있다"고 대답할 정도였습니다. 눈밭을 미끄러지며 엄청난 가속도로 낙하하던 힘은 제 몸속 어딘가에 일체감, 통제감, 자제력, 승리의 스릴로 남아 있습니다.

스포츠를 통해 저는 세포 안에 승부 근성을 새겨 넣었습니다. 한계치를 넘어서서 최대치로 가는 좋은 경험을 했지요. 압박감과 한계 상황을 견디고 좋은 결과를 상상하는 힘은 결정의 순간에도 도움을 줍니다. 대한축구협회 관련 일로 국민적 논란의 중심에 섰을 때도 저는 한 번 더 회장에 도전했습니다. 각종 의혹과 왜곡된 보도가 이어졌고, 시기적으로도 모두가 만류했지만 물러서지 않았습니다. 소통의 부족으로 오해를 키운 책임은 전적으로 제 몫입니다. 억울함이 없지는 않지만, 진실은 시간이 지나면 드러난다고 믿습니다.

대체로 위기의 순간에 저는 미래로 가서 현재를 들여다봅니다. 무엇보다 수렁에 빠졌을 때는 낙망해서 남 탓을 하고 후퇴하기보다, 책임지고 정면 돌파하는 게 좋습니다. 그 결과 2025년 2월 선거에서 압도적인 지지로 대한축구협회

회장에 당선됐습니다. 유소년과 지도자 육성, 구조 개편과 투명성 강화 등 그동안 추진해온 '안정과 혁신'의 방향이 선택받은 것입니다.

피하지 않고 할 수 있는 일을 해도, 오해는 남을 수 있습니다. 그런 것들은 나의 통제 범위를 넘어서는 것이고, 대체로 시간이 지나면 해결됩니다. 책임을 진다는 것은 진짜로 책임을 지는 것이고, 오직 시간만이 오차 없는 증인이 되어줍니다.

결정적 결정이란

언제부턴가 경제학도 선택의 학문이 되었습니다. 빌프레도 파레토Vilfredo Pareto라는 이탈리아 경제학자가 근대 경제학이 희소성과 선택의 문제라는 것을 아주 선명하게 정리했지요. 이처럼 경제학이 선택의 과학이라는 생각이 중론이 되면서 큰 기업도 작은 기업도, 어른도 아이도 일상사에서 끝없이 선택과 결정을 내려야 하는 경제적 주체가 됐습니다. 지금도 인간의 행동을 연구하는 행동경제학이 일상에서 설득력을 얻고 있습니다. 가령 다이어트에 성공하려면 그릇의 크기를 모두 절반 사이즈로 줄이는 '선택 설계'를 하라는 식이죠. 하지만 기업을 경영해보고 60년이 넘게 살아보니 인생사나 기업의 흥망성쇠를 선택의 과학이나 파레토 효율로만 설명할 수는 없더군요.

내가 누구인가, 이 기업이 어떤 기업인가를 알려면 과거부터 지금까지 결정적인 순간에 어떤 선택을 해왔는지, 즉 선택의 방향과 선택의 누적분을 추적해보면 됩니다. 대개 과거에 했던 선택들이 내 정체성의 핵심 단서입니다. 어떤 판단은 효율을 높이지만, 어떤 판단은 자신을 더 큰 공동체나 더 큰 비전 너머로 데려가기도 합니다. 대개 후자의 선택이 더 파워풀하고 생명력이 길더군요. 그래서 중요한 결정은 기브 앤드 테이크의 수학을 넘어선다는 게 저의 생각입니다.

《페이버》(청림출판, 2017)라는 책을 쓴 목회자이자 미국의 초대형 건축 설계 회사 팀하스TimHaahs의 회장 고故 하형록의 이야기를 예로 들어보겠습니다. 30대에 심실빈맥증이라는 병으로 심장 이식을 기다리던 그가 결정적 순간에 자신의 심장을 사경을 헤매는 옆방의 환자에게 양보한 일화는 유명합니다. 왜 그런 결정을 했는지 묻자 그는 이렇게 답했습니다.

"의사에게 그냥 '그 여자는 확실히 죽나요? 나는 며칠을 더 살 수 있나요?'라고 물었어요. 여자는 곧 죽고 나는 일주일, 길면 3주 정도를 더 살 수 있다고 하더군요. 그래서 '이 심장을 그 여자에게 주세요'라고 말했습니다."

정확히 일주일 뒤, 하형록은 호흡 곤란으로 혼수상태에 빠졌습니다. 숙음을 눈앞에 눈 한 환자가 심장을 양보했다는 이야기가 퍼지면서 응급 병동의 직원과 환자들이 서로를 배려하기 시작했습니다. "팀은 아직 살아 있어?" 의사들은 출근하면 가장 먼저 그의 생사를 확인했습니다. 한 달쯤 되었을 때, 기적적으로 그에게 맞는 또 하나의 심장이 나타났고 하형록은 건강한 몸으로 집에 돌아왔습니다.

하형록은 그 삶을 '페이버favor'의 삶이라고 정의했습니다. 이런 식의 결정 기준은 기업가로서 하형록의 커리어에도 직접적인 영향을 미칩니다. 회사를 경영하면서 부딪히는 현실적 어려움 앞에서도 같은 기준으로 담대한 결정들을 해나갔던 거지요. 그는 한 인터뷰에서 그 상황을 이렇게 술회했습니다.

"2009년경에 아주 힘든 시기가 있었어요. 마이애미 구장 주차 건물 공사에서 주차 기둥에 금이 가는 하자가 생긴 거죠. 고객의 무리한 설계 변경으로 생긴 문제였지만, 어쨌든 절체절명의 위기였습니다. 심장이 멎을 만큼 힘든 순간이었어요. 그때 저는 고객과 여러 파트너 회사들의 잘못을 들춰내지 않기로 했어요. 각 회사의 보험사와 변호사가 법정 공방을 벌이면 모두가 고통받고 서로 원수가 될 상황이었으니까요."

책임을 묻기 위해 관계자가 모두 모인 자리에서 그는 담담하게 말했습니다. "우리 모두 살기 위해선 누군가가 희생을 해야 합니다. 모든 것은 제가 책임지겠습니다." 보수 공사가 끝난 후 메이저리그 첫 경기가 야구장에서 열렸을 때, 하형록은 이 일과 관련된 모든 사람을 초청해서 함께 경기를 관람했습니다. 결론적으로 이것을 계기로 팀하스는 건축업계에서 더 많은 파트너와 고객을 얻었고 동시에 명성도 얻었습니다.

파격적으로, 자연스럽게

사실 모든 결정은 지속가능성을 위한 섬세한 설계입니다. 자연 생태계가 유지되는 원리가 그러하듯 업의 생태계 또한 나도 살아야 하고 남도 살아야 합니다. 생각해보면 현대자동차그룹 회장 시절의 결정들은 생사를 다투기보다는 성장을 고무하는 결정들이 많았습니다.

그 시절, 제가 했던 마지막 큰 결정은 '월드와이드 스폰서'였습니다. 자동차 산업은 규모의 경제로 움직이기에, 전 세계인과 단번에 연결될 핫스팟 광고가 절실했습니다. 냉정히 말해서 그때만 해도 한국 차는 싸구려라는 인식이 강해서 세계 각국에 진출하기 위해서는 고급차라는 브랜드 이미지 변신이 시급했지요.

그때 머릿속에 떠오른 홍보 플랫폼이 F1국제 자동차 프로 레이싱 대회과 월드컵이었습니다. '테스토스테론과 땀방울이 튀는 승부의 현장에 후원사로 노출되면 그야말로 놀라운 시너지를 거두겠구나!' 하는 확신이 들었습니다.

트랙과 구장의 차이만큼 두 스포츠 이벤트는 차이가 명확합니다. F1은 유럽의 상류 계층에서 인기가 있는 하이엔드 스포츠인 반면, 월드컵은 대중적 확장성이 높고 유럽과 남미까지 포괄할 수 있다는 장점이 있지요.

접촉은 F1과 먼저 했지만, F1 왕국의 대부인 버니 에클스턴Bernie Ecclestone 회장이 페라리처럼 현대자동차에 레이싱팀 창단과 운영까지 요구하는 바람에 협상이 결렬됐습니다. 마침 일이 되려고 그랬는지, 일본의 도요타가 1998년에 월드컵 후원 계약이 끝난다는 정보를 입수했습니다. 당시 FIFA 부회장으로 재임 중이던 몽준 형님도 적극 찬성을 해서, FIFA 공식 후원 브랜드 협상을 성공적으로 마무리 지을 수 있었습니다. 4년간 100억 달러의 광고 효과가 예상되는 기념비적인 계약이 그렇게 성사됐습니다.

포니, 엑셀부터 쏘나타, 에쿠스까지 기술에 자신이 있던 현대자동차가 최적의 타이밍에 스펙터클한 광고 트랙을 갖게 된 것은 큰 행운이지요. 그러나 그때는 정말 몰랐습니다. 한 달 뒤면 제가 현대자동차를 떠나 현대산업개발로 간다는 운명을. 어쨌든 현대자동차는 1999년 미국 여자 월드컵을 시작으로 공식 FIFA 스폰서십에 참여했고, 2026년 월드컵과 2030년 월드컵까지 FIFA의 모빌리티 부문 후원사로 인연을 이어오고 있습니다.

그래서 개인이든 기업이든 기술이 있고 기회가 왔을 때
는 과감하게 더 큰 세상을 향해 점프업하라고, 글로벌 플레
이어로 뛰라고 저는 권유합니다. 뱀이 허물을 벗듯이 파격
적으로, 자연스럽게.

꿈과 악몽 사이, 신념은 본색을 드러낸다

디즈니 전 CEO 밥 아이거Bob Iger가 쓴《디즈니만이 하는 것》(쌤앤파커스, 2020)이라는 책에는 그가 2016년 6월, 상하이 디즈니랜드 개장 기간에 겪은 아찔한 이야기가 나옵니다. 상하이 디즈니랜드는 60억 달러의 건설 비용이 들어간 디즈니의 야심작이었습니다. 디즈니 역사상 가장 의미 있는 큰 프로젝트 중 하나였지요. 그런데 개장 당일, 테이프 커팅, 만찬, VIP 투어, 인터뷰, 이사회 참석 등 분 단위로 짜인 스케줄을 소화하던 아이거 회장 앞으로 누군가 다가와 귓속말로 긴급 뉴스를 전합니다.

"올랜도 디즈니랜드에서 호숫가에서 놀던 두 살 된 어린 아이가 악어에 물려 사망했습니다."

얕은 물속에 숨어 있던 악어가 해질녘 양동이에 물을 채우러 온 아이를 낚아채 사라졌습니다. 가슴 아프지만 나쁜 뉴스는 너 이선에 시삭뇄습니다. 며칠 전 올랜도 디즈니랜드 근처 나이트클럽에서 총기 난사 사건이 터졌고, 50명이 넘는 사망자가 발생한 것입니다. 그중 디즈니 파트타임 직원도 두 명 포함되어 있었지요. 지역 사회에 몰아칠 큰 슬픔이 사그라들기도 전에 또다시 있어서는 안 될 악몽이 시작된 것입니다.

500인조 오케스트라의 상하이 디즈니랜드 개장 축하 공연으로 정신없는 와중에, 아이거 회장은 직접 성명서를 내고 비통한 심정을 토로했습니다. 그리고 호텔 방으로 돌아와 아이의 부모님과 통화를 했습니다. 당신들의 고통에 공감하고 할 수 있는 모든 일을 하겠다고. 중국의 어린이들을 위해 최고의 놀이공원을 선물하는 날, 시진핑과 오바마가 축사를 보내온 그 역사적인 날이, 살아온 날들 중 가장 슬픈 날이었다고 아이거는 고백합니다.

기업을 운영하면서 저 또한 장밋빛 꿈에 부푼 날도 있었고 비극적인 날도 있었습니다. 50년간 HDC는 아파트와 호텔, 쇼핑몰을 짓고 골프장과 스키장을 설계하고, 다리와 도로를 개통하고 발전소에서 전기를 만들어 도시의 불을 밝혔습니다. 아파트를 주거와 문화, 자연과 커뮤니티가 합쳐진 조화로운 '시티'로 확장해가는 일은 제게도 아드레날린이 증폭되는 일이었습니다. 20년이 넘는 시간을 들여 땅을 매입하고, 첫 삽을 뜨고, 도시의 자랑스러운 아이콘이 되고, 가족들이 삼삼오오 환한 얼굴로 더 나은 일상을 누리는 모습을 볼 때마다 가슴이 터질 것 같았습니다.

그러나 그렇게 아름답고 편리한 프리미엄 브랜드로 자리를 잡아가던 아이파크 브랜드도 가슴 아픈 사고를 겪었습니다. 광주에서 연이어 인명 사고가 터졌던 2021년, 2022년은 제가 기억하는 가장 슬픈 해였습니다.

위기를 잘 통과하면
더 강해지고 더 선해진다

출장길에 총기 난사와 악어 공격 소식을 들은 아이거 회장이나 완공 직전의 초대형 주차 빌딩에 금이 간 것을 발견한 하형록 회장의 일화처럼, 사건 사고는 기업을 한계 상황에 몰아넣습니다. 우리는 계속 이 사회에 존재해도 좋은가? 유익한 존재로 남으려면 어떻게 해야 하는가?

"고객과 국민들의 신뢰가 없으면 회사의 존립 가치가 아무 의미가 없다고 생각합니다."

2022년이 시작되던 1월, 제 이름으로 발표한 사과문이 언론사의 헤드라인을 장식했고, 사고 현장에서 실종된 피해자 수색 작업이 한 달여간 계속되었지요. 기업의 시스템은 종종 지나칠 정도로 CEO를 분리하고 보호하지만, 저는 위기 상황에서 대변인을 내세우는 것은 비겁하다고 생각합니다. 현대가 DNA를 훑어보면 리더의 자질은 위기에 내몰릴 때 진짜 본색을 드러내곤 했습니다. 위기에 대처하는 방법은 복잡하지 않았습니다. 돌을 맞고 부서지더라도 정면 돌파가 가장 빠른 답입니다. 고통을 겪는 당사자와 함께하는 것, 그것만큼 강한 설득력을 가진 대처는 없습니다.

'제발 하루라도 빨리 발견되시길, 부디 살아만 있으시길.'

간절한 마음을 안고 광주 시내의 교회와 절을 찾아다니며 기도하고 또 기도했습니다. 당시에 제가 했던 행동은 세 가지입니다.

첫째, 피해자 가족이 머무는 천막을 직접 찾아가 위무했습니다. 최선을 다해 신속하게 매몰된 피해자를 찾고, 최대한 피해 보상 조치를 할 것을 약속했습니다.

둘째, 사고 현장인 38층에서 23층 지점을 직접 찾아가 현장 노동자들과 함께 콘크리트 잔해를 옮기며 수습했습니다. 소방대원도 실무자들도 안전을 위해 말렸지만, 회장인 제가 직접 움직이지 않으면 누가 그것을 자기 일로 여기고 힘을 내겠습니까?

셋째, 소비자와 시장의 신뢰를 얻기 위해, 사고 건물뿐 아니라 8개 동 전체를 전면 철거하고 다시 짓기로 결정했습니다.

모든 의사 결정은 빠르게 진행됐습니다. 가족을 잃은 슬픔을 그 무엇도 대신할 순 없겠지만, 피해자 가족들이 공감받고 존중받는 분위기 속에서 일상을 회복해가는 것이 최우선 순위였습니다. 지체 없는 합당한 보상, '인간 만사 원한이 없게 하라'는 것이 가장 큰 기준이 되었습니다. 돌아보면 실종자 수색 한 달 동안 광주 사고는 뉴스 헤드라인을 장식했고 여론의 뭇매를 맞았지만, 피해자 가족 중에서는 누구도 회사를 나쁘게 말하지 않았습니다.

책임을 진다는 것은 전부를 거는 것

신은 감당할 수 있는 시련만 주신다고 하지요. 종교적으로는 시련이라고 하고 경제적으로는 리스크라고 합니다. 광주 사고는 현대산업개발의 역사에 오점을 남겼지만, 리스크를 통해 회사는 더욱 강해지고 선해졌습니다. 우리가 위기에 어떻게 대처하는가를 경험한 직원들의 내면은 더욱 단단해졌습니다.

문제가 된 1개 동만 철거한 후 지역 사회를 위해 공원을 짓거나, 금전적으로 공간적으로 주민들에게 더 나은 서비스를 설계하는 것이 합리적인 결정일 것입니다. 전부 철거하게 되면 비용 손실도 커지고, 완공 시간도 길어질 뿐더러, 폐기물로 인한 환경 오염도 만만치 않았습니다.

그러나 가장 중요한 것은 소비자의 마음입니다. '전부 헐고 다시 짓겠다'는 결정이 최고의 결정이었는지, 그건 잘 모르겠습니다. 과연 그라운드 제로가 맞았을까? 지역 협력 업체들이 눈감아온 관행을 들춰내 책임 소재를 정확히 따지고, 입주민과 지역 관청을 설득해 효율적인 수습을 하는 게 맞지 않았을까?

하지만 경영자로서 저는 저의 직관을 믿고 따랐습니다. 기업이 도산에 이를지도 모르는 5천억 원이라는 비용을 감수하고서라도 전면 철거, 전면 재공사라는 결정을 내리는 데는 오랜 시간이 걸리지 않았습니다. 만약 그렇게 하지 않았더라면, 책임 공방과 의견 대립으로 지역민의 갈등은 계속되었을 것이고, 짓다 만 건물이 흉물처럼 남아 도시의 기운을 갉아먹었을 겁니다.

책임을 진다는 것은 전부를 거는 것입니다. 그리고 그렇게 했을 때 기운이 달라집니다. 보통 큰 사고가 있으면 재무 상태가 극히 양호한 회사라도 금융권에서 대출 연장을 해주지 않아 현금 흐름이 경색되고 회사는 부도가 나는 것이 예정된 수순입니다. 실제로 그렇게 해서 도산한 건설 회사들이 많습니다. 그러나 회장인 제가 전면 철거, 전면 책임을 공표하자 금융권의 태도가 달라졌습니다. 최대 금융사들이 하나둘 기조를 바꿔 대출 지원을 계속하기로 약속했습니다.

입주자들도 한마음으로 나서서, 서울시를 방문해 탄원서를 제출했습니다. 철거 뒤 재시공이라는 약속을 지키기 위해 최선을 다하고 있는 현대산업개발에 과중한 행정 처분이 내려지지 않도록 선처를 부탁한다는 내용이었지요. 현대산업개발은 2024년 12월 8개 동 전체에 대한 철거를 완료했습니다. 재시공에 들어가는 단지명은 '센테니얼 아이파크'로 정했습니다. 이전의 사고를 없던 일로 지우기보다, 본보기 삼아 앞으로 100년의 가치를 담은 프리미엄 아파트로 거듭나겠다는 약속을 담은 작명입니다.

기업에는 변곡점이 있습니다. HDC는 압구정 현대아파트에서 하이엔드 주상복합시티 아이파크로 한 번의 변곡점을 거쳤습니다. 지금 보통의 욕망을 지닌 한국인이라면 누구나 세련된 구조, 편리한 시스템, 생태적 환경, 연결된 커뮤니티에서 공동 주거의 즐거움을 누리길 바랍니다. 그리고 사회 구성원으로 보이지 않는 곳에서 필수 노동을 담당했던 건설 노동자들의 생명과 안전이 온전히 지켜지길 소망합니다. 그라운드 제로에서 태어날 2027 센테니얼 아이파크가 이 사회에 의미 있는 메시지로, 하나의 기준으로 적용되기를 바랍니다.

밀당도 네고도 없이

큰 사고를 겪고 제대로 일어서려면 반성하는 마음, 갚으려는 마음, 꼿꼿한 마음이 모두 함께 있어야 합니다. 오랫동안 철거는 재건축 조합에서 담당했고, 시공사는 땅을 파고 건물을 짓는 공사부터 책임이 시작됐습니다. 10여 년 전부터 철거업체 비리 등이 불거지면서 시공사가 철거부터 책임을 지는 것으로 법이 바뀌었지만, 현장은 여전히 재건축 조합이 철거를 맡아서 주도했습니다. 시공사는 철거가 마무리될 때까지 눈치껏 소수 인원을 파견해서 현장을 정리만 하는 식이었지요.

건축업계 관행이 그러했으니, 회사 내부에서도 철거는 시공사의 영역이 아니라고 생각했을 수 있습니다. 원인을 바깥에서 찾으면 개선도 더딥니다. 큰 사업을 하는 상인은 잘 되든 못 되든 원인을 자기 내부에서 찾아야 합니다. 다행히 2027 광주 센테니얼 아이파크는 한 명의 고객 이탈 없이 그대로 계약을 이어갔습니다.

고객과 협의할 때도 유족과 대화할 때도 밀당이나 네고는 일절 하지 않았습니다. 반성하는 마음, 빚을 갚으려는 마음을 기준으로 응대하고 보상했습니다.

세상 일이 참 아이러니합니다. 철거는 시공의 영역이 아니라고 생각했으나, 전면 철거를 결정한 이후 현대산업개발은 최고 수준, 최고 규모의 조용한 철거를 했습니다. 철거는 건축의 최전선이고 첨단 기술입니다. 도심지 안에서 단번에 건물을 붕괴시키는 발파 공법은 쓸 수 없으니 크러셔와 브레이커로 층별로 마치 세심하게 켜를 썰듯 톱다운 방식으로 해체를 이어갔습니다. 보와 코어와 기둥은 다이아몬드 와이어 쏘Diamond Wire Saw, DWS 절단 공법으로 절단하고, 벽과 바닥은 굴삭기를 올려 압쇄하는 방식이었지요.

일부 동에서 소음과 공기질, 진동과 균열을 계측하면서 해체를 이어갔습니다. 다이아몬드 입자가 박힌 와이어(루프)를 절단할 대상부에 걸고 와이어를 당겨 회전시키면서 마모로 절단하는 식이었지요. 이렇게 하면 절단면이 정밀하고 진동과 소음, 분진이 적어서 인접 건물과 상가에 폐를 끼치지 않습니다. 절단 시 냉각수를 함께 써서 열과 분진도 줄였습니다.

이런 철서 노하우는 앞으로 시공사이자 철거의 책임자로 회사를 더욱 단단하게 만들 것입니다. 성장에는 수업료가 따릅니다. 비 온 뒤에 땅이 굳는다는 말도 있습니다. 하지만 땅이 굳으려면, 수업료가 제값을 하려면 무엇보다 바탕이 좋아야 합니다.

위기와 실수에 대처하는 방식으로 '밀당도 네고도 없이'라는 원칙은 중요합니다. 여기서 중요한 기준이 꼿꼿한 마음입니다. 반성하는 마음과 갚으려는 마음을 받치고 선 마음이 바로 꼿꼿한 마음이며, 이 부분이 기업의 본질이자 기둥입니다. HDC는 비자금이나 편법이 없는 회사입니다. 국세청에서 나와서 무시무시한 압수 수색을 하고 금고를 다 뒤지고 통장을 탈탈 털고, 컴퓨터 포렌식을 했지만 아무것도 찾을 수 없었습니다. 비자금이 없을 리 없다고 다그치는 조사관들에게 당시 정경구 CFO는 이렇게 말했습니다.

"우린 비자금 없습니다. 진짜로 없습니다. 그걸 만들 이유가 없습니다. 현장 관리를 더 촘촘히 못해 사고가 난 것은 깊이 반성합니다. 하지만 지금까지 현산은 돈을 아끼기 위해 시공법을 바꾼 적이 없고, 처벌을 줄이려고 로비한 적도 없습니다. 회장님 이하 우리 직원들 중에 그런 DNA를 가진 사람이 없습니다."

기업의 존속을 위해서는 어물어물 덮어버리려는 무마의 유혹을 버리고, 투명하게 있는 그대로 대처하는 것이 가장 좋습니다. 켕기는 게 없으면 자세가 꼿꼿해집니다. 동서고금을 통틀어 투명성이 답입니다. 잘못을 했으면 뉘우치고 보상하고 대책을 세우면 됩니다.

HDC가 큰 사고 이후에도 2년여 만에 경영 정상화를 이뤄낸 이유는 덮으려 하지 않았고 지체하지 않았기 때문입니다. '악마는 디테일에 있다'라는 말도 있듯이, 그 세부 디테일을 이뤄내는 과정에서 일절 밀당도 네고도 로비도 수작도 없었습니다. 굵직굵직한 선으로 밀어붙이는 건 큰아버지 정주영 회장, 아버지 정세영 회장, 그리고 제게로 이어진 경영 스타일입니다.

이후 회사에는 CEO, CFO와 같은 C레벨로 안전과 품질을 담당하는 CSO가 생겼고, 전임 사장단과 직원들이 머리를 맞대서 시공 혁신단을 설치했습니다. 구성원들은 자부심을 되찾았고, 회사는 단순 시공이 아닌 가치를 만들어내는 대규모 도시 개발 사업으로 더욱 특화된 길을 가게 되었습니다. 결론적으로 위기를 겪으면서 HDC는 건축업계에서 더 많은 파트너와 고객을 얻었고 동시에 시스템과 신뢰도 얻었습니다.

현실과 이상 사이, 낙관적 중간을 찾다

인간을 움직이는 힘은 두 가지입니다. 내일에 대한 공포 아니면 기대. 공포를 동기로 움직이는 사람은 비관주의자가 되고, 기대에 기반해서 움직이는 사람은 낙관주의자가 되지요.

여러분은 어떤 쪽인가요? 보통은 적당히 비관하고 적당히 낙관하며 살아갑니다. 그런데 독일의 철학자 옌스 바이드너Jens Weidner는 《지적인 낙관주의자》(다산북스, 2018)라는 책에서 사람들이 자신의 현재와 미래를 어둡게 얘기하는 건 자기방어적 습관일 뿐이라고 주장합니다. 미래를 위한 기회는 현실과 이상 사이에서 낙관적 중간을 찾는 사고의 틀을 만드는 데 달렸다는 거지요. 어떻게 하면 현실 감각을 겸비한 성공 지향적인 낙관주의자가 될 수 있을까요? 방법은 4단계의 프로세스를 따르는 것입니다.

심사숙고 → 결정 → 추진 → 비판 무시

제2차 세계대전 이후 번영을 이룬 나라들, 그 기초를 닦은 기업들은 대체로 이런 지적인 낙관주의의 사고 체계를 따랐습니다. 아버지 정세영이 한국 최초의 고유 모델을 만들겠다고 했을 때, 회사에서는 '그러다 망한다'며 반대가 만만치 않았습니다. 하지만 아버지는 과감하게 밀어붙였지요. '아이파크'라는 프리미엄 브랜드를 론칭했을 때도 '현대' 이름표를 떼면 시장에서 사라질 거라고 미리 좌절하고 반대한 사람들이 많았습니다. 그러나 사람이 그러하듯 기업도 때가 되면 독립하고 성장합니다. 그만큼 확신도 있었기에 '달나라에 호텔 짓지 말란 법 있나'라는 카피로 공격적인 광고도 했습니다.

그럼에도 자기 의심이 들 때는 자기가 해온 일, 자기가 걸어온 길을 보면 됩니다. 현대산업개발은 압구정동 현대아파트의 85퍼센트를 지었습니다. 좋은 땅을 보는 눈, 트렌드를 앞서 읽는 디자인 설계 능력을 갖췄는데, 머뭇거릴 이유가 없었습니다. 그렇다면 가능한 한 최상의 미래를 그리며 남들보다 멀리 가는 게 답입니다.

여러분도 때가 되었다 싶으면 위험을 인지했더라도 타당성을 검토한 후, 드라이브를 거십시오. 미국식 긍정 낙관주의와 달리, 지적인 낙관주의는 4단계를 제시합니다.

계산하고 결정하고 돌진하고 성취한다.

HDC에서 진취적으로 수행했던 거대한 도시 개발 프로젝트 그리고 회사가 무너질 수도 있었던 매 역경의 순간들은 모두 이 프로세스를 거쳐서 돌파했고 도약했습니다. 때로는 거침없이 빠르게 때로는 한없이 느리게, 시간의 파도를 타고 넘으십시오. 격려가 될지 모르겠지만, 옌스 바이드너에 따르면 지적인 낙관주의에 숙달된 뇌는 비판받을 때 더 잘 해내려고 한다는군요.

불운도 행운도 결국은 타이밍

건설의 사이클은 깁니다. 토목은 기본 10년 이상 걸리고 아파트는 완공에 3년 이상 걸립니다. HDC는 시공만 따서 단기 이익을 내는 사업보다 부산 해운대아이파크, 용산아이파크몰, 수원아이파크시티, 광운대 서울원 프로젝트처럼 처음부터 땅을 사서 도시와 시민을 위한 새로운 그림을 그리는 도시 개발 사업을 많이 해왔습니다. 그래서 미국의 허드슨 야즈 프로젝트처럼, 후쿠오카의 쇼핑몰 캐널시티처럼 좋은 개발 모델을 상상하고, 비전을 구현해줄 건축가와 손을 잡고, 하나의 유니크한 타운을 완공시키기까지 길게는 20년이 걸리고 사업비는 조 단위가 훌쩍 넘어갑니다.

이런 장기 프로젝트를 하려면 재정 안정성이 필수고, 그러기 위해서는 현금 흐름이 빠른 운영 사업, 회전 주기가 짧은 레저 사업에도 눈을 돌려야 합니다. 농부들이 논농사와 밭농사를 같이 짓듯, 계절마다 사이클이 빠른 항공업에 눈을 돌린 이유지요. 항공업과 건설업은 안전과 정비, 서비스와 즐거움을 제공한다는 유사점이 있습니다.

2019년 겨울, 언론은 HDC현대산업개발의 아시아나항공 인수를 '세기의 빅딜'이라 불렀습니다. 항공과 호텔, 공항과 도시 개발을 연결하는 새로운 그림, 재계 지형을 바꿀 시도라며 주목했지요. 그러나 2020년 봄, 예상치 못한 변수가 등장했습니다. 코로나19가 항공 산업을 무너뜨리면서 하루아침에 국제선 노선이 끊겼고, 여객 수요는 증발했습니다. 아시아나의 재무 상태는 코로나 발생 이전인 2019년 말 이미 공시된 내용과는 현저하게 달랐는데, 코로나로 인해 눈에 띄게 더 악화됐고, 본 계약 직후와는 전혀 다른 조건이 됐습니다.

"이대로 인수를 진행한다면, 회사 전체가 위험해집니다." 내부 임원 회의 분위기는 무거웠습니다. 재무 라인과 전략팀 모두 같은 결론에 도달했습니다. 신중에 신중을 기했고 채권단에 재심사를 요청했습니다. 그리하여 2020년 9월, 계약은 결국 해제되었습니다. 손해 본 금액은 계약금 2500억 원.

만약 인수를 진행했다면 어땠을까요? 코로나 위기 속에서 여객 수요는 0에 가까웠고, 항공사의 고정비는 눈덩이처럼 불어났을 겁니다. 수조 원대의 손실을 고스란히 떠안아야 했을 것이고, 유동성 위기에 몰릴 수도 있었겠지요.

현실은 다르게 흘러갔고 HDC는 거대한 위험을 피했습니다. 당시에 아시아나 인수를 위해 준비해두었던 2조 원이라는 현금은 결과적으로 HDC가 코로나와 사고 위기를 극복하는 데 큰 도움이 됐습니다. 그 기간 동안 자재비 상승, 공사비 인상, 금융 동결, 수주 부진 등 다양한 위기가 돌출했고, 많은 건설 회사들이 셧다운과 공사 중지로 힘겨운 상황을 겪어야 했습니다.

지나고 보면 불운도 행운도 결국은 타이밍입니다. 미래를 내다보고 준비한다지만 기후와 역병의 재난까지 피할 수는 없으니까요. 코로나로 인해 아시아나 인수가 불발되었지만, 그로 인해 본업인 건설업이 버티고 생존할 수 있었습니다.

우리에게 유리한 게임을 만들면 된다

소니 픽처스가 만들고 넷플릭스가 공급한 〈케이팝 데몬 헌터스〉가 전 세계를 뒤흔드는 히트 상품이 되자, 여기저기서 소니가 결정을 잘못해서 대운을 놓쳤다고 혀를 찼습니다. 하지만 소니 픽처스 CEO 라비 아후자Ravi Ahuja의 생각은 달랐습니다. 그는 공개적으로 이렇게 말했습니다.

> "이 영화는 넷플릭스에서 시작했고, 입소문을 타면서 크게 성장했습니다. 극장 개봉에서는 이런 흐름을 이어가기가 훨씬 더 어렵습니다. 그래서 이 작품은 올바른 집을 찾았다고 생각합니다. 우리의 사명은 훌륭한 콘텐츠를 만들고, 그 콘텐츠가 맞는 집을 찾는 것입니다. 〈케이팝 데몬 헌터스〉의 집은 넷플릭스였다고 생각합니다. 물론 흥미로운 질문은 있습니다. '극장에서 개봉했으면 어땠을까?'라고요. 글쎄요, 확실히 말하기 어렵습니다. 가능성은 있겠지만 분명하다고 보긴 힘듭니다."

'만약에 극장에 개봉했더라면'이라는 가정은 필요 없습니다. 소니가 극장 흥행을 확신하기 어려운 작품들을 넷플릭스에 공급한 것에 대해, 영화 잡지 《버라이어티Variety》는 "다른 제작사들보다 훨씬 더 유리하게 위험 관리 환경을 만들었다"고 평가했습니다. 소니 입장에서는 손해 보지 않는 거래였다는 뜻이죠. 훈수는 누구나 둘 수 있습니다. 그러나 리스크 관리와 기회 포착은 리더의 결정입니다. 리더는 항상 전체 판을 읽고 유리한 게임을 만드는 방법을 알아야 합니다.

HDC가 통영 LNG발전 사업을 시작할 때의 이야기입니다. 제가 1999년 현대산업개발에 부임해보니, 건설사 비즈니스가 하나하나 프로젝트를 완수하고 빠지는 식이었습니다. 계약하고 짓고 파는 시스템이 지배적이었지요.

이래서는 곤란하다는 생각으로 게임의 판을 다시 설계했습니다. 예컨대 극장을 짓지만 말고 직접 운영까지 해보면 어떨까요? 공사 대금만 받고 빠지면 극장은 남의 건물에 불과합니다. 하지만 티켓을 팔고 관객을 상대하는 극장 주인이 되면 고정 수입과 더불어 다른 층위의 경영 기회, 부가 가치가 계속 생깁니다. 그래서 우리는 국가가 발주한 고속도로, 발전소, 항만 등 인프라 시설을 지은 후 기회가 오면 직접 보유하고 운영하기 시작했습니다. 신대구부산고속도로, 서울춘천고속도로, 부산항대교, 부산신항, 마산항 등이 그런 방식으로 HDC가 투자하고 운영까지 하는 인프라 시설입니다.

통영 친환경 LNG발전소도 그렇게 시작했습니다. '직접 친환경 발전소를 짓고 전력 시장에 전기를 공급해보자.' HDC는 과거에 삼천포 화력발전소를 지은 경험도 있고, 2011년 삼성물산과 컨소시엄으로 동두천 LNG복합발전소를 시공한 경험도 있기에, 해볼 만한 시도라고 생각했지요.

다행히 2013년 2월, 통영에 발전소를 짓겠다는 우리의 제안이 정부의 전력 계획안에 수용되었습니다. 민자 사업에서 가장 중요한 건 뭘까요? 단연 입지입니다. 집도 도로도 호텔도 발전소도 다 입지가 우선입니다. 좋은 입지는 사람과 자연, 자원을 연결하는 힘이 있습니다. 일이 되려고 그랬는지, 한국가스공사와 인접해 있어서 천연가스 직도입에 매우 유리한 장소를 찾아냈습니다. 성동조선해양이 내놓은 8만 3천 평 부지에 총사업비 1.3조 원 규모의 플랜트 건설이 시작됐습니다. 절차마다 난관이 있었지만 입지가 좋고 의지가 확고하니, 꼬여 있던 매듭도 이치에 맞게 풀렸습니다.

발전소 시공은 에너지 사업에 경험이 많은 한화에너지를 파트너사로 초대해서 맡겼습니다. 욕심내지 않고, 플랜트 시공 분야에 더 많은 경험과 기술을 가진 전문 기업에게 의뢰했습니다. 2013년 5월에 통영에코파워 법인을 설립하고 2024년 10월 발전소를 완공하고 상업 운전을 하기까지 11년이 걸렸습니다. 결과는 대성공이었습니다. 통영에코파워발전소는 2025년 매출 8천억 원을 기록했습니다. 놀랍게도 단번에 LNG 분야에서 급전 순위 상위에 올라서 업계의 부러움을 샀지요. 가스공사 탱크가 가까이 있다는 최적의 입지 덕을 많이 봤습니다.

어느 판이든 유리한 게임을 만들려면, 미래를 내다보는 눈과 그것을 실행할 거대한 인내가 필요합니다. 미래 산업은 AI와 에너지, 배터리의 경주입니다. 그 흐름을 알기에 여러 번의 소송을 거치면서도 포기하지 않았고, 더 나은 기술을 지닌 파트너에게 기꺼이 손 내밀어 협업했습니다. 그 결과 HDC는 가장 좋은 입지에서 전기를 공급하는 당당한 에너지 기업으로 도약했습니다.

근본은 시간

모든 일에는 시간이 걸립니다. 봄, 여름, 가을, 겨울, 사계절이 모두 지나야 꽃이 피고 열매를 맺습니다. 일하는 인간의 커리어도 마찬가지입니다. 좋아하는 것을 탐색하고, 탁월해지기 위해 고군분투하고, 멈춰서 무엇이 문제인가 돌아보고, 그런 후에야 그 다음 레벨, 새로운 그라운드로 이동할 수 있지요. '탐색, 분투, 멈춤, 전환'이라는 4단계를 거쳐야 실력이 무르익고 성과가 나오는 법입니다. 사업이든 취업이든, 생태계의 이치가 그렇습니다. 단기간에 완성되는 일은 없습니다.

대체로 오랜 시간을 들이고 정성을 기울인 결과물은 오래 살아남아 미래의 고전이 됩니다. 《총 균 쇠》(김영사, 2023)로 유명한 재레드 다이아몬드Jared Diamond는 지금도 컴퓨터가 아니라 손으로 직접 책을 씁니다. 한 권의 책을 쓰는 데 보통 5~7년이 걸린다고 하더군요.

저는 일간지 기사도 읽지만, 젊은 시절부터 긴 호흡으로 밀도 높은 전문성을 보여주는 잡지를 좋아했습니다. 건축과 인테리어, 자동차, 패션 등 다양한 라이프 스타일 잡지를 탐독하곤 했지요. 소재 선정과 디자인 빌드업까지 시간과 정성을 들여 완성도를 높인 작품은 반드시 표가 납니다.

도시 개발도 다르지 않습니다. 수원아이파크시티도, 광운대 서울원아이파크도 대규모 부지를 매입해서 분양까지 이르는 데 20년이 걸렸습니다. 해운대아이파크도 1999년 수영만 부지를 매입한 후 도시의 스카이라인을 바꾸기까지 10년이 걸렸지요. 통영 에코파워발전소도 부지 확보에만 지난한 시간을 보냈습니다. 인허가 취소와 재취득, 이익을 둘러싼 거짓 민원과 다툼, 청문회 증언으로 진실이 확보되고 완공되기까지, 총 사업 기간만 11년입니다.

땅을 바탕으로 새로운 인프라를 만드는 개발 사업에는 소송과 소음, 분쟁이 끊이지 않습니다. 소음이 잦아들고 분쟁이 정리되려면 시간이 걸립니다. 과정에서 오는 절차적 스트레스는 본질을 기억하면서 버티는 수밖에 없습니다.

디벨로퍼 DNA의 본질이 무엇입니까? "좋은 입지에서 최고의 물건을 만들어 합당한 가격에 공급한다." 마음을 그렇게 먹으면 시간은 다른 방식으로 보상합니다. 에코파워발전소는 해외 에너지 공급사와 낮은 가격에 15년 동안 가스를 직도입하는 장기 계약을 체결했습니다. 11년간 공을

들이고, 15년의 선물을 받았습니다. 그러니 자연을 자원화
할 때는 서두르지 말고 한 걸음, 한 걸음 제대로 밟으며 나
아가는 것이 좋습니다.

근본은 땅

농사를 지을 때 땅은 그 자체로 서두르지 않고 계절이 약속한 때에 맞춰 곡식을 내어줍니다. 공장 부지로 사용할 때 땅은 원주민과 이주민의 생계 터전이 되어 대량 생산의 동력과 노동의 질서를 갖습니다. 이처럼 땅을 향한 인간의 속도와 태도는 사업의 속성에 따라 조금씩 달라집니다. 어쩌면 주택 부지로 사용될 때의 땅이 가장 많은 이야기를 품습니다.

1970년대에 강남이 개발될 때는 속도가 생명이었습니다. 주택 사업의 원료는 토지였고, 당시 배밭이었던 강남 땅은 반나절 만에도 휙휙 손바꿈이 일어났지요. 현대산업개발의 전신이었던 한국도시개발의 임원들은 처음엔 100평을 사든 1천 평을 사든 정주영 회장을 찾아가 결재를 받았다고 합니다. 하지만 결재받는 사이 땅 주인이 바뀌어버리는 일이 생기자, 대표이사 전결로 땅을 살 수 있도록 시스템이 바뀌었습니다.

그야말로 속도가 생명이었습니다. 땅수인을 만나 지체 없이 돈을 지불하고, 좋은 중고등학교와 튼튼한 주택을 동시에 지으면서, 압구정동 현대아파트는 '기회의 땅'으로 탈바꿈되었습니다. 때로는 천천히 공을 들이고, 때로는 재빠르게 선수를 치며. 디지털 영토에서건 아날로그 영토에서건 그렇게 좋은 땅을 선점하는 것이 모든 사업의 근본입니다.

울산 땅, 압구정 땅의 잠재력을 한눈에 알아봤던 선조들의 안목과 추진력 덕분인지, 저도 땅 보는 것을 좋아합니다. 좋은 땅은 첫눈에 시선을 사로잡고, 시간이 흐를수록 진가가 드러나고, 잘 맞는 주인을 만나면 최적의 높이와 디자인으로 도시의 기운을 바꿉니다. 해운대아이파크와 용산아이파크몰, 광운대 서울원아이파크 등이 그렇습니다. 어떻게 하면 이곳처럼 땅의 입지와 건물의 격조, 세속의 운이 삼위일체의 시너지를 이룰 수 있을까요?

해운대아이파크는 1999년 워크아웃 단계에 접어든 대우로부터 수영만 일대 부지 13,845평을 562억 원(평당 406만 원)에 사들인 게 출발점이 됐습니다. 비가 오면 물웅덩이가 지고 마르면 스산해지는 황무지에 저는 호주의 골드코스트와 미국의 마이애미비치, 홍콩의 마천루를 그려보았습니다. 그 그림을 구체화시키기 위해 다니엘 리베스킨트라는 세계적인 건축가와 손을 잡았고, 돛단배 모양의 72층짜리 초고층 건물이 완성됐습니다. 분양할 때 무려 96.5 대 1의 경쟁률을 보인 96평형의 펜트하우스는 인기가 실로 대단했지요. 광안대교에서 바라보는 해운대아이파크와 파크하얏트 호텔은 이제 부산의 상징이 됐습니다.

지금은 아이파크몰을 중심으로 최고의 전성기를 구가하고 있지만 용산도 처음엔 집창촌, 노숙자촌, 낙후된 전자상가로 슬럼화될 위험이 컸던 곳입니다. 다양한 상생 노력과 환경 투자를 거쳐 지금의 용산이 되었습니다. 서울원아이파크의 출생도 다르지 않습니다. 철도공사가 4만 5천 평의 광운대역 물류 기지 부지를 개발할 민자 사업자를 구했지만, 당시 어떤 건설사도 나서지 않았습니다. 대규모 자금, 장기간의 시간, 설계 전문성 등 선뜻 나서기에 리스크가 너무 컸거든요. 현대산업개발이 단독으로 참여해서 지금의 동북권 미래 도시를 설계했습니다.

수원아이파크시티도 국내 유일무이하게 민간 회사가 30만 평의 땅을 책임지고 맡아서 개발한 사례입니다. 판교나 위례 신도시에 버금갈 정도의 미니 신노시로 사업비만 3조 원이 들어가는 프로젝트였지요. 디벨로퍼라면 땅의 기운과 흐름을 읽을 줄 알아야 합니다. 그 수혜를 도시 전체, 시민에게 돌려주려면 잘게 쪼개지 말고 큰 덩어리로 안아야 합니다. 땅을 사고 건물을 설계해서 짓고, 거주민과 직장인, 여행객과 상인의 라이프를 구상하고, 모든 과정을 한 회사가 책임감을 가지고 묵묵하게 진행해야 가능한 일입니다. 그래야 땅이 인정하고 보답합니다.

근본은 민심

아버지 정세영 회장이 자동차 생산 공장을 짓기 위해 부지를 매입하던 시절의 이야기는 유명합니다. 자동차는 해상 운송할 수 있도록 바다를 끼고 있어야 하기에, 울산 양정동 700번지 15만 평의 매립지를 매매하기로 결정했습니다. 하지만 공장이 들어선다는 소문이 퍼지자 일대 땅값이 천정부지로 뛰기 시작했지요. 설상가상 그해 집중 호우로 공장 예정지 위쪽이 침수가 되자 현대 측의 염포만 매립 때문이라고 원성이 일어나기도 했습니다. 다들 큰일 났다고 울상이 됐을 때 아버지는 의외로 담담하게 이야기했습니다.

"대대로 물려받은 문전옥답을 난데없이 나타난 사람들에게 팔아야 된다면 억울하지 않겠어요? 그 사람들 입장에서 본다면 두 배, 세 배가 아니라 그 이상을 받은들 흡족하겠습니까?"

모두들 돈이 많이 든다고 불평할 때마다 아버지는 단호하세 원주민 입장에서 생삭해볼 것을 권했습니다. 어떻게 됐을까요? 우선 주민들과 협상을 벌여서 침수된 논 중 수

확기 생산량이 평년에 미치지 못하는 논에 대해서는 모두 보상했습니다. 그런 다음 지역 주민을 대상으로 고용 기회 확대라는 파급 효과를 꾸준히 설명했지요. 토지는 시가의 세 배 이상을 보장하고, 나아가 인근 해역에서 조업하던 선박에 대한 충분한 보상까지 약속했습니다. 성의 있는 자세를 보이자 주민들도 점차 협조적인 태도를 보이기 시작했고, 마침내 1968년 말까지 양정동 700번지 일대 7만여 평의 토지 매입을 완료할 수 있었습니다.

매입한 토지를 정지整地할 때도 세심하게 했습니다. 마을 중앙의 미루나무는 무당을 불러 굿을 한 후에 베어냈고, 공동 우물은 이른바 '숨통'을 낸 후에 매립했다고 기록돼 있습니다. 모든 근본은 땅이기에, 땅 주인이었던 토착민의 마음에 원성이 없도록 해야 한다는 아버지의 생각은 지금도 제게 유효합니다. 양정동 700번지에서 축복을 받으며 출고된 자동차는 이후 전 세계의 대륙을 향해 힘찬 여행을 시작했습니다.

근본은 디자인

"모델 하우스에 가서 고객들 얘기를 가만히 들어봤어요. 어떤 사람은 줄자를 가지고 와서 사이즈를 재기도 해요. '15센티미터만 더 있으면 장롱이 하나 들어갈 텐데' 하면서. 원래 아파트엔 장롱을 안 놓지만, 고객들 이야기를 듣고는 조금씩 설계에 반영을 했어요. 가구점에 가서 장롱도 재보고, 침대도 재보고 그걸 감안해서 조금씩 평수를 늘리고 줄이면서 표준을 맞춰갔어요."

이춘림 전 대표(전 한국도시개발, 현대산업개발 대표이사)가 압구정 현대아파트를 짓던 시절을 추억하며 한 이야기입니다. 초기의 아파트는 국가가 개발을 주도한 땅에서 고객의 말에 귀 기울이며, 그렇게 주택 문화의 형태를 맞춰갔습니다.

'아파트 공화국'이라는 별명답게 K아파트는 이제 단순히 대량 생산된 고층 박스가 아니라 마치 인공 생물처럼 숨 쉬며 거주자들을 품는 따뜻한 콘크리트가 되고 있습니다. 바람과 빛을 자연스럽게 수용하고, 인공 지능이 거주자의 생활 패턴을 학습해 집 안 환경을 스스로 최적화합니다. 건축적으로는 집에 머무는 사람이 많아지면서 다양한 사회적 고민들을 수용하는 디자인도 나옵니다.

점점 더 물류 서비스가 중요해지면 미래에는 현관 옆에 또 하나의 문이 생길 수도 있다고 하지요. 보안 장치로 안전이 확보된 상태로 밖에서 세탁물, 식품 등을 바로 전달할 수도 있지요. 물류 데이터가 확보되면 혼자 사는 거주인의 안전도 점검할 수 있습니다. 문을 하나 더 다는 것만으로 사회가 바뀌는 거죠. 화장실 시스템으로 당뇨를 발견할 수도 있고, 공간 유닛이 쉽도록 일부 인테리어 마감을 지퍼 형태로 시도하는 디자이너도 있습니다.

물론 단독 주택과는 달리 공동 주택인 아파트 단지 디자인은 더 많은 고민이 필요합니다. 이런 상황에서 건설사의 모델 하우스는 일종의 최첨단 라이프를 제안하는 체험형 팝업 하우스 같은 역할을 하고 있습니다. 모델 하우스는 건설사가 자신의 철학과 건축 디자인을 선보이는 가장 화려한 패션쇼, 정교한 박람회입니다. 모델 하우스를 찾은 고객들의 입에서 감탄이 절로 나오면 좋겠지요. 그곳에서 먹고 자고 놀고 쉬는 모습을 상상하면서 행복의 미소가 절로 나온다면 성공입니다. 그래서 모델 하우스를 지을 땐 되도록 이면 건물을 설계한 건축가가 직접 참여하도록 독려하고 있습니다.

예컨대 수원아이파크시티의 모델 하우스는 건축가 벤 판 베르컬과 조경 디자이너인 로데베이크 발리온이 진두지휘 했습니다. 두 사람 다 네덜란드 출신으로 생태에 맞는 최적 의 환경 디자인을 선보였습니다. 벤 판베르컬은 숲, 계곡, 대지, 물의 파동, 지평선을 모티브로 각 단지에 캐릭터를 부 여했고, 아파트 외벽 위에 가벼운 소재로 디자인 벽을 덧입 히는 더블 스킨 '경량 벽체' 공법으로 건물에 옷을 입혔습 니다.

조경 디자이너인 로데베이크 발리온은 U자형 생태 하천 을 복원해서 산책을 하거나 하이킹할 수 있도록 유려한 자 연 정원 코스를 만들었지요. 이 최적의 도시 디자인을 전시 할 모델 하우스는 뉴욕의 구겐하임 미술관과 SF 영화에 나 오는 우주선을 본 딴 모양으로 만들어졌습니다. 방문객은 나선형 계단을 따라가면서 갤러리의 미술 작품을 감상하 듯 아파트의 외벽 디자인과 생태 디자인을 감상할 수 있었 고요.

좋은 건축, 좋은 디자인이란 무엇일까요? 화려하고 장식적이고 비싼 것은 좋은 건축의 기준이 될 수 없습니다. 제 생각에 일차적으로 좋은 건축은 땅의 바람과 인간의 바람을 잘 중재하는 디자인입니다. 건축에서 자연은 현명한 연결자입니다. 인간도 자연의 일부이고, 스스로 그런 물성을 체감할 때 가장 행복합니다. 사람은 디지털 울타리에서 정보 사료만 먹고 고립된 부족화가 진행될수록 자연을 갈망합니다. 공간과 공간 사이를 햇빛, 바람, 나무, 물, 흙으로 알맞게 채울수록 사람과 사람의 관계가 좋아집니다.

현재 스코어, 그런 생태 디자인을 가장 정밀하게 체현하는 디자인 강국이 네덜란드입니다. 30만 평의 수원 땅을 네덜란드의 건축 사무소와 조경 팀에게 맡긴 데는 그런 이유가 있었습니다. 네덜란드는 국토의 절반 이상이 바다에서 건져 올린 땅 위에 세워져 있습니다. 인간이 자연을 극복하는 동시에 품어 안아야만 생존할 수 있었던 나라지요. 그래서 그들의 도시와 조경 디자인은 자연스럽게 '생태와 사람의 공존'을 전제로 발전해왔습니다.

그러나 이곳에서 좋은 디자인이 저곳에서도 좋으리라는 법은 없습니다. 각각의 땅에 맞는 디자인이 좋은 디자인입니다. 수원아이파크시티가 네덜란드 생태 디자인의 힘을 빌려 공원 같은 도시를 꿈꿨다면, 부산 해운대아이파크는 해양 도시의 힘과 리듬을 담아내는 것이 과제였습니다. 도시의 기운을 끌어올리는 디자인, 세계인의 시선을 한데 모으는 디자인. 글로벌 해양 도시로의 더 높은 도약을 위해 파도와 동백꽃의 이미지를 담은 강렬한 랜드마크가 탄생했습니다. 다니엘 리베스킨트의 작품입니다. 그는 뉴욕의 그라운드 제로 재건 프로젝트를 통해 도시의 상징을 어떻게 건축에 담아낼 수 있는지 보여준 인물입니다. 그의 작품은 언제나 단순한 건물이 아니라, 도시와 시대를 대표하는 얼굴이자 기억의 그릇이었죠.

두 프로젝트는 서로 다른 배경에서 태어났지만, 공통적으로 지향한 바는 같았습니다. 단순히 아파트를 짓는 것이 아니라, 그 도시가 지닌 자연과 문화의 DNA를 읽어내서 반영하는 것. 그렇게 수원아이파크시티는 숲속의 별장 같은 집, 부산 해운대아이파크는 SF 영화의 한 장면처럼 글래머러스한 외형을 갖게 되었습니다.

이름이 운명이다

'호명사회'라고 합니다. 어떻게 이름 짓는가에 따라 정체성이 결정된다는 얘기지요. 정해진 이름에 운명이 내정되어 있다는 뜻이기도 하고, 어떻게 부르는가에 따라서 사회적 시선이 계속 달라진다는 의미이기도 합니다.

현대라는 이름은 큰아버지가 서울 중구 초동에 세웠던 자동차 수리 공장 현대자동차공업사에서 따왔습니다. 어디에 붙여도 어울리는 진취적이고 큰 이름입니다. 피난민으로 가업을 일으키고 기업을 세운 큰아버지의 진취성은 대한민국에서 여전히 전설로 남아 있습니다. 현대라는 이름은 시간이 갈수록 크고 단단해져서 그 안에 소떼를 몰고 판문점을 넘어갔던 창업주 정주영의 기상과 조랑말포니을 타고 전 세계로 나아갔던 아버지 정세영의 이상이 모두 녹아 있습니다.

포니의 씨앗은 포드에서 나왔습니다. 대한민국 역사상 최초로 탄생한 자동차 고유 모델 포니는 조랑말이라는 뜻입니다. 자동차 생산 후발 주자로서 포니는 소박하고 간결하며 강력한 이름이지요. 예수가 나귀를 타고 세상으로 나와 인류에 사랑의 강한 힘을 전파했듯, 한국의 자동차 산업은 포니를 타고 세상으로 뻗어갔습니다. 1974년 당시, 고유 모델 1호차를 부상으로 내걸고 공모한 이름 짓기 행사에는 6만여 장의 엽서가 날아왔습니다. 결국 포니라는 이름으로 이탈리아의 토리노 모터쇼에 나가 자신의 정체성을 알렸습니다.

이름에 관해서 아버지는 항상 여유롭게 대처했습니다. 포니의 등장을 일컬어 "극동의 공격"이라고 인정하면서도 "고급 승용차가 아니라 조랑말이 사람을 태우고 다니는 시대로 회귀하는 것 아니냐"는 기자들의 뼈 있는 농담에, 아버지는 지혜롭게 대처했습니다. "조랑말이 사람을 태우고 다니는 건 이상할 게 없는데요? 사람이 조랑말을 등에 태우고 간다면 뉴스가 되겠지만……." 한바탕 폭소가 터지면서 분위기가 완전히 넘어왔지요.

1986년 미국 디트로이트에서 현대자동차가 진출한다는 것을 알리는 기자회견 때도 기자들의 첫 질문은 "Hyundai를 어떻게 발음하는 것이 옳은가?"였습니다. '현대'를 영문으로 'Hyundai'라고 표기했는데, 외국인들의 발음은 헌다이, 하이운다이, 훈다이 등 가지각색이었습니다. 정확한 발

음은 '현대'지만, 어떻게 부르든 차만 많이 팔아준다면 개의
치 않겠다고 하자 장내에서 박수갈채가 터져 나왔습니다.

많이 불리고 넓게 쓰이려면 모두가 부르기 편해야겠지
요. 포니가 아리랑이나 도라지로 출시됐다면 그 완성도에
도 불구하고 내수용 운명이 됐을지도 모릅니다. 더 넓게 나
아가겠다는 의지 그리고 포드 같은 전통적인 자동차 기업
의 권위를 존중하면서 실용적인 모양새와 쓰임새로 세계
시장의 틈새를 공략하겠다는 2인자 전략이 포니를 세계인
의 차로 만들었습니다. 더불어 자동차 강국인 미국에 진출
하면서 현대라는 이름조차 헌다이, 혼다이 등 어떻게 부르
든 상관없다는 아버지의 외교적 자신감과 유연성은 현지인
들의 호감을 얻기에 충분했지요. 널리 퍼지는 이름에는 이
런 비밀이 있습니다.

오랫동안 한국의 자동차와 토목 건설, 반도체가 한국의
위상을 대표했다면, 요즘엔 K콘텐츠가 한국의 자부심이 되
고 있습니다. K팝의 신호탄이 되었던 아티스트의 이름도
언제부턴가 글로벌을 염두에 두고 있습니다. 원더걸스에서
시작해 싸이로 이어진 K팝의 역동은 BTS, 블랙핑크에 이
르러 전 세계를 매료시키고 있습니다. BTS는 처음엔 방탄

소년단의 약자였지만, 어느 순간 BTS라는 브랜드가 더 커지면서 21세기 비틀스로 각광받고 있지 않습니까?

저 또한 이름에 운명이 있다고 생각해서 이름을 지을 때는 깊게 고민합니다. 제품을 기획할 때부터 당장 발밑을 보지 말고 멀리 봐야 합니다. 압구정동 현대아파트는 현대산업개발과 현대건설이 함께 지은 아파트입니다. 1차부터 2차까지는 현대건설 주택사업부가, 3차부터 14차까지는 현대산업개발이 지은 것이니, 실제 지분은 현대산업개발이 더 높다고 할 수 있지요. 그 뒤로도 튼튼하게 잘 지은 아파트라는 명성이 높아 현대산업개발과 현대건설은 2000년대까지 '현대아파트'라는 이름을 공유했습니다. 하지만 2001년 3월, 고민 끝에 현대산업개발이 짓는 아파트는 현대아파트라는 이름 대신 '아이파크'라는 이름을 사용하기로 했습니다. 그리고 아이파크 브랜드를 론칭하면서 HDC현대산업개발은 크게 도약했습니다.

IPARK는 Innovation의 I와 자연과 숲, 공원을 함축하는 Park를 합쳐서 만들었고, 그 이름으로 한국에 다른 층위의 주거 유니버스를 열겠다는 소망을 담았습니다. 인류가 열망하는 혁신이라는 방향 I와 문명화된 자연이라는 지향

PARK, 두 개의 큰 기둥이 편안하게 붙어 있습니다. 변화와 지속가능성이라는 두 의미가 자연스럽게 이어진 아이파크는 단순히 주거, 아파트라는 좁은 프레임을 넘어서 드넓은 시야와 어디에든 잘 붙는 유기적인 스토리텔링 동력을 갖습니다. 그 동력으로 아이파크는 용산 시대를 여는 아이파크몰로, K리그에서 부산을 대표하는 축구단인 부산아이파크로 자연스럽게 이어졌습니다.

생각해보면 포드와의 합작이 결렬되면서 1974년 고유 모델인 포니가 탄생했듯, 1977년 압구정동 현대아파트를 비롯해서 도시를 스마트하게 설계해왔던 HDC의 디자인 세계관은 2001년 아이파크 브랜드에 이르러 최적의 확장성을 갖게 됐습니다.

그러니 직관적이고 쉽게 부를 수 있으면서도 미래를 내다볼 수 있는 이름, 딱 맞는 큰 이름을 발견하는 것만큼 큰 기쁨이 없습니다. 서울원 프로젝트도 그런 경우지요. 서울원은 노원구 광운대역 역세권 일대를 중심으로 추진 중인 HDC현대산업개발의 복합 개발 사업입니다.

반경 1킬로미터 내에 삶의 모든 요소를 갖춘 도시, 삶을 담은 거대한 원이라는 의미로 서울원이라는 이름을 지었습니다. 서울원은 아이파크를 비롯해서, 컨시어지 서비스가 있는 레지던스, 중정형 복합 쇼핑몰, 호텔, 병원, 로봇 딜리버리 등의 스마트 커뮤니티까지 갖춘, 그야말로 미래형 미니 도시라고 할 수 있습니다. 서울원아이파크는 청약 경쟁률 5 대 1을 넘어서 높은 관심 속에 분양이 완료됐습니다.

서울원은 담을 수 있는 의미의 그릇은 크고 넓으면서 부르기는 쉽습니다. 담대하지만 편안하지요. 현재 지구상에서 가장 핫한 도시가 된 메가 시티 서울과 형태를 지칭하는 원이 무리 없이 순하게 붙어서 마치 서울이라는 성의 고유한 정원이라는 아름다운 고유 명사를 만들어냈습니다. 서울원과 아이파크는 그렇게 깊고 쉽게 어우러지고 포용하면서 서로의 형태와 의미를 확장시키고 있지요.

생각해보면 한때 서울 아파트 이름은 길고도 어려운 낱말의 조합이 많았습니다. 부르기 어려운 폐쇄형, 과시형 외래어 조합이 유행했습니다. 오죽하면 지방에 사는 부모님들이 택시 기사에게 아파트 이름을 대지 못해 헤매다 돌아갔다는 에피소드도 들었습니다. 시골 어르신들이 서울에 와서 "전설의 고향 가주세요" 해도 택시 기사들은 찰떡같이 알아듣고 '예술의전당'에 내려준다는 일화가 있습니다. 그만큼 보편적이고 입에 붙는 이름이 좋습니다.

무엇보다 집이나 차는 특별합니다. 필수재이면서 동시에 사치재이기도 하지요. 우리는 거주하고 이주하면서 살아갑니다. 좋은 집, 좋은 차는 남과 자신을 구별 지을 수 있는 무시할 수 없는 자산입니다. 하지만 함께 사는 사회에서 지나치게 선을 긋고 '구별 짓기'를 강화하면 오래가지 못하고 대중의 반감을 사기 쉽습니다. 부자이든 빈자이든 한 사람 한 사람의 목소리와 삶의 방식이 다 존중받고 파장을 갖는 '초연결사회', '호명사회'에서 자칫 위화감을 주는 이름은 눈살을 찌푸리게 합니다. 때에 따라 여론의 뭇매를 맞기도 쉽습니다.

그래서 기운이 좋고 흐름이 좋은 이름은 고자세로 굽어보는 배타적인 높은 이름이 아니라, 더 많은 이야기를 품을 수 있는 넓은 이름입니다.

누구의 손을 잡을까

'평판사회'라고 하지요. 특히나 기업을 운영하려면 평판이 정말 중요합니다. 기업이나 사람이나 한번 평판이 망가지고 신용을 잃으면 회복하기가 쉽지 않습니다. 요즘엔 '나락 간다'라는 말도 있더군요. 유튜브나 틱톡, 인스타그램 등으로 인기를 얻은 인플루언서들이 과거의 잘못, 시대의 흐름을 거스르는 언행, 말실수로 한순간에 대중의 비난을 받는 경우를 종종 봅니다. 누군가를 믿고 좋아하는 마음을 기반으로 굴러가는 팬덤사회에서, 인플루언서들은 쉽게 돈과 명예를 얻지만 그 과정이 공정성, 투명성, 진정성에 위배될 때 팬덤 소비자는 가차 없이 신속하게 팬덤 자본을 박탈합니다. 그만큼 대한민국의 소비자들은 뜨겁고 차갑고 현명하고 가혹합니다.

코로나 이후 디지털 속도가 빨라지면서 진정성, 투명성, 공정성이 모든 사회 조직 문화로 스며들었기에 피할 곳이 없습니다. 생각해보면 진정성, 투명성, 공정성이라는 기준이 생기기 전에 있던 말이 '상생相生'입니다. 상생이 무엇입니까? 서로 북돋우며 다 같이 잘 살자는 말이지요. '나만 잘 먹고 잘 살겠다'고 독주하는 기업을 현명한 소비자와 동업자들은 결코 내버려두지 않습니다. 그래서 기업은 잘될 때나 안 될 때나 이익은 나눠주고 위험은 나눠 가지는 시스템을 지체 없이 업데이트해야 합니다.

용산아이파크몰은 그런 상생의 대대적인 실험실이었습니다. 그때 이야기를 해보지요. 1998년, 철도공사가 발주한 용산 민자 역사 사업 입찰권을 두고 현대산업개발은 치열한 경쟁 끝에 현대건설 컨소시엄을 이기고 승자가 되었습니다. 1999년 1월, 자본금 20억 원으로 설립된 '현대역사'는 곧 용산아이파크몰로 성장할 꿈을 안고 출발했지요. 2001년 상가 분양은 95퍼센트를 넘었고, 모두가 성공을 확신했습니다.

그러나 2004년 준공 이후 상황은 급변했습니다. 온라인 쇼핑이 급격히 성장하고, 전자 상가가 쇠퇴하면서 공실률은 40퍼센트까지 치솟았습니다. 수분양자들은 영업보다 전대를 통한 임대 수익을 기대했으나, 현실은 적자만 200억 원이었습니다. '이러다 보증금까지 다 날아가는 것 아니냐'는 불안이 팽배했고, 그런 우려는 사실이 되어가고 있었습니다. 그냥 내버려두면 원금 손실이 불가피했지요.

HDC는 어떻게 했을까요? 애초의 계약대로 임대 관리만 할 수도 있었지만, 상가 수분양자들의 손실을 모른 척하며 시간 끌지 않고 지체 없이 해결사로 나섰습니다. 우리는 상가 구역별 콘셉트를 통일하고, 패션·리빙·F&B 브랜드를 유치했습니다. 회사 이름을 '현대역사'에서 '아이파크몰'로 바꾸고, 400억 원을 투입해 대대적인 공사를 단행했습니다. 책임을 진다는 건 전부를 거는 것이었기에 2011년, 삼성동에 있던 본사를 용산아이파크몰로 옮겼습니다.

결과는 분명했습니다. 공실과 적자의 위기에 놓였던 수분양자들은 1200억 원의 원금을 온전히 돌려받았고, 아이파크몰은 환골탈태하며 연간 4천만 명이 찾는 명소로 자리 잡았습니다. 이것이 단순히 선한 의도에서 나온 그저 착한 결정일까요? 아닙니다. 저는 디벨로퍼 이전에 사업가입니다. 투자자와 상인의 손을 잡은 것은 곧 용산이라는 도시 전체를 바라본 사업가의 결정이었습니다. 눈앞의 적자와 공실을 넘어서, 교통이 모이고 사람이 모이는 용산역의 잠재력을 믿었기 때문이지요.

결국 그 믿음은 더 큰 그림으로 이어졌습니다. 아이파크몰의 성공은 용산이 가진 미래 가치를 증명하는 신호탄이 됐고, 용산 타운화 전략도 순조롭게 실행될 수 있었습니다.

용산역 앞 지하 공간을 교통과 상업의 허브로 바꾸고, 철도 병원 부지를 고급 레지던스로 개발하고, 정비창전면 제1구역을 주거·업무·호텔이 어우러진 복합 지구로 만들겠다는 계획이 세워졌습니다.

용산 민자 역사 사업을 단순히 임대료를 거둬들이는 단기적인 캐시 카우로 봤다면, 이런 꿈은 꾸지 못했을 겁니다. 상인의 고통에 동참하고 솔루션을 내야 그 다음이 열립니다. 특히 용산역 전면의 지하 공간은 지하철 1, 4호선, 신분당선, GTX-B 등 주요 노선이 교차하는 환상적인 허브가 될 전망이라 기대가 큽니다. 이곳을 현대산업개발이 설계·시공은 물론 운영까지 맡아서 준공 후 30년간 직접 운영할 예정입니다.

한 기업이 지역과 함께 살아가는 길을 택했을 때, 도시는 더 큰 길을 보여줍니다. 용산은 그렇게 HDC의 상생 철학을 가장 극적으로 보여주는 무대가 되었습니다.

랜드마크, 나의 욕망과
세상의 욕망이 만나는 곳

흔히들 백화점과 쇼핑몰을 같은 유통 장르로 생각합니다. 하지만 둘은 매우 다릅니다. 백화점은 상품을 사고파는 곳이지만 쇼핑몰은 라이프 스타일을 사고파는 곳입니다. 지금은 하루 종일 몰에서 시간을 보내는 롤링rolling 문화가 보편화되었지만, 한국에는 없던 서구의 문화였습니다. 그리고 우리나라 최초의 교과서적인 쇼핑몰이 바로 용산아이파크몰입니다. 도시가 만들어진 곳에 가서 보조적인 기능을 하는 백화점과 달리, 몰은 도시 개발의 촉진 역할을 합니다. 낙후된 동네였던 용산구가 서울의 25개 구의 중심이 되기 시작한 것은 아이파크몰이 들어선 다음부터였습니다.

그렇다면 호텔은 어떤가요? 광운대 서울원 프로젝트를 비롯해서 HDC가 수주한 도시 개발 사업은 주거 단지 안에 호텔과 오피스, 레지던스, 상업 공간이 같이 들어갑니다. 주거지에 호텔이 들어선다는 발상 역시 한국에는 없던 것이었습니다. 아파트 단지에는 아파트만 있어야 한다는 것이 일반적인 생각이었습니다. 하지만 현대인의 세계관과 라이프 스타일은 국가가 아니라 도시 단위로 이루어지고 있고 주거의 반경과 스케일도 커지고 있습니다. 어떤 도시, 어떤 동네에 사느냐가 중요합니다. 스마트한 공간은 스마트한 관계를 만들고 새로운 기회를 만듭니다. 다양한 기능이 섞여야 더 많은 즐거움과 가능성과 실용성이 생깁니다.

하지만 건설업이 기존의 관행대로 벤처 기업처럼 운영돼서는 그런 시도를 할 수가 없습니다. 하나의 프로젝트만 하고 떠나는 사업이라면, 장기적인 큰 그림이나 융합적인 상상을 하기보다 기존의 프레임, 레이아웃, 설계에 의존해서 하던 대로 할 수밖에 없겠지요. 물론 리스크는 있습니다. 하지만 리스크를 감수하지 않으면 앞으로 나갈 수 없습니다. 과감한 플레이어, 과감한 리더가 새로운 시도를 하고 그 업의 세계관을 확장시키는 법이지요.

일단 큰 그림을 그릴 땐 항상 내가 살고 싶은가, 내가 하고 싶은가, 내가 보고 싶은가를 생각합니다. 어떤 일이든 나를 대입하지 않고서는 동력이 생기지 않습니다. 어쩌면 인간은 자기 자신을 클라이언트 삼아 일할 때 가장 신이 나는 것인지도 모릅니다. 호텔을 운영하는 것도 저의 욕망에서 시작된 일이었습니다. 럭셔리 호텔의 시그니처가 된 파크하얏트 서울은 싱가포르의 호텔 재벌과 이야기를 나누다 영감을 얻었습니다. 그들이 그러더군요.

"3스타 호텔 몇 백 개를 소유해서 200~300억 원을 버는 것보다 내가 가고 싶은 근사한 호텔 몇 개를 만들어서 20~30억 원을 버는 게 낫습니다. 사업을 오래 하다 보면 건물을 수익으로만 보지 않아요. 내가 즐길 수 있고, 자랑스럽게 여기는 그런 건물을 운영하는 게 더 중요해져요."

그 이야기를 들은 후 본격적으로 럭셔리 호텔 파크하얏트를 짓고 운영하게 됐습니다. 삼성동 파크하얏트와 부산 해운대의 파크하얏트에 이어 용산 정비창 1구역에도 파크하얏트가 세워질 예정입니다. 예상하시겠지만 HDC가 짓는 '타운'은 고급스럽게 북적이는 큰 마을입니다. 마을 안에 친구를 초대할 수 있는 공동 거실이 있고 집 주변에 고급스러운 와인바도 있고, 호텔과 공유 사무실도 있는 그런 동네. 그렇게 좋은 동네가 있으면 살고 싶어지지 않을까요?

이제까지 대중의 사랑을 받으며 성공한 기의 모든 프로젝트가 그랬습니다. 내가 살고 싶은가? 즐기고 싶은가? 내

가 운영하고 싶은가? 그게 기준이 되면 소비자도 만족을
하더군요. 그러니 나의 욕망을 존중하고 나를 클라이언트
삼아 일하는 것도 꽤 괜찮은 방법입니다.

덧. 시작은 그랬지만, 정작 일하느라 바쁜 탓에 호텔도 리조트도
1년에 한두 번 이상 누리지는 못하고 있습니다.

오래 가려면 주인이 되어야 한다

한때 집 장사들이 날림으로 지은 집들이 도심 여기저기 생겨났습니다. 그런 집은 마감도 제대로 되지 않아 철마다 배관이 터지고 비가 새기 일쑤였습니다. 내가 살 집, 내가 관리할 집이라고 생각하면 그렇게 지을 수 있을까요? 물건도 내가 쓸 물건이라고 생각하면 공들여 만듭니다. 옷도 내가 입을 옷이면 지퍼도 단추도 좋은 걸로 달고 내가 먹을 음식이면 신선한 재료에 좋은 그릇을 쓰겠지요. 집이나 도로도 마찬가지입니다. 내가 살 집, 내가 다닐 곳이라고 생각하면 자재도 함부로 쓰지 않습니다. 조명도 페인트도 좋은 걸로 쓰고 모양도 더 신경 쓰게 됩니다. 그게 주인 의식입니다. 당장 팔아 이득을 챙기기보다는, 오래 쓰겠다는 마음가짐 같은 거죠.

제가 시공 수주뿐 아니라 운영을 고집하는 것도 그런 이유에서입니다. 서울춘천고속도로나 부산항대교, 통영 LNG 발전소 같은 SOC 시설처럼, 도시 개발 프로젝트 안에 지어질 호텔이나 사무실, 쇼핑몰도 직접 운영하며 책임질 생각입니다.

덧. 삼성동 아이파크에서 세 아이를 키우며 17년 정도를 살았습
니다. 주민들과 피트니스 센터에서 만나 인사하며 아파트살이
의 즐거움을 풍성하게 누렸습니다. 서울춘천고속도로나 부산항
대교를 지날 때 바람이 더 달고 시원하게 느껴지는 건 제 착각일
까요?

아침의 결정

에이브러햄 링컨은 남북 전쟁 초반부터 노예제 폐지를 마음에 품고 있었지만, 곧장 선언하지 않았습니다. 너무 이른 해방은 연방을 찢어놓을 위험이 있었기 때문이지요. 그는 때를 기다렸습니다. 전세가 기울고, 국민이 받아들일 준비가 되었을 때 마침내 노예 해방 선언을 발표했습니다. 느린 결정은 헛된 지연이 아니라, 세상을 바꿀 수 있는 최적의 순간을 기다리는 용기였습니다.

스티브 잡스Steve Jobs도 마찬가지였습니다. 스마트폰을 만들자는 아이디어는 오래전부터 있었지만, 그는 조급히 시장에 뛰어들지 않았습니다. 수많은 기업이 서툰 제품으로 앞서 달릴 때, 잡스는 끝까지 기다렸습니다. 기술과 디자인, 사용자 경험이 하나로 완성되는 그 순간까지. 그리고 2007년, 세상은 아이폰으로 인해 완전히 달라졌습니다.

촌각을 다투는 일이 아니면 성급하게 결정하는 것보다 한 발자국 묵혀서 느리게 결정하는 것도 나쁘지 않습니다. 일례로 저는 결재 서류를 받으면 책상에 두고 다음 날 아침에 다시 검토한 후 사인을 합니다. 밤새 한 번의 프로세스를 더 거치는 거지요. 90퍼센트는 기존의 결정을 이어가지만, 10퍼센트는 아침에 다른 결정을 내립니다. 떠밀려서 하는 결정은 아닌지, 체크하지 못한 것은 없는지, 더 나은 선택은 없는지. 특히 인사 결정은 수많은 변수를 고려하고 밤의 숙고를 거친 뒤 아침에 내린 판단이 더 좋았습니다.

중요한 것은 카오스적인 상황을 예단하지 않고 기다리다 마지막 판단을 하는 것이지요. 물론 빨리 결정하지 않아서 후회하는 일도 있습니다. 그러나 단기적인 성과보다 장기적인 비전을 중요시하는 저로서는, 멀리 보는 느린 결정의 힘을 더 신뢰합니다.

한강의 기적

압구정동 현대아파트는 한국 아파트 역사에서 첫 번째 한강의 기적을 열었습니다. 서울의 남과 북을 가르며 흐르는 푸른 한강은 시간이 지날수록 더욱 자랑스러운 서울의 상징이 되었고, 한강 벨트 라인은 지금도 무섭게 뻗어나가고 있습니다.

또 한 번의 한강의 기적은 소설가 한강이 이뤘습니다. 소설가 한강은 2024년 노벨문학상을 수상하는 쾌거를 이뤘습니다. 공교롭게도 한강은 포니정재단에서 선정한 2024년 제18회 포니정 혁신상 수상자로 내정돼 있었습니다. 노벨문학상 수상자 발표는 포니정 혁신상 시상식이 열리기 열흘 전에 있었지요. 전 국민이 꿈인가 생시인가 기뻐하며 노벨문학상 수상 작가 보유국이라는 자부심에 들떠 있을 때도, 한강은 차분하고 고요했습니다.

"저는 제가 쓰는 글을 통해 세상과 연결되는 사람이니, 지금까지 그래왔던 것처럼 계속 써가면서 책 속에서 독자들과 만나고 싶습니다."

한강 작가가 연단에 서서 침착하게 말했습니다. 노벨상 수상자 발표 이후 어떤 공개 석상에서도 모습을 비추지 않던 한강 작가가 포니정 혁신상을 받기 위해서 삼성동 아이파크타워 포니정 홀에 홀연히 나타났을 때, 사방에서 카메라 플래시가 터졌습니다. '포니 정'이 활짝 웃고 있는 흑백 초상화 앞에서 한강 작가는 저와 제 어머니인 박영자 여사 사이에 서서 사진을 찍었습니다.

포니정재단은 2005년 11월, HDC 명예회장이었던 정세영 회장의 혁신과 도전 정신을 기리기 위해서 만들었습니다. 그래서 포니정 혁신상도 혁신적인 사고로 우리 사회에 긍정적인 변화를 준 개인이나 단체를 선정해 상금 2억 원과 상패를 수여하고 있습니다.

역대 수상자 라인업을 보면 HDC가 나침반으로 삼는 '혁신이란 무엇인가'에 대한 윤곽이 잡힙니다. 9회 수상자인 조르제토 주지아로는 고유 모델 포니를 디자인한 혁신가였습니다. 그는 직선과 곡선을 자유롭게 넘나들며, 산업 디자인의 언어를 새롭게 써내려갔지요.

주지아로가 차로 선율을 그렸다면, 10회 수상자 피아니스트 조성진은 건반 위에서 인간 감정의 선율을 새겼습니

다. 그는 한국인 최초로 쇼팽 콩쿠르의 문을 열어젖히며, 한
국 예술이 세계를 향해 나아갈 수 있다는 확신을 심어주었
습니다.

11회 수상자 이국종 교수는 생과 사의 경계에서 혁신의
또 다른 얼굴을 보여주었습니다.

12회 수상자 이탈리아 출신의 김하종 신부는 거리의 노
숙인과 버려진 아이들을 향해 삶을 내어주었습니다. 김 신
부는 '안나의 집' 급식소에 저녁을 먹으러 오는 노숙인들에
게 이렇게 말한다고 합니다. "나, 당신보다 잘나서 밥 주는
거 아니다. 나, 당신 존중한다. 당신, 못나서 여기 오는 거
아니고 같은 인간이고 가족이라 오는 거다." 혁신이란 차가
운 기술의 언어만이 아니라 가장 따뜻한 사랑의 언어로도
가능하다는 사실을 그는 온몸으로 보여주었습니다.

16회 수상자 황동혁 감독은 〈오징어 게임〉으로 한국 콘
텐츠의 가능성을 전 세계에 증명했지요. 완전히 새로운 세
트 디자인과 서사로 서바이벌에 관한 궁극적인 질문을 던
졌습니다.

17회 수상자는 제가 사랑하고 존경하는 박항서 감독이었
습니다. 그가 보여준 한국직 리더십은 베트남 축구를 새로
운 차원으로 끌어올렸고, 한국과 베트남을 잇는 다리 역할

을 했지요. 그리고 마침내 한강의 기적이 있었습니다. 30년 간 인간의 고통과 존엄을 일관되게 응시했던 집념의 작가 지요.

익숙함에 안주하지 않고, 더 나은 세계를 꿈꾸며, 자신이 속한 업의 기준과 한계를 넘어선 최전선의 장인들. 사회 구 성원들의 숙고의 깊이와 숙련의 눈높이를 바꾸는 선구자 들. HDC도 그렇게 세상에 없던 새로운 기준을 제시하며 계속 나아가고 싶습니다.

덧. 2015년에 제가 HDC 주식을 포니정재단에 기부하면서 재 단은 한 차례 지원 사업의 규모를 키웠습니다. 우수한 기량의 남 녀 중학교 축구 선수 60명을 대상으로 1인당 200만 원씩 매년 총 1억 2천만 원을 장학금으로 지급하고 있습니다. 매년 장학 금 총액 기준으로는 국내 스포츠 종목 중 최대 규모입니다. 좋은 저술의 바탕이 되는 철학·인문학 연구비 지원도 높이는 중입니 다. 학문 간의 융합·통섭이 이루어져서 포니정재단이 영미권에 뒤지지 않는 양질의 인문학이 나오는 출구가 되길 꿈꾸고 있습 니다.

정보 사료가 아닌 진짜 배움을 먹는 법

《피로사회》(문학과지성사, 2012)로 유명한 재독 철학자 한병철은 그의 책《정보의 지배》(김영사, 2023)에서 현대인을 데이터 울타리에서 정보만 먹고 사육당하는 '정보 가축'이라고 칭했습니다. 정보사회는 충동의 사회라서, 떼를 지어서 떠다니며 머무르지 못합니다. 그래서 당장의 생산성은 높아질 수 있지만, 근본적으로 정보는 방향 설정력이 없기에 공허하고 불안해진다는 거지요.

그렇다면 어디서 어떻게 배움을 얻어야 할까요? 금융 스토리텔러 모건 하우절은《불변의 법칙》(서삼독, 2024)에서 뭔가를 읽을 때 질문을 던져보라고 합니다. '이 정보나 지식이 1년 뒤에도 중요할까? 10년 뒤 혹은 80년 뒤에도 중요할까?'

이런 질문을 하다 보면 점점 유통기한이 긴 지식을 찾게 된다는 원리지요. 모건 하우절에 따르면 지식에는 두 가지가 있습니다. 바로 소멸성 지식과 영속성 지식입니다.

'나이기 하빈기 수익은 얼마인가?' 같은 소멸성 지식보다 '리스크에는 어떻게 대처하는가?' 같은 영속성 지식을 축적하기 위해 노력해야 합니다. 소멸성 지식은 사건의 단상만 전하지만 영속성 지식은 그 일이 왜 일어났고, 앞으로 또 일어날지 추측하면서 내 안의 다른 지식의 뿌리를 건드립니다. 그리고 그 순간 지식의 복리 효과가 일어납니다.

여러분도 가공된 정보 사료 과식을 자제하고, 질 좋은 정보 원료를 찾아 먹어보기를 권합니다. 비유하자면 숙련된 셰프가 질 좋은 원료로 정성껏 만든 음식이 바로 벽돌책입니다. 누차 이야기했듯이 저는 역사, 경영, 심리, 사회학자들이 쓴 벽돌책에서 지혜를 얻습니다. 오늘이 지나면 휘발되는 정보와 달리, 벽돌책은 한 저자가 3~5년 동안 한 주제에 꽂혀서 파고든 필생의 역작인 경우가 많습니다. 거기엔 한 연구자의 치열한 시간, 고민, 해석, 맥락, 주제 의식, 긴 시간을 두고 변하는 것과 변하지 않는 것을 분별하는 통찰이 있습니다. 당대의 인기에 영합해서 급조된 책과 달리, 넓은 시야로 확보된 관점은 유통기한이 길어 책꽂이에서 오래 살아남아 멘토 역할을 하더군요.

좋은 책을 읽으면 주의를 기울여야 할 뉴스와 걸러내야 할 뉴스를 더 잘 분별할 수 있습니다. 배움의 큐레이션을 다양화하는 방법도 있습니다. 일간지, 주간지, 월간지, 뉴스

레터 등을 골고루 취하는 식이지요. 저는 잡지 보는 것을 매우 좋아합니다. 몇 년 전까지만 하더라도 주택 디자인 잡지, 남성 패션 잡지, 월간 잡지, 자전거 잡지, 영국 시사 주간지 등 일고여덟 개를 구독했습니다. 신문도 영자 신문 두 개, 일본 신문 하나, 우리나라 신문 열 개 정도를 받아보았지요.

잡지나 신문을 읽으며 재미있는 기사를 만나면 마치 오래된 친구를 만난 것처럼 즐겁습니다. 바쁠 때는 제대로 읽지 못하고 제목과 목차만 보는데, 그럴 땐 글을 쓴 기자나 편집자에게 미안한 마음마저 듭니다. 특히 갓 외국 유학을 다녀온 1990년대만 하더라도 잡지 창간에 관심이 많아서 잡지를 만들어볼까 심각하게 고민하기도 했습니다.

나이가 들수록 낡아지고 뒤떨어질까 염려하여 사람들과 너무 동떨어져 생활하는 것도 경계하고 있습니다. 세상은 계속 변하는데 나만 그대로라면 내 자리는 계속 좁아질 테니까요. 무엇보다 좋은 배움을 위해서 젊은 친구를 사귀려고 노력합니다. 60대 중반이 된 제 친구들과는 점점 건강에 대한 이야기만 하게 됩니다. 젊은 친구들을 만나면 그들의 스마트한 생각과 세계를 조금이나마 알게 되고 경영에도 반영이 되곤 합니다.

　물론 저는 운동하면서 유튜브를 보는 것도 좋아합니다. 그런 '곁눈질'을 통해 세상이 어떻게 돌아가는지를 파악합니다. 어쨌든 배움은 마치 스포츠처럼 합당한 장소에서 직접 몸을 사용해서 얻는 것이 가장 좋습니다. 해외에 나갈 때도 좋은 호텔, 랜드마크가 되는 건물, 뜨는 도시의 최신 트렌드를 찾아다니며 체험합니다. 새로운 배움을 접하면 항상 몸이 먼저 즐겁게 반응합니다.

인사의 감각

스티브 잡스는 2011년 자신의 다음 후계자로 공급망 전문
가였던 팀 쿡Tim Cook을 지명했습니다. 당시에는 많은 사람
이 실망했습니다. 천재 창업자의 자리를 숫자와 효율로 움
직이는 관리자가 대신할 수 있을까? 하지만 쿡은 창의성과
운영의 균형을 완벽히 잡았습니다. 잡스의 애플이 '혁신의
회사'였다면, 쿡의 애플은 '지속의 회사'가 되었습니다. 그
의 인사는 대체가 아니라 전환의 미학이었지요.

'인사가 만사'라는 말이 있습니다. 전략보다 중요한 건 그
전략을 수행할 사람을 누구로 세우느냐입니다. 한 사람의
선택이 회사를 되살리기도 무너뜨리기도 합니다. 나이키
는 창업자 필 나이트Phil Knight가 1980년대에 마케팅 디렉
터 소니 바카로Sonny Vaccaro를 채용하면서 극적 전환을 맞
았습니다. 바카로는 당시 무명이던 농구 선수 마이클 조던
Michael Jordan을 브랜드의 얼굴로 세웠지요. 그 한 번의 결
정으로 나이키는 운동화를 파는 회사를 넘어, 문화와 욕망
을 판매하는 브랜드로 진화했습니다.

디즈니가 내부 갈등으로 혼란 속에 있던 2005년, CEO

자리에 오른 밥 아이거의 활약도 대단했습니다. 그는 취임 직후 픽사, 마블, 루카스필름, 21세기폭스를 연이어 인수했습니다. 밥 아이거의 전략적 M&A 이후 디즈니는 어떤 제한도 없이 세계를 상상하는 회사로 발돋움했습니다.

뼈아픈 반면교사도 있지요. 보잉The Boeing Company의 사례가 대표적입니다. 1997년 맥도널 더글러스McDonnell Douglas와 합병 이후, 보잉의 경영진 절반 이상이 재무 중심 인사로 교체되었습니다. 자연스럽게 기술자 중심의 문화는 사라지고, 비용 절감이 우선되었습니다. 그 후 737맥스 추락 사고가 일어났을 때, 사람들은 말했습니다. "보잉은 더 이상 엔지니어의 회사가 아니다." 잘못된 인사는 단 한 번으로 기업의 윤리와 정체성을 바꿔놓을 수 있습니다.

현대가는 큰아버지 정주영 회장의 직관적인 인사 결정권에 따라 뻗어갔습니다. 큰아버지가 아버지에게 현대자동차를 맡긴 건 아버지가 미국에서 유학 생활을 했기 때문입니다. 영어와 국제 감각을 갖춘 데다 꼼꼼하고 정직해서 자동차 산업을 세계 시장에 진출시키는 데 최적의 인물이었지요. 당시는 국내에 자동차 전문가가 없던 시절이라, 초창기 현대자동차에 스카우트된 상당수는 병기, 병참, 군수 분야

경력자였다고 합니다. 아버지도 인사를 중요하게 생각해서 현대건설, 현대자동차의 직원을 채용할 때 고위층의 청탁을 일절 차단했다고 합니다.

현대가의 인사 스타일은 과감합니다. 일단 "크든 작든 책임을 맡긴 후 지켜보자"입니다. 저 또한 서른네 살에 현대자동차 회장이라는 중책을 맡은 이후 기아자동차 합병 과정에 깊숙이 관여하면서 우리나라 산업 구조 조정 과정을 직접 겪었습니다. 아버지는 제가 회장이 되기에는 너무 젊고 경험이 없다며 반대하셨지만 큰아버지는 충분히 할 나이라며 밀어붙이셨다더군요. 그 후 서른일곱 살에 현대산업개발로 옮겨서는 제조업이 아닌 건설업과 사회 인프라 사업을 새로 배웠습니다.

현대자동차에서 현대산업개발로 넘어올 때 30명 정도의 임직원들과 함께 왔습니다. 그들과 기존 직원들을 함께 이끌며 몇 번의 고비, 몇 차례의 턴어라운드를 거쳤습니다. 자동차 회사 사람과 건설 회사 사람이 합쳐졌는데, 감사하게도 갈등이 불거지기보다는 시너지가 났습니다. 애초에 현대산업개발 자체도 해외 플랜트 수수를 주로 했던 힌리건설과 국내 주택 사업을 주로 했던 한국도시개발이 합쳐져서 만들어진 회사였습니다.

리더는 저였지만, 단언컨대 모든 구성원이 주인 의식을 갖고 일했습니다. 혁신과 생존을 동일시해서 아이파크를 론칭했을 때도, 큰 조직보다 적정 규모의 조직으로 무리한 양적 팽창을 지양했을 때도, 투자 심사 위원회를 신설해서 수동적인 주택 수주 사업에서 투자 회사의 성격을 띤 도시 개발 회사로 전환했을 때도, 임직원들은 부지런하고 정직하게 동행해주었습니다. 생각해보면 회사라는 이름으로 사람들이 모여 함께 무언가를 해낸다는 것은 얼마나 멋진 일입니까?

그래서 인사권자로서 사람과 사업의 퍼즐을 맞출 때는 신중함과 과감함을 적절히 쓰려고 합니다. 주변에서 금방 잘릴 것 같다고 예상한 사람도 10년 정도 길게 두고 봅니다. 장단점을 파악하고 적성에 맞는 자리를 배치하면 늦게라도 빛을 발할 수 있습니다. 능력이 있어 보이면 조금은 쩔쩔 맬 정도로 강한 테스트를 거쳐, 역량에 맞는 다른 일을 계속 시켜봅니다. 대체로 하나를 잘하는 사람은 다른 하나도 잘합니다.

인간은 쓰다 버리는 자원이 아니기에 인사권자나 피인

사권자나 인내가 필요합니다. 일례로 K 부사장은 명성과 실력에 걸맞지 않는 작은 자산 운용 회사에 발령받았지만, 6년간 묵묵히 험지에서 자회사의 기반을 다져놓은 후, 다시 모기업인 현대산업개발 사장으로 돌아와 훌륭하게 제 역할을 다했습니다. 어떤 인사든 다 이유가 있습니다. 인사 감각은 마치 적재적소에 거침없이 바둑돌을 놓는 것처럼 모든 경우의 수를 고려한 확률 게임이지만, 저에겐 사람과 사업의 내일을 믿는 직관, 흩어진 점을 잇는 인문학에 더 가깝습니다.

육감, 직관도 좋은 패턴의 산물이다

바둑 고수나 체스 장인 들은 반사적으로 다음 수를 둡니다. 그게 어떻게 가능할까요? 수많은 경우의 수를 학습했고 다양한 상대를 만나 플레이를 하다 보면 여러 패턴이 뇌에 깊이 새겨진다고 합니다. 고수는 다음 수를 두뇌의 패턴 저장고에서 꺼내기 때문에, 아무 생각 없이 두는 것처럼 보일 뿐이지요. 기업의 최고 의사 결정권자도 중요한 결정을 내릴 때 데이터를 무시하고 직감을 따르는 경우가 많습니다. 이전의 풍부한 경험 데이터가 패턴의 형태로 저장되어 있어서 결정을 내리는 데 도움을 줍니다.

미국의 저널리스트 조앤 리프먼Joanne Lipman의 책《더 넥스트》(미래의창, 2024)를 보면 육감이나 직감 또한 패턴 인식의 한 형태라는 다양한 증거가 나옵니다. 폴 매카트니도 꿈을 꾸는 동안 〈예스터데이〉를 떠올렸다고 하는군요. 갑자기 떠오르는 것처럼 보이지만, 그런 "아하!"의 순간은 머릿속을 떠돌던 이질적인 아이디어들이 독특한 형태로 조합되는 것입니다. 우리 삶은 패턴에 의해 통제된다는 리프먼의 말은 생각할수록 의미심장합니다.

유통기한이 짧은 소멸성 지식보다 변하지 않는 질문과 가치를 추구하는 영속성 지식을 선호하다 보니, 저도 시간을 견디는 맷집과 함께 뇌에 좋은 패턴이 쌓이는 것 같습니다. 분기점은 IMF였습니다. IMF 외환 위기는 건설사의 역사를 송두리째 비꿔놓았습니다 한때 대한민국의 스카이라인을 짓던 이름들이 줄줄이 쓰러졌지요. 한신공영, 쌍용건설, 대우건설, 동아건설, 삼부토건, 극동건설……. 많은 건설 회사들이 법정 관리나 워크아웃에 들어갔습니다.

현대산업개발도 IMF의 찬바람을 호되게 맞았습니다. 대규모 실직, 경기 침체, 살인적인 고금리로 신규 분양 시장이 얼어붙기 시작했고 도미노처럼 미분양 아파트가 쌓여갔습니다. 아파트를 지을수록 빚이 늘었습니다. 현금이 마르면서 밤잠을 이룰 수가 없었죠. 매출이 2조 원을 웃돌았는데 2001년 3월에는 차입금이 2조 원에 달했습니다. 그야말로 빚에 쪼들려 밤잠을 못 이뤘습니다. 천만다행으로 천문학적인 현금을 감당할 해외 투자자를 만나 극적으로 아이타워를 매각하면서 현대산업개발은 위기를 넘겼습니다.

사업하면서 여윳돈이 얼마나 중요한지, 그때 뼈저리게 깨달았습니다. 이후 HDC의 사업 패턴이 획기적으로 달라집니다. 무리한 분양보다 안정적으로 현금이 흐르도록, 자잘한 수주보다 랜드마크 도시 개발과 인프라 운영 위주로 체질을 개선했습니다. 집안의 가훈이 무의식적으로 아이의 탈선을 막아주듯, '정도경영'이라는 아버지의 지침이 좋은 나침반이 됐습니다.

IMF라는 큰 역경 이후 저는 '포트폴리오 다각화'라는 새로운 표준으로 세상을 바라보게 되었습니다. 혁신적이면서 동시에 안정적인가, 우리와 닮은 점은 무엇인가, 잘할 자신이 있는가……. 본질적인 질문을 통해 저만의 직관에 따라 패턴을 만들어갑니다. 면세 사업, 부동산114 사업, 리조트 사업, 에너지 사업, AI 사업 등 갈수록 매력적인 영역이 나타났습니다.

어니스트 헤밍웨이의《무기여 잘 있거라》에 나오는 문장을 새삼 곱씹어봅니다.

"세상은 모든 사람을 깨부수지만 많은 사람들은 그렇게 부서졌던 바로 그 자리에서 한층 더 강해진다."

HDC만이 하는 것

격이 맞는 사람과 함께하면 자긍심이 높아지고, 결이 맞는 사람과 함께하면 즐겁습니다. 격이 환경과 품위의 조화라면, 결은 같은 주파수에 흔들리는 마음의 파동입니다. 격은 사람을 견고하게 세우고 결은 사람을 편안하게 품습니다. 격은 세우는 방식이고, 결은 품는 태도입니다. 물건은 어떻습니까? 디자인의 격이 높고, 마감의 결이 부드러운 사물을 눈으로 만질 때 우리는 '고급스럽다'고 하지요.

격이 있어야 시간이 지날수록 가치가 빛나고, 결이 따뜻해야 머무는 사람이 편안합니다. 그렇게 우리가 사는 도시도 집도, 우리가 즐기는 쇼핑몰도 호텔도, 우리가 쉬는 숲도 리조트도 '격과 결'을 갖추면 좋겠습니다. 한 시즌이면 끝나는 유행이 아니라, 시간이 좀 걸리더라도 오래 지속될 격과 결의 결과물을 내는 것, 그게 HDC다움이고, HDC가 지향하는 고급스러움입니다. 그렇게 견고하게 세우고 부드럽게 품는 HDC의 건축 철학은 현대아파트, 아이파크에서 시작해, 오크밸리의 숲까지 이어졌습니다.

2019년 한솔제지로부터 인수한 오크밸리와 제가 개발한 성문안은 HDC 철학의 결정체입니다. 340만 평의 광활한 숲, 손대지 않은 80만 평의 부지, 섬강을 따라 이어진 산세, 성문 모양의 거대한 암벽, 그리고 아늑한 평야 지대를 부르는 정겨운 이름 '성문안들'. 이 모든 신비로운 풍경과 이름을 그대로 이어받아 성문안 마을을 만들기로 했습니다.

오크밸리는 이제 머무는 곳을 넘어 사는 법을 제안하는 플랫폼으로 바뀌는 중입니다. 성문안 마을에는 600여 세대 규모의 빌라, 단독 주택, 파크하얏트 호텔, 파크로쉬 리조트가 함께 어우러질 예정입니다. 그야말로 골프장 안에 있는 마을이지요. 다행히 인수 당시 124억 원이던 영업 이익이 364억 원으로 늘었습니다.

매년 초 이틀 동안, 그룹 사장단과 임원 워크숍을 오크밸리에서 엽니다. 회의실 창밖 숲은 아무 말이 없지만, 템포를 낮춰줍니다. 급한 결정은 줄고, 견딜 수 있는 결정이 늘어납니다. 다음 해에 고마운 일들이 대체로 이런 시간에서 나오더군요. 돌아보면 이 프로젝트의 출발점은 욕심이 아니었습니다. 내가 그 풍경 속에 살 수 있을까, 가족과 친구를 불러 저녁을 먹을 수 있을까, 근미래에 자녀의 아이들이 자라서도 다시 찾을까. 그런 질문들이었습니다. 사업을 오래

하다 보니 내가 쓰고 싶은 것을 만드는 일이 사람들이 쓰고 싶은 것에 가까워진다는 걸 배웠습니다. 수익은 결과로 따라옵니다. 오래가면 다음 세대가 더 좋은 열매를 따먹겠지요.

숲과 정원, 콘크리트와 자연, 격과 결이 자연스러운 연결과 융합에 이를 때, 지속가능한 세계가 완성됩니다. 그것이 HDC만이 하는 일, HDC다움이며, 앞으로 우리가 짓는 모든 공간의 출발점이 될 것입니다. 그렇게 HDC 50년이 다음 100년으로 유장하게 이어지길 소망합니다.

질문들

Q. 정몽규는 무엇을 잘하는 사람인가?

내가 잘할 수 있는 분야는 사업이든 축구계에서든 현상을 분석하고 본질을 파악해 어떤 것을 바꾸어야 하는지를 찾아내는 것이다. 단기적인 성과보다는 장기적인 계획하에 남들이 할 수 없는 것, 생각하지 않는 것들을 하나하나 바꾸어가는 것을 즐긴다.

Q. 현대가 일원들과는 어떻게 지냈나?

어린 시절을 돌아보면 여름 방학마다 갔던 대가족 피서가 생각난다. 우리 가족과 거의 모든 사촌 형제가 강릉에 있는 현대연수원으로 피서를 갔다. 새벽에 작은 차를 타고 서울을 출발해 한계령을 넘어 거의 열 시간에서 열두 시간이 걸려서 강릉에 도착했다. 사촌들은 그 긴 시간을 차 안에서 웃고 떠들며 놀았다.

그 당시는 한계령을 넘어가는 길의 일부가 일차로여서 일방통행이었다. 한쪽 방향에서 차가 지나는 동안 반대 방향 차들은 대기하며 기다려야 했다. 지금은 상상하기 힘든, 정말 호랑이 담배 피우던 시절 이야기다. 강릉으로 가는 길이 대부분 비포장도로여서 먼지도 많이 나고 시간도 오래 걸렸다. 강릉 경포대에서 밤낚시도 하고 오리바위까지 사촌들과 수영 시합도 했다.

이 시절에는 거의 모든 큰아버지, 작은아버지 들이 함께 여행을 했다. 형제들끼리, 사촌 형제들끼리 우애가 좋았다. 이런 체험 덕에 시간이 지나서도 서로 좋은 사이를 유지하고 있는 게 아닌가 싶다. 지금도.

Q. 사촌들은 라이벌인가, 협력자인가?

아버지는 큰아버지가 대선에 나간 시점에 현대그룹 회장을 하셔서 전체를 보고 집안의 화합을 먼저 생각하셨다. 나도 현대그룹의 일원으로 현대자동차에 오래 있었고 또 사촌과 축구라는 공통의 관심사를 갖고 있어서 도움을 많이 받았다. 몇 년 전 《축구의 시대》(브레인스토어, 2024)라는 책을 냈을 때는 몽준 형님에게도 가져다드렸다.

지금 사촌들과는 집안 경조나 제사에서 만나 식사를 하며 잘 지낸다. 일가가 너무 커져서 이제 다함께 식사하기는 쉽지 않다. 사촌들은 당연히 라이벌도 협력자도 아니고 그냥 가족이다. 여러 가지 법적 규제 때문에 그리 할 수도 없다.

. . . .

Q. 결핍은 없었나?

난 사랑을 많이 받았다. 특히 어머니로부터 많은 사랑을 받았다. 어머니는 이화여자대학교를 중퇴하고 23세의 어린 나이에 결혼해 누나와 여동생을 낳으셨다. 무엇이든 생기면 남에게 베풀어주려 했고 돈이 생기면 이웃의 어려운 분에게 다 나누셨다. 어머니는 내가 늦은 나이까지 어머니 젖을 먹었다고 자주 말씀하신다. 나이가 드시고는 더 그렇지만 항상 자식 사랑, 주변 사람들에 대한 사랑으로 넘쳐난다.

반면에 아버지의 사랑은 속마음은 따뜻했지만 표현은 항상 무뚝뚝했다. 자상한 말보다는 행동으로 보여주셨다. 부모님의 사랑에 둘러싸여 있었기에 결핍이라곤 느껴보지 못했다. 내가 진짜 세상에 살고 있나 하는 의구심이 들 때도 있었다.

. . . .

Q. 아버지와의 관계는 어땠나? 떠오르는 풍경이 있나?

부끄러운 일이지만 초등학교 때 아버지 지갑에 삐져나온 돈을 살짝살짝 빼 쓴 적이 있다. 어느 날 아버지가 그걸 아시고는 통장을 만들어주셨다. 지갑에서 몰래 빼 쓰지 말고 통장에서 직접 빼서 쓰라고 타이르시며 좋지 않은 방법으로 돈을 취하면 안 된다고 하셨다. 아버지에게 받은 이 훈계가 돈에 관한 첫 번째 교육이었다.

떠오르는 풍경은 집에 관한 것이다. 1960년대 말 성북동 집에 살 때, 아버지는 외국 사람들을 집으로 많이 초청했다. 구절판이나 신선로를 내놓으면서 "비록 차는 외국에서 수입하지만 집에 있는 모든 가구는 국산"이라고 자랑을 하셨다. 국산 제품에 대한 사랑이 지극했는데, 언젠가 집에 미군 부대에서 나오는 외제 테이스터스초이스 커피가 있는 것을 보고 크게 화내시며 커피 가루를 변기 안에 다 부으셨다. 다시는 이런 것들을 집에 들이지 말라고 어머니에게 역정을 내셨던 일이 기억난다.

대학교 2학년 때 용평에서 슬로프를 타다가 크게 사고가 나서 팔, 다리, 척추, 머리까지 다친 적이 있다. 강릉에서 머리만 꿰매고 서울로 와서 수술을 했는데 하반신 마비가 될 수도 있는 상황이었다. 아버지가 걱정스러운 얼굴로 "너 스키 또 탈 거야?"라고 물어보셨다. "네"라고 했더니 아연실색하는 표정이셨다.

그 일로 ROTC를 포기하고 방위 판정을 받았는데, 어느 날 병역 관련 조사라며 지프차에 태워져서 보안사에 끌려가 조사를 받았다. 반바지 차림으로 끌려가서 호되게 조사받고 다시 신체검사를 받은 후 풀려났다. 아무도 내 병역 문제에 손을 쓰지 않았는데, 오해로 조사를 받는 일이 벌어져서 겁을 먹었다. 삼청교육대가 있던 전두환 대통령 시절이었는데, 고위 공무원과 사업가의 자식들도 이렇게 불시에 끌려가 병역 비리 조사를 받았다고 했다. 그때도, 그 후에도 아버지는 나의 진로나 행동에 대해 당신의 의지를 강요한 적이 없다.

....

Q. 아버지에게서 어떤 감각을 물려받았나?

1967년에 현대자동차 사장으로 취임하셨을 때 아버지는 어머니 차를 처음에 노란색, 그 다음엔 빨간색으로 구해주셨다. 당시 모든 승용차가 검정색이었기에 더욱 파격이었다. 자동차 광고에서도 화려한 색의 차를 자주 선보이셨고, 손수 운전하는 것을 좋아해서 '마이카' 시대를 만드는 데 앞장섰다.

무채색의 도시에 빛깔을 넣기 위한 아버지의 이런 시도는 내게 큰 영향을 미쳤다. 지금도 주말에는 직접 운전하고, 가급적 검은 차를 타지 않는다. 게다가 아파트 디자인도 과감하고 다양하게 시도했다.

....

Q. 대기업 회장이 아니었다면 어떤 직업을 가졌을까?

청년 시절, 나는 운동에 몰두했다. 여름에는 수상 스키, 봄, 가을에는 테니스, 겨울에는 스키를 거의 한 달 가까이 탔다. 옥스퍼드에서 캠브리지 학생들과 스키 시합을 하러 프랑스에 갔는데 거기서 만난 스키 강사의 말이 아직도 기억난다. 그는 여름에는 서핑을 하러 전 세계의 바닷가를 다니고, 겨울에는 스키 강사를, 봄, 가을에는 테니스 강사를 한다고 했다. 한때 나도 저렇게 살면 얼마나 좋을까 부러워했다.

....

Q. 현대가 DNA 안에 스포츠의 피가 흐르는 것 같다.

우리 집안은 체육단체장과 굉장히 인연이 깊은 편이나. 큰아버지는 5공화국 초창기에 1988 서울올림픽 유치에 결정적 역할을 했다. 유치에 성공한 뒤 전두환 대통령의 강권으로 대한체육회장을 맡았다. 아버지는 취미 생활로 수상 스키의 매력에 흠뻑 빠졌다. 당시만 해도 국내에 생소했던 이 종목의 보급을 위해서 1979년 대한수상스키협회를 직접 만들고 초대 회장까지 지냈다. 몽준 형님은 대한축구협회장을 네 차례나 하면서 2002 한·일 월드컵을 공동 유치했다.

몽구 형님과 조카인 정의선 현대자동차그룹 회장은 대를 이어 대한양궁협회 수장으로 봉사하고 있다. 양궁이 국내 아마추어 종목 가운데 가장 모범적으로 운영되고, 올림픽 효자 종목으로 건재한 것에는 대를 이어 양궁협회를 지원하는 부자父子의 공로가 가장 크다고 할 수 있다. 나도 미력하나마 국내 축구를 대표하는 한국프로축구연맹과 대한축구협회의 수장을 연이어 지냈으니 우리 집안 피에는 분명 스포츠를 사랑하는 DNA가 있다.

....

Q. 현대자동차에서 현대산업개발로 옮길 때 어떤 감정을 느꼈나?

현대자동차의 대규모 노사 분규를 해결하고, 기아자동차 인수를 승인하고 나서 현대자동차의 회장이었던 나는 사촌형인 정몽구 회장이 현대자동차와 기아자동차의 대표이사 회장이 됨에 따라 두 회사의 대표이사 부회장으로 발령받았다.

1998년 12월 사촌형님은 현대자동차서비스 회장, 현대정공 회장을 하고 계셨고 나는 현대자동차 회장이었기에 1998년 12월부터 3개월 동안 처음으로 사촌형과 회장, 부회장으로 같은 회사에서 일했다. 왜 이렇게 발령이 되었나는 그룹 내 여러 가지 역학 구도 때문이지만, 자세한 내막은 나중에 이야기할 기회가 있을 것 같다. 이러한 상태는 1999년 3월에 아버지와 나의 현대자동차 지분과 정몽구 회장의 현대산업 지분을 맞교환하면서 그룹 분리로 결론지어졌다.

큰 회사에서 작은 회사로 옮긴다는 것은 새로운 분야를 개척한다는 뜻이므로 두려움과 불안이 없었다고 하면 거짓말일 것이다. 그러나 아버지가 큰아버지 아래에서 받은 스트레스를 어렴풋이 느껴왔기에 새롭게 독립적으로 출발하는 회사에 대한 기대감도 컸다.

Q. 현대자동차에서 개발, 출시한 자동차 시리즈 중 가장 애착이 가는 자동차는?

내가 입사한 지 얼마 안 돼 출시된 스쿠프라는 자동차를 좋아했다. 유학시절 도요타의 슈프라라는 모델과 이클립스라는 스포츠 쿠페가 있었는데 현대차는 가치value 모델의 패밀리카를 주로 생산해 젊은 나로서는 조금 더 스포츠카 형의 자동차를 원했다.

스쿠프는 기술적으로도 국산화된 1.5리터 터보를 처음 장착해 외국의 스포츠카에는 미치지 못하지만 129마력에 시속 200킬로미터를 돌파하는 첫 모델이었다. 물론 그 외에도 내가 근무하는 동안 출시한 모든 모델을 좋아하고 애정이 있다. 나는 차의 디자인이나 작명에도 관심이 많아 품평회나 마케팅 회의에서도 적극적으로 의견을 개진했었다.

Q. 많은 공을 들였지만 의외로 시장에서 인기를 얻지 못해 아쉬웠던 자동차는?

우리나라에서 꽁지가 없는 해치백hatchback 모델은 대체로 인기가 없었다. 내가 취임한 1996년 4월에 스쿠프보다 더 스포츠카에 가까운 티뷰론이 출시되있다. 디뷰론의 등장으로 국내 모터스포츠가 활성화되고 국내 대회에서 성능이 너무 좋아서 80킬로그램의 납덩어리를 싣고 달리는 페널티를 받아야 했다.

이 차의 출시로 자동차 문화가 폭발적으로 발전하는 계기가 되었으나 우리나라의 스포츠카에 대한 시장 규모로 인해 2001년에 단종되었다. 인기도 많고 회자도 많이 되었으나 실제 판매 대수는 미미했다.

<hr>

Q. 아이파크 브랜드 단지 중 애착이 가는 단지 세 개를 꼽아본다면?

첫 번째는 삼성동 아이파크. 본사 자리를 아파트로 개발해 판매했으니 얼마나 공을 들였겠는가. 게다가 현대산업개발로 옮긴 후 처음으로 설계와 준공까지 관여한 프로젝트였고, 내가 직접 살 것이라는 생각에 아파트의 구성, 레이아웃 등에서 하고 싶은 시설을 다 넣었다. 그 덕에 지금까지 고급 아파트 단지의 표준으로 평가받고 있다.

두 번째는 부산을 상징하는 건축물이 된 해운대아이파크. 스카이라운지, 선셋가든, 게스트룸 등 책에서 공부한 '제3의 장소' 개념을 넣어 기획했고, 이 콘셉트가 이후 고급 아파트의 모델이 됐다.

세 번째는 수원아이파크시티. 세 경우 다 인허가 기간이 10년 이상 걸린 장기 프로젝트였고 우리가 그런 긴 호흡으로 도시를 개발한 회사라는 점에 자부심이 크다.

<hr>

Q. 한국인에게 아파트란 무엇이라고 생각하는가?

1970년대에는 겨울에도 반팔을 입고 온수가 나오는 일반 주택은 거의 없었고 새로 생긴 아파트에서만 가능했다. 매번 연탄을 갈아 끼우지 않아도 되는 중앙난방식이 도입되면서 모든 사람의 생활 양식을 대폭 바꾸었다. 초창기에는 저소득층이 주로 입주했지만, 압구정동 현대아파트 등 중대형 평형의 고급 민영 아파트가 생기면서 고급 주택으로 명성을 얻기 시작했다.

지금의 한국 아파트는 초고속 인터넷망과 새벽 배송 택배 시스템, 에너지 효율, 커뮤니티를 위한 제3의 공간까지 갖추어 한국인의 욕망을 선도하고 있다.

．．

Q. '완벽하다'와 '완성하다', 어떤 쪽이 더 중요한가?

완벽하다는 것은 결점이나 결함 없이 완전해야 한나는 의무감이다. 완성한다는 것은 시간 내에 끝낸다는 의미다. 완성한다와 완벽하다 사이에는 어느 정도의 상관관계trade-off가 있다고 생각된다.

회사를 경영하면서 무엇을 완벽하게 한다는 것은 쉽지 않다. 시간과 금전적인 제약 없이 무엇을 완벽하게 만들 수 없다. 그 일은 장인이나 예술가의 영역이다. 사업가는 계속 타협하며 결정해야 한다. 결국 우선 순위를 정하는 기준이 중요하고, 그 우선 순위가 조직의 비전이 된다.

．．

Q. 무엇이 고민인가?

당장의 소비자 취향을 고려할 것인지, 미래 세대를 위해 지을 것인지, 끝없는 선택이 요구된다. 100년 이상 사용할 수 있는 하드웨어를 만들면서도, 주변 환경에 따라 구조 변경이 쉬워야 한다. 지구 환경을 위해 자원 낭비를 줄이면서도 기업은 적절한 이윤 창출로 영속성을 추구해야 한다.

．．

Q. 통제할 수 없는 변수를 만났을 때 어떻게 헤쳐 나갔나?

회사의 재정 위기는 사람으로 비유하면 심장이 멈추는 것과 같다. 지갑에 비상금을 넣어두듯이 회사도 여윳돈이 있어야 한다. 비상시에는 이러한 것이 얼마나 유용하게 쓰이는지 놀랄 것이다.

우리는 호경기 때에는 항상 좋을 것이라 예상하고 불경기에는 계속 나뻘 것이라고만 생각한다. 이러한 생각에서 벗어나서, 사업을 객관화해서 볼 수 있도록 노력해야 한다. 지난 27년간 사업가로서 나의 가장 중요한 지향점은, 부침이 심한 건설 회사의 매출을 줄이지 않으면서 다른 사업의 포트폴리오를 늘리는 것이었다.

Q. 성공한 기업의 오너가 경계해야 할 것은 무엇인가?

성공한 경영자가 주의할 점은 성공 경험 그 자체다. 성공을 본인의 노력이나 재능으로 생각하기 쉽다. 단지 운이 좋거나 타이밍이 좋았던 것뿐인데, 자기의 실력 때문이라 착각한다. 특히 부동산으로 큰돈을 번 사람들은 제일 먼저 시작한 사람이 아닌 경우가 많다. 망해서 두 번째 사람으로 넘어가고 결국 세 번째, 네 번째 시행자가 성공하는 경우도 많다.

60년 이상 재개발을 추진했으나 지지부진한 경우를 종로3, 4가에서도 얼마든지 볼 수 있듯, 성공은 아이디어보다는 타이밍인 경우가 많았다. 더불어 경험 많은 오너일수록 직원들의 이야기를 다 듣기도 전에 성급하게 판단하는 경우도 많다. 듣는 동안 자신이 할 말을 잊을까 봐 남의 이야기를 끊으면 젊은 직원들과 사이가 벌어질 수 있다.

Q. 한국 사회에서 재벌로 산다는 것에 대한 소회를 들려준다면?

재벌은 가족 중심으로 운영되는 대기업을 일컫는다. 말 자체에서 부정적인 의미를 내포하고 있다. 1970~80년대에 경제 성장을 주도했고 대규모 고용을 창출한 순기능도 있지만, 지배 구조 불투명과 정경유착으로 부정적인 인상을 심어준 것도 사실이다.

삼성과 LG 등은 소비재 산업에서 두각을 나타낸 반면, 현대그룹은 중공업 중심으로 조선과 자동차, 건설 등 제조업을 키웠다. 큰아버지 정주영 회장은 굉장히 서민적이었고 현장 중심이었다. 어린 시절 큰아버지는 강릉 사원 연수원(현재 강릉 씨마크 호텔)에서 하계 연수회를 열어 사원들과 씨름을 하시곤 했다. 온 사촌들이 강릉 하계 연수회장에 따라가서 응원하며 같이 놀았던 기억이 난다.

<hr>

Q. 좋은 아파트와 훌륭한 아파트의 차이섬은 무엇인가?

주택의 상품성을 대표하는 대표 요소는 당연히 가격이다. 우리나라에서 가장 비싼 지역은 강남이다. 고소득자들이 몰려 있어서 비싼 가격을 형성하고 있다. 대단지 아파트일수록 거래도 잘 되고 환전성도 있을 것이고 각종 편의 시설이 위치할 가능성이 높다. 그러나 모든 것이 가격에 따라 결정된다면 슬픈 일이다.

동네의 다양성, 서로가 서로를 도와줄 수 있는 기능 등 좋은 소프트웨어가 동네를 구성하고 있을 때 훌륭한 아파트 단지라고 부른다. 그 외에 내가 발견한 재미있는 사실은, 모든 사람은 예외 없이 자신이 살고 있는 동네를 가장 살기 좋은 동네로 생각한다는 것이다.

<hr>

Q. 어떤 땅이 좋은 땅인가?

아버지는 항상 볕이 잘 들고 바람이 세차게 들이치지 않고 모든 사람들이 편하게 느끼는 자리가 명당이라는 지론을 갖고 계셨다. 나는 그에 더해서 겨울에 눈이 빨리 녹고, 물이 잘 빠지고 풍수해의 위험이 적은 곳을 좋은 땅이라고 생각한다.

30어 년 전에 남아프리카의 케이프타운에 간 적이 있다. 남극에서 불어오는 찬바람 때문에 소나무의 모양이 아주 특이해 인상 깊었다. 남극해를 바라보는 언덕에 좋은 주택들이 늘어서 있는 걸 보았는데, 바람이 많이 들이치는 주택은 집값이 싸고, 골짜기 안에 있어 바람이 불지 않으면서도 경치가 있는 곳은 가격이 비쌌다.

부산의 해운대 달맞이 고개 주택들도 자주 해무가 올라와 멋진 경치를 연출하지만 이로 인해 집에 있는 철제 가구들이 쉽게 녹슨다고 한다. 자동차도 해안도시에서 나오는 중고차는 녹이 슨 경우가 많기 때문에 내륙도시에 나와 있는 차를 사는 것이 낫다. 주택이나 공장 바로 뒤에 경사진 산이 있는 경우도 조심해야 한다.

주택 사업에서 위치 선정만큼 중요한 것은 없다. 그래서 나는 아무리 바빠도 땅을 사거나 사업을 수주하기 전에 꼭 현장에 가본다. 좋은 부지 선정은 우리 사업의 성패뿐 아니라 나중에 그곳에 살 고객들의 안위와 재산을 지키기 위해서라도 꼭 필요한 조치다. 앞으로 건설 회사를 경영하는 동안은 이러한 활동을 게을리하지 않을 것이다.

. . . .

Q. HDC를 이끌면서 이룬 성과를 바탕으로 다음 세대의 경영자에게 조언을 해준다면?

IMF나 2008년 금융 위기 이외에 건설 시장은 대체로 수요가 많아 공급자 중심이었다. 자동차 회사에서 건설 회사로 오니 광고도 안 하고 소비자를 위한 활동도 거의 하지 않는 것에 놀랐다. 회장이 된 직후 가장 먼저 아이파크라는 브랜드를 만들었고 TV 광고도 본격적으로 시작했다. 단순히 하드웨어 공급자가 아니라 종합 라이프 스타일을 디자인해주는 디벨로퍼가 되고 싶었다.

그 과정에서 과감하게 설계를 특화했고, 외국 건축가를 초빙했고, 시공에서 운영까지 큰 프로젝트를 해나갔다. 회사 구성원에게는 빨리 돈을 버는 것보다는 고객에게 신뢰를 얻는 것이 장기적인 발전에 도움이 된다는 것을 강조했다. 신뢰는 조금씩 쌓이는 것이기에 계속해서 노력하다

보면 갑자기 촉매 작용을 해서 다른 차원으로 레벨업이 될 수 있다.

선배 경영자로서 젊은 경영자들에게 특별히 해줄 조언은 없다. 그들은 모든 면에서 나보다 더 프로페셔널하고 다방면에 다재다능하다. 내 자식에게 배우는 것이 있듯이 젊은 경영자에게 배워야 할 것 같다.

···

Q. 60년 이상 살아보니 행복한 삶을 위한 조건은 무엇인가?

내 주위에 굉장한 부를 가졌던 많은 사람들이 사라지는 것을 목격했다. 중요한 건 마음의 평화를 지키는 일이다. 무엇보다 내 마음속 우선 순위에 따라 살아가는 것이 가장 중요하다. 매일 변하는 세간의 평가보다는 나만의 가치를 갖고 실천해가는 삶을 살고 싶다. 우리 모두가 언젠가 남들의 기억에서 사라지기 때문이다.

지속가능한 그룹으로 성장 중

건물과 인프라를 짓는 데서 그치지 않고 직접 운영까지 하면서 고객들에게는 차별화된 가치를 제공하고, 그룹은 지속가능한 비즈니스 모델로 한 단계 한 단계 발전해가는 모습이 HDC의 지난 26년간의 가장 큰 변화였습니다.

이런 사례들을 정리하면 다음과 같습니다. 먼저 용산 민자 역사를 건립하고 나서 임대 분양을 받고 어려움을 겪었던 수분양자들과의 상생 모델을 도입했고, 계속적인 투자와 리노베이션을 통해 현재의 HDC아이파크몰로 성장했습니다. 국내에서 몰 운영이라는 새로운 콘셉트와 운영 노하우를 통해 아이파크몰의 활성화를 이뤘고, 현재는 연간 4천만 명이 찾는 핫 플레이스로 발전했습니다. 또 2015년에 호텔신라와 합작법인으로 HDC신라면세점을 용산에 설립했고, 이는 현대와 삼성의 첫 합작법인으로 2016년에 오픈하여 HDC그룹 유통의 새로운 사업으로 자리 잡았습니다. 앞으로도 용산역 인근 용산 철도 병원 부지, 용산역 전면 지하 공간 개발, 용산정비창전면 제1구역 도시 정비사업 등을 통해서 개발에서 운영 활성화까지 용산 지역의 타운화 전략을 적극적으로 펼쳐나갈 계획입니다.

호스피탈리티 사업에서도 개발뿐 아니라 운영까지 진출하였습니다. 2000년 초 전 세계 스물한 곳만 운영되던 하얏트의 최상위 부티크 브랜드인 파크하얏트를 도입해 강남구 내치동에 2005년 국내 첫 6성급 호텔인 파크하얏트 서울을 개관했고, 2013년에는 해운대에 파크하얏트 부산을 개관해 세계 호텔 순위에서 항상 상위권에 오르며 국내 최고급 호텔의 위상을 지켜오고 있습니다.

2018년에는 두 곳의 파크하얏트를 운영하며 쌓아온 노하우를 바탕으로 강원도 정선에 프리미엄 웰니스 리조트인 파크로쉬를 개관해 평창 동계올림픽 공식 숙소로 활용했습니다. 또한 미국《Travel+Leisure》가 주관하는 'T+L Luxury Awards Asia Pacific'에서 2023년과 2024년 2년 연속 '한국의 해변+지방 호텔 부문' 1위를 수상하며 아시아 시장에서 경쟁력을 입증하였습니다.

그리고 2019년에는 강원도 원주 오크밸리를 인수해 성문안CC와 월송리CC를 새로 선보이며 총 90홀 국내 최대 규모의 골프장과 스키장, 1,100실 규모의 콘도미니엄을 갖춘 종합 리조트로서의 위상과 운영 역량을 확고히 히고 있습니다. 앞으로 이곳에는 호텔, 파크로쉬 등 프리미엄 숙박 시설이 추가로 개발되어 운영될 예정입니다. 같은 해에 문을 연 안다즈 강남 호텔은 HDC가 직접 운영하며, 세계 안다즈 호텔 중에서도 가장 높은 디자인 평가를 받았습니다. 또 2028년에 준공 예정인 노원구 서울원아이파크 내에도 지역 최초의 5성급 호텔, 상업 시설, 오피스가 결합된 새로운 개념의 복합 시설이 들어서고 이 시설을 직접 운영할 예정입니다.

인프라 SOC 사업 분야에서도 국내 다른 대부분의 건설사는 대규모 민간 투자 인프라 사업에서 개발, 시공, 보유 운영의 단계 중 개발 및 시공에만 그쳤습니다. 그러나 현대산업개발은 대규모 인프라 민간 투자 사업도 개발, 시공, 보유 및 운영이라는 사업 전체 밸류 체인을 커버하는 비즈니스를 시도했습니다.

서울춘천고속도로는 서울과 춘천을 연결하는 61킬로미터 민자 고속도로로, 2004년 8월 공사를 착수하여 2009년 8월 준공하였고 현재 HDC그룹이 직접 운영하고 있습니다. 부산항대교는 부산 북항에 자리한 길이 3.3킬로미터의 현수교로 2014년 4월에 준공하여 직접 운영하고 있으며 부산항의 랜드마크이자 핵심 교통 동맥 역할을 수행하고 있습니다. 부산컨테이너터미널BCT은 부산신항 민간 투자 시설 사업인데 2022년 5월 직접 운영을 개시하였고, 현재 총 22개 블록, 스마트 항만으로서의 위상을 공고히 하고 있습니다.

여기서 더 나아가 현대산업개발의 디벨로퍼 역량과 민간 투지 사업의 화장 경험을 바탕으로 에너지 및 전력 시장에 진출하고자 통영에코파워를 설립하였습니다. 사업을 시작한 지 11년 만인 2024년 11월에 경남 통영에 1,012MW급 LNG복합발전소를 준공하고 본격적으로 운영을 시작하여 국가 전력 생산에 일조하고 있으며 유휴 부지에 추가적인 사업을 계획하고 있습니다.

건물과 공간의 가치를 높이기 위해서는 소프트웨어와 솔루션을 제공할 수 있는 차별화된 기술과 역량이 필요하다고 봤습니다. 그래서 현대산업개발에 부임하고 바로 1999년 9월에 현대정보기술의 자동화사업본부 지능형빌딩시스템IBS 사업부를 인수하여 아이콘트롤스를 설립했고, 이를 바탕으로 홈 네트워크, IBS, SOC IT 솔루션으로 사업을 확장하였습니다. 1999년 12월에는 FMK의 지분을 인수하여 아이서비스를 설립하였는데 부동산 시설(아파트, 빌딩, 호텔, 상업 시설 등)에 대한 관리·유지·보수·AS 등 종합 서비스를 제공하고 부동산 종합 자산 관리 및 스마트 시설 관리 서비스 기업으로 성장하였습니다. 그리고 이 두 회사가 2021년 12월 합병되어 HDC랩스를 설립하였고 AI 인력을 확보하여 'AIoT 플랫폼 기업'으로 발전하고 있습니다.

2000년 현대산업개발에서 분사하여 설립된 현대EP는 플라스틱 소재 및 신소재를 개발하고 있으며 당시 매출 300억 원에 불과하던 회사가 계속적으로 M&A를 통해서 중국, 인도 그리고 2025년에는 멕시코 공장을 인수하여 1조 원 규모의 회사로 성장하였습니다.

HDC그룹은 지속가능한 성장과 발전을 이루기 위해 2018년에 현대산업개발과 HDC 지주사로 분할하여 지주회사 체계로 전환하였고, 2025년 그룹 전체 매출은 약 8조 원이며 그중 현대산업개발의 비중은 50퍼센트 수준으로 HDC그룹의 성장과 수익 모델을 지속적으로 다변화하고자 노력하고 있습니다.

HDC그룹 50년 주요 연혁

1976
03. 한국도시개발㈜ 설립

1977
10. 한라건설㈜ 설립

1986
11. 한라건설㈜·한국도시개발㈜ 합병, 현대산업개발㈜로 상호 변경

1987
04. 현대산업개발㈜, 압구정 현대아파트 단지 개발 완료(14차 현대아파트 준공)

1991
08. 현대설악콘도미니엄(현 아이파크콘도) 운영 개시

1993
05. 여주PC공장(현 현대PCE㈜) 운영 개시

1994
11. 유화공장(현 HDC현대EP㈜) 준공

1996
10. 현대산업개발㈜, 증권거래소 상장

1999
04. 정세영 명예회장, 정몽규 회장 취임
08. 현대그룹으로부터 계열 분리
09. 현대정보기술㈜ IBS사업부 사업 양수, ㈜아이콘트롤스(현 HDC랩스㈜) 설립
12. FMK[Facility Management Korea(현 HDC랩스㈜)] 인수

2000
01. CI 변경 및 기업 슬로건 'Think Innovation' 선포
01. 현대엔지니어링플라스틱㈜(현 HDC현대EP㈜) 설립
02. 아이앤콘스㈜(현 HDC아이앤콘스㈜) 설립
02. 프로축구단 부산 대우로얄즈 인수, 부산아이콘스㈜(현 HDC스포츠㈜) 창단
06. 아이투자신탁운용㈜(현 HDC자산운용㈜) 설립

2001
03. IPARK 브랜드 론칭
05. 현대산업개발㈜, 삼성동 아이파크 분양

2003
10. 주거용·상업용 건축물 브랜드 'IPARK'로 통합

2004
07. IPARK 사회봉사단 창설
10. 현대역사㈜(현 HDC아이파크몰㈜) 오픈

2005
02. 현대산업개발㈜, 삼성동 아이파크타워 준공
02. 호텔아이파크㈜(현 호텔 HDC㈜) 설립
04. 파크하얏트 서울 호텔 오픈
10. 포니정재단 설립

2006
05. 영창악기제조㈜(현 HDC영창㈜) 인수
07. 북항아이브리지㈜ 설립
11. 창립 30주년 기념식 개최

2008	01. 현대산업개발㈜, 해운대아이파크 분양
	05. 포니정홀 개관
2009	07. 서울춘천고속도로㈜, 서울춘천고속도로 개통
	09. 현대산업개발㈜, 수원아이파크시티 착공
2011	12. 용산아이파크몰로 현대산업개발㈜ 본사 이전
2013	01. 정몽규 회장, 제52대 대한축구협회장 선출
	02. 파크하얏트 부산 호텔 오픈
2014	04. 북항아이브리지㈜, 부산항대교 개통
2015	05. HDC신라면세점㈜ 설립
	09. ㈜아이콘트롤스 상장(현 HDC랩스㈜)
2016	06. HDC신라면세점㈜, 신라아이파크면세점 오픈
	11. 창립 40주년 기념식 개최, HDC 가치 체계 및 슬로건 '더 나은 삶에 대한 믿음' 선포
2018	02. 강원도 정선 파크로쉬 리조트앤웰니스 오픈
	02. 부동산114㈜ 인수
	05. 현대산업개발㈜, HDC㈜와 HDC현대산업개발㈜로 분할, HDC그룹 지주회사 체계로 전환
	09. HDC㈜, 삼성동 아이파크타워로 본사 이전
2019	02. 서울춘천고속도로㈜ 계열사 편입
	06. 오크밸리 리조트 인수 및 HDC리조트㈜로 사명 변경
2020	02. 인천신항배후단지㈜ 계열사 편입
2021	12. HDC랩스㈜ 출범(HDC아이콘트롤스㈜와 HDC아이서비스㈜의 합병)
2022	05. 부산컨테이너터미널(BCT) 부산신항 운영 개시
	09. HDC리조트㈜, 프리미엄 퍼블릭 골프장 성문안CC 오픈
2024	07. HDC㈜, 종로구 신문로 포니정재단빌딩으로 본사 이전
	11. HDC현대산업개발㈜, 서울원 아이파크 착공
	12. 통영에코파워㈜, 상업 운전 개시
2025	02. 정몽규 회장, 제55대 대한축구협회장 선출
2026	03. 창립 50주년 기념식 개최

감사의 글

한국에서 누구보다도 좋은 환경에서 성장할 수 있도록 만들어주신 큰아버님 정주영 회장을 비롯한 아버님의 형제분들께 감사드립니다.

아버님 형제와 고모부님은 저뿐만 아니라 모든 가족에게 근검, 절약 그리고 항상 성실하고 겸손해야 한다고 가르쳐주시고 모범을 보여주셨습니다.

이분들이 현대의 창업부터 성장에 함께 참여하셔서 현대와 가족의 번영을 위해 노력하셨고, 국가 경제 발전에도 궤를 같이하셨습니다. 저에게도 젊은 시절부터 큰 회사에서 경영에 참여할 수 있도록 기회를 주셨습니다.

또 아버지와 함께 현대자동차 설립부터 성장의 기반을 만들어주신 이양섭 회장, 고故 전성원 부회장, 노관호 회장을 비롯한 원로 중역과 임직원 모두에게 감사드립니다.

지금의 현대산업개발을 창립하고 키워주신 사촌 형님이신 정몽구 회장을 비롯해 이춘림 초대사장, 이명박 전前 대통령, 고故 심현영·최수일 전前 사장님을 비롯해 이방주, 김정중, 최동주, 고故 박창민, 김재식, 김대철, 권순호, 유병규, 최익훈 등 역대 현대산업개발 대표님들, 그리고 그 과정에